유럽의 대학: 어디로 갈 것인가

A Chance for European Universities

요 리츤(Jo Ritzen) 지음

윤희원 옮김

서울대학교출판문화원

유럽의 대학: 어디로 갈 것인가
A Chance for European Universities

펴낸곳 서울대학교출판문화원
펴낸이 오연천
지은이 요 리츤
옮긴이 윤희원

초판 1쇄 발행 2011년 11월 5일
초판 2쇄 발행 2012년 8월 25일

출판등록 제15-3호
주소 서울특별시 관악구 관악로 1 우편번호 151-742
대표전화 02-880-5252 **팩스** 02-888-4148
마케팅팀(주문상담) 02-889-4424, 02-880-7995
이메일 snubook@snu.ac.kr
홈페이지 www.snupress.com
영문홈페이지 eng.snupress.com

ISBN 978-89-521-1261-3 93370

이 책의 원저(영문판)는 출판 이전에 공개된 원고를 바탕으로 한다. 이 책의 원고는 전자출판의 형태로 미리 공개되어서 많은 사람들이 원고를 미리 읽고 이에 대한 토론을 함으로써, 유럽이 활기차고 지속 가능한 경제 발전을 이루고 사회적 결속력을 다져 나가는 데에 유럽의 대학이 기여할 수 있다는 점을 널리 인식시키고자 하였다. 이러한 과정을 거친 후에, 공개되었던 원고를 다듬고 손질하여 출판하였다.

2012 대한민국학술원 우수학술도서

불가능을 가능으로 만든 마스트리히트대학의 전 · 현직 교직원
모두에게 이 책을 바칩니다.

감사의 말

이 책은 필자가 오랜 세월 동안 수많은 대학을 거쳐 온 덕분에 세상에 나올 수 있었다. 필자의 기나긴 여정은 루이 에머리(Louis Emmery)를 통하여 경제학을 만났던 1968년부터 시작되었다고 할 수 있다. 교육계에 종사한 기간이 길어질수록, 델프트대학의 케스 벨하겐(Kees Verhagen)과 휘베르트 카케낙(Huibert Kwakernaak) 그리고 필자가 학부와 석사과정에 다닐 때 지혜롭고 명석하게 가르쳐 주셨던 로테르담의 얀 틴베르겐(Jan Tinbergen)에게 받은 영향이 얼마나 큰지 깨달아 가고 있다.

버클리에서 가르치는 동안에도 필자의 멘토였던 찰스 벤슨(Charles Benson)과 함께 있으면서, 가르치는 것 이상으로 많은 것을 배웠다. 윈 콕(Win Kok) 교수가 자상하게 이끌어 주지 않았으면 해병대 훈련 같았을 교육정치경제학에서도 지울 수 없는 영향을 받았다. 필자와 같이 장관직에 있었던 구드문트 헤르네스(Gudmund Hernes)와 에두아르도 그릴로(Eduardo Grilo)는 인식의 틀을 확장시켜 주었다. 대학의 교육과 연구의 영역에서 정말로 많은 사람들이 개념과 아이디어 면에서 필자에게 영감을 주고 이를 키워 나가도록 도와주었다.

마침내 이 모든 것을 합쳐서 무언가를 만들어 내지 않을 수 없는 순간이 왔을 때, 마스트리히트대학의 친구들과 동료들이 크게 도움이 되었다. 물론 이 외에 다른 사람들도 많다. 그중 몇몇을 꼽으라면, 데브라 스튜어트(Debra Stewart), 예후다 엘카나(Yehuda Elkana), 장-로베트 피트(Jean-Robert Pitte), 필립 애기언(Philippe Aghion), 지볼트 노올다(Sijbolt Noorda) 등을 들 수 있겠다. 가브리엘레 마르코니(Gabriele Marconi)와 니나 고르만스(Nina Gormanns)는 연구를 훌륭하게 지원하였다. 윌리엄 마텐스(Willem Mattens)는 6장을 쓰는 데에 크게 공헌하였다.

이들 모두에게서 즐겁게 (미국식으로는 말하자면 '재미있게') 배울 수 있었던 점에 대해 특히 고맙게 생각한다. 필자는 몇 개 안 되는 질문으로 이 여행을 시작하였다. 그런데 여행을 끝맺으면서 더 많은 질문을 하고 싶어졌다.

머리말

프레드릭 하이에크(Friedrich Hayek)를 특별히 좋아하는 건 아니지만, 그가 『노예의 길(Road to Serfdom)』(1944) 서문의 두 번째 줄에서 보여 준 솔직함에는 호감이 간다. 말하자면, "이것은 정치적인 책이다. 나는 [……] 이 책이 사회철학을 다룬 수상이라는 식으로 우아하게 위장하려는 욕심은 없다"는 것이다.

이 책은 필자의 간청을 담고 있다. 유럽의 대학이 유럽의 사회적 · 문화적 · 경제적 발전을 위해서 최고의 역량을 발휘해 달라는 것이다. 이를 위하여 이 책에서는 현재 상황을 분석하여 제시하였다.

유럽의 대학이 지금보다 더 잘할 수 있다는 증거는 너무나도 많다. 아직까지는 이런 생각이 주관적이고, 여러 가지 점에서 삶의 질을 향상시킬 수 있을 만큼 풍요롭고 자유로운 유럽을 만들어 나가는 것이 유럽인의 사명이라는 것은 필자만의 신념일지도 모른다. 그러나 이러한 유럽은 아무나 들어갈 수 없거나 울타리로 둘러싸여 있는 것이 아니라 열려 있으며, 세계화된 지구촌의 일부이다.

이 책을 쓴 목적은 우리 유럽 대학의 문제와 대안에 대한 정보를 대학의 교직원, 정치가, 기업가와 종업원 그리고 넓은 의미의 지식인들에게 제공하는 것이다. 대학이 처해 있는 상황은 정치적으로 해결해야 할 사안이지만, 변화를 위한 풍토 조성을 위해서는 대학 및 이해 당사자들이 나서야 한다.

이 책은 이미 발표한 논문을 바탕으로 하였으며, 따라서 이미 발표한 논문의 일부가 실려 있는 경우도 있다. 그중에서 다음 논문은 마스트리흐트대학 홈페이지(www.maastrichtuniversity.nl)에 원문이 실려 있다.

Korea, Seoul, Presentation for Global HR Forum 2008:
The Financial Context for Innovation Universities to Prepare for Global Leadership;

The Netherlands, Maastricht, GRE Board Meeting, 2008:
EU Master Admission under Bologna, Setting the Stage;

Japan, Tokyo, Presentation for UNU/UNESCO Conference, 2007:
Higher Education's Perfect Strom;

Ireland, Dublin, Presentation to the Royal Irish Academy, 2007:
Why European Higher Education Fails of How It Could Fly By Its Tails;

Greece, Athens, Keynote Address at OECD Ministerial Meeting, 2006:
Scenarios for Higher Education, 2020 or When Will China Invade Iran?

한국어판 머리말

필자가 캘리포니아 버클리대학에 있던 1971년 어느 날, 저명한 교육 경제학자인 찰스 벤슨 교수가 연구실에 와서 『2000년대의 한국』이라는 소책자를 보여주었다. 벤슨 교수는 조지아 출신 특유의 느릿느릿한 말투로, “이거 한번 읽어 봐요. 지금 보기엔 불가능한 꿈인 것같아 보이지만, 한국 사람들이라면 해낼 거예요”라고 자신 있게 말하였다. 한국의 역동성에 대해서 처음으로 알게 된 순간이었다. 그 소책자에는 한국 정부의 교육·과학 기술·문화 분야 발전 전략이 실려 있었다. 실제로 한국은 2000년이 되기도 전에, 그 소책자의 전망보다 훨씬 높은 수준의 성취를 이루어 냈을 뿐 아니라, G20의 회원국으로서 선도적 역할을 하고 있다.

그로부터 거의 40년이 지나고, 한국에 몇 차례 오가면서 한국의 진면목을 직접 체험하게 되었다. 몇 번에 걸쳐서 여러 대학과 공군사관학교 그리고 수많은 연구 기관을 방문하였다. 정말 놀라운 경험이었다. 한국이 잘하고 있을 것이라는 예상을 하기는 했지만, 한국의 학술적 인프라 수준이 그렇게 높을 줄은 몰랐었다. 특히 짧은 시간에 세계대학평가의 상위권으로 뚫고 올라간 서울대학교는 단연 돋보였다. 이장무 총장님을 비롯한 교수진의 리더십이 놀라웠다. 서울대학교 대외협력본부장 윤희원 교수를 만난 것도 그때 일이었다. 영어와 프랑스어에 능통하고 대학 행정 경험이 풍부한 윤 교수 덕분에 이 책이 한국어로 번역, 출간될 수 있었다.

이 책은 전 세계 고등교육계에서 유럽의 대학이 어떠해야 하는지에 관한 논의를 담고 있다. 이 책에서는 엄청난 속도로 변화하는 세계화의 과정 속에서 유럽의 대학이 차지하는 위상을 분석하였다. 지식고도화 사회로 접어들면서, 교육과 연구를 통해서 지식을 생산하고 전파하는 역할은 매우 중요하다. 이러한 역할은 새로운 상황에 걸맞게 체계화되어야 한다. 지식의 생산과 전파를 목표로 유럽의 대학 체계가 획기적으로 개선된다면, 이 책에서 말하는 '기회'는 우리 모두의 것이 될 것이다.

이 책의 논의가 유럽에 있는 대학에만 국한되기보다는 전 세계 어느 대학에나 적용될 수 있으리라고 생각한다. 한국의 대학에는 한국 사회의 필요에 따른 도전도 있을 것이다. 이 책의 기본 개념은 한국 사회에서의 대학의 역할과도 깊이 관련될 수 있다. 국내외의 인재를 불러들여야 한다든지, 대학 교육이 국제적 리더십 함양과 노동생산성 향상에 기여해야 한다든지, 대학에서의 연구 부문에 혁신이 필요하다는 점은 한국의 대학과 유럽의 대학에서 공통적으로 당면하고 있는 도전이다. 나아가 대학의 효율을 높이고 대학에 힘을 실어 주기 위한 노력은 전 세계적인 과제일 것이다.

한국에서 대학의 발전을 위해서 고민하는 이들에게도 이 책이 도움이 되기 바란다.

2011년 10월
마스트리흐트에서 요 리츤

요약

유럽의 대학은, 더 강한 유럽을 추구하는 과정에서 경제적, 문화적, 사회적으로 아직 충분히 개발되지 않았다. 유럽에서 대학은 하루 빨리 운영 방식을 개선하여 경제적 혁신, 더 강해진 사회적 결속력, 더욱 생기 넘치는 문화적 활기로 유럽의 경쟁력 향상에 기여할 수 있어야 한다.

현재 유럽 대학의 지위는 올림픽 동메달과 같다. 세계 상위 200위권 대학 목록에는 상당수가 들어가 있지만, 상위 50위권에는 거의 들지 못한다. 대학에 대한 사회의 분위기는 미온적이거나 어쩌다 관심을 보일 뿐이고, 상아탑의 이미지에 비판적이며 세금을 낭비한다는 식의 냉소적인 시각이 지배적이다.

유럽은 미국의 강력한 고등교육 제도 그리고 중국과 인도처럼 새롭게 부상하는 주자들과 함께 세계의 경쟁에서 금메달 획득을 목표로 해야 한다.

서유럽 선진국에서 대학 졸업생의 수가 계속 늘어나고, 개발도상국에서도 대학 졸업생의 수가 급속히 늘어나고 있다는 통계는 종전의 전 세계적인 균형이 흐트러지고 있음을 보여주는데, 이러한 현상은 유럽 대학에 새로운 위협이 되는 동시에 새로운 기회를 제공한다.

국제 노동 시장을 상대로 하는 효과적인 교육, 지식의 상품화, 아울러 학생의 배정과 선발의 문제를 고려하였을 때, 유럽은 고등교육을 혁신함으로써 이 기회를 이용할 수 있다.

유럽 대학이 성공하기 위해서는 전반적인 상황이 바뀌어야 한다.

- 볼로냐 프로세스에 따라 국가 간에 차별 없이 유럽 전역에서 학점을 상호 인정하고 교육의 질을 관리하도록 하여야 한다.
- 대학의 조직은 관료주의에서 혁신적으로 바뀌어서, 교직원의 에너지와 능력을 최대한 발휘할 수 있는 비영리 민간 기업처럼 변해야 한다.
- 대학의 재정은 과거 수십 년 동안 축소된 공공 재정을 보완하기 위하여 민간 재원을 동원할 필요가 있다.

2008~2009년 경제 위기는 대학에 들어오는 새 유럽인의 우수성을 진작시킬 수 있도록 패러다임을 교체할 수 있는 좋은 기회이다(잘 활용할 수 있는 위기는 절대로 놓치면 안 된다).

유럽의 대학은 유럽을 위해 진정으로 많은 기여를 할 수 있다.

차례

감사의 말 v
머리말 vii
한국어판 머리말 ix
요약 xi
그림 차례 xvi
표 차례 xviii

1장 서론

1.1 기회 _ 1
1.2 유럽 또는 유럽 국가 _ 9
1.3 유럽의 대학 _ 13

2장 다가오는 위기

2.1 유럽 대학의 순위 _ 19
2.2 대학 순위 상승의 요소 _ 33
2.3 한때는 최고였던 유럽의 대학 _ 39
2.4 혁신과 경쟁력 _ 43
2.5 불안감 _ 53
2.6 결론 _ 56

부록 2.1 분야별 연구비(미국, EU 15) _ 59

3장 도전

3.1 유럽의 미래상 _ 61
3.2 유럽의 리더십 _ 65
3.3 세계화된 노동 시장 _ 69

3.4 경제적 요구로서의 기회 균등 _ 74
3.5 경제 성장에 못 따라가는 대학 _ 77
3.6 결론 _ 83

부록 3.1 유럽 공동체 설립 조약 제149조 _ 85

4장 인재 전쟁: 유럽에도 기회가 있다

4.1 서론 _ 87
4.2 유럽의 기회 _ 89
4.3 인재의 이동 _ 104
4.4 결론과 정책 제안 _ 125

부록 4.1 EU 회원국 간의 유학생 _ 130
부록 4.2 UN 인구분과위원회에 따른 지역의 정의 _ 134

5장 유럽 대학의 재정적 질식

5.1 취약한 대학 재정 _ 135
5.2 공공 재정의 침식 _ 136
5.3 기회 균등과 고액 등록금에 대한 경계 _ 154
5.4 대학의 다른 수입 _ 160
5.5 포퓰러 펀딩 방식의 지원 _ 164
5.6 결론 _ 165

6장 혁신을 통한 가능성

6.1 대학의 환경 _ 169
6.2 대학 체제의 변화 _ 171
6.3 볼로냐 프로세스 _ 186
6.4 차별화, 선발 그리고 공정성 _ 196
6.5 교육 연구에 대한 보상 _ 204
6.6 결론 _ 210

7장 유럽 대학의 미래: 액션 플랜

7.1 일관적인 전망의 필요성 _ 213
7.2 일관적인 전망의 요소 _ 216
7.3 미래의 설계와 개혁을 위한 액션 플랜 _ 224

참고문헌 233
옮기고 나서 257

그림 차례

[그림 2.1] 타임지 평가 세계 대학 순위(2007) _ 22
[그림 2.2] 유럽의 상위권 대학(타임지 순위, 2007) _ 23
[그림 2.3] 인재 유출: 고등교육을 받은 국적자와 이민자의 진출입 현황(2001) _ 43
[그림 2.4] 인용 점수의 경향(1993~1996년과 2003~2006년) _ 45
[그림 2.5] 2007 혁신요약지수 _ 49
[그림 2.6] 순위에서 경쟁력까지 _ 51
[그림 A 2.1.1] 부문별 연구비(미국, EU 15개국) _ 59
[그림 A 2.1.2] 미국에서 분야별 총 R&D 비용 _ 60
[그림 3.1] 생산가능곡선 _ 77
[그림 4.1] EU 27에서 예상되는 최소 대학생 수와 졸업생 공급량 _ 92
[그림 4.2] EU 27의 대학 졸업생 공급과 수요(단위: 백만 명) _ 97
[그림 4.3] 1990~2005년 사이의 대학생 연령대(20~24세) 인구 _ 98
[그림 4.4] 1950~2050년의 대학생 연령대(20~24세) 인구 _ 99
[그림 4.5] 유럽의 대학생 연령대 인구(1950~2050년 20~24세의 남성 그리고 여성) _ 100
[그림 4.6] 부국과 빈곤국의 평균 고등교육 참여율(고등교육 참여율 = 학생 수/20~24세 인구) _ 100
[그림 4.7] EU 27개 회원국의 이동 증가 추세 _ 111
[그림 4.8] 학생 이동 추이: 유럽과 세계(2005) _ 116
[그림 4.9] 유럽의 고등교육 인구에서 외국 학생 비율과 국가별 분포(2006) _ 117
[그림 4.10] 학생 이동 추이: 미국과 세계(2003) _ 121
[그림 4.11] 대학생 이동 추이: 일본(2005) _ 124
[그림 5.1] 대학의 산출물과 투입물 사이의 관계 _ 137
[그림 5.2] 1950~2005년 네덜란드에서의 학생 1인당 지출 감소 _ 139
[그림 5.3] 1960년, 1969~2007년 미국의 학생 1인당 고등교육 지출(고등교육 가격지수에 의한 현재 그리고 조정된 값 1982 = 100) _ 141
[그림 5.4] 시간에 따른 세율(GDP당 공공 지출) _ 145
[그림 5.5] 2005년(상위)과 1995년(하위) OECD 국가에서 고등교육에 대한 총지출

에 대한 퍼센트로 살펴본 공공 그리고 사적 지출 _ 147
[그림 5.6] 2005년 1인당 GDP로 살펴본 학생 1인당 사적 지출에 대한 학생 1인당 총지출 _ 150
[그림 5.7] GDP의 비율로 본 고등교육 지출(2002) _ 151
[그림 5.8] 1995년, 2000년 그리고 2005년 모든 서비스의 고정 가격으로 본 고등교육 기관 재학생 1인당 지출 변화. 교육기관에의 1인당 학생 지출 변화(기준치 2000=100) _ 152
[그림 5.9] 세대 간 유동성과 소득 불평등 _ 159
[그림 6.1] 네덜란드 경험에서 대학에 영향을 미치는 힘 _ 172
[그림 6.2] 삼각형에서 국가별 대학 체계의 위치(2005) _ 173
[그림 6.3] 네덜란드의 학생 수의 변화 _ 176
[그림 6.4] 학문 성취 곡선(선별된 국가들) _ 198
[그림 7.1] 유럽 대학의 여러 측면 _ 218

표 차례

[표 1.1] 대학생 연령대(20~24세) 인구 변화 추이 _ 3
[표 1.2] 유럽 내부의 다양성 _ 11
[표 1.3] EU의 고등교육 참여율(20~24세 인구 중 고등교육 기관 재적자 백분율) _ 14
[표 2.1] 지역별 순위(2008) _ 21
[표 2.2] 지역별 · 국가별 순위 성과(2008) _ 24
[표 2.3] 대학과 민간 부문 비율 _ 26
[표 2.4] 고등교육 부문의 R&D 비용, EU 및 여타 국가의 경우(2005) _ 27
[표 2.5] 자연과학 분야에서 개별 연구자의 순위 _ 29
[표 2.6] 상위 20 유럽 대학-파트 1(교통대 순위, 2009) _ 31
[표 2.7] 상위 20 유럽 대학-파트 2(타임지 순위, 2009) _ 32
[표 2.8] 배경에 따른 타임지 평가 상위 200위(2006) _ 34
[표 2.9] 예산과 대학 운영 체계, 연구 성과의 상관관계 _ 37
[표 2.10] 예산과 자율성이 연구 성과에 미치는 영향 _ 38
[표 2.11] 타임지 평가 200위권의 유럽 대학 수(2004, 2007, 2009) _ 41
[표 2.12] 여러 나라에서의 특허 현황(2005) _ 46
[표 2.13] 전 세계적 경쟁력 지수(2008~2009년, 2009~2010년) _ 52
[표 3.1] 졸업 후 직장 때문에 해외에서 사는 학생 비율 _ 70
[표 3.2] 대학 졸업생들이 직장에서 하는 국제적 활동 _ 71
[표 3.3] PISA 평가 수학 부문의 성취 수준을 응시자의 이민 유형에 따라 분류한 학생의 퍼센트 _ 76
[표 3.4] 고등교육을 거쳐 간 개인의 투자 수익률 _ 81
[표 3.5] 고등교육 도달률(2005, 고등교육을 마친 25~64세 인구의 퍼센트) _ 82
[표 4.1] OECD와 WEI 국가에서 15~19세, 20~29세 인구 지표(2000 = 100) _ 102
[표 4.2] 시기별 경제 대국(서유럽과 북미)과 빈곤국(나머지 모두)의 대학생 수 (1970~2005) _ 104
[표 4.3] 네덜란드에서 교육의 국제 지향성 영향 _ 109
[표 4.4] 2006학년도 에라스무스 교환 학생 _ 112

[표 4.5] 유럽 내에서 자국과 외국의 상위 10개 대학 교환 학생 수(1998) _ 113
[표 4.6] 유럽 내에서 자국과 외국의 상위 10개 대학 교환 학생 수(2006) _ 113
[표 4.7] EU 27개 회원국의 진출입 학생 수(2006, 단위: 천 명) _ 114
[표 4.8] 전 세계 고등교육 기관에 재학 중인 외국인 학생 수(단위: 백만) _ 116
[표 4.9] 국가별 유학생 비율(1998/2003) _ 118
[표 4.10] 상위권 국가의 진출입 학생 수: 외국인 학생 수(2006) _ 119
[표 4.11] 미국의 학위 취득자 및 등록자 중 외국인 학생 비율 _ 122
[표 4.12] 미국의 노벨상 수상자 중에서 미국 태생이 아닌 수상자 비율(분야별, 연도별) _ 128
[표 A 4.1.1] 1998년 EU 회원국 간 유학생: EU 27개 회원국 전체 _ 130
[표 A 4.1.2] 2006년 EU 회원국 간 유학생: EU 27개 회원국 전체 _ 132
[표 5.1] 실질 재정의 지출과 소득 _ 161

1장
서론

◎

1.1 기회

"미래의 제국은 정신의 제국이 될 것이다." 이는 유럽 출신의 윈스턴 처칠이 1943년에 미국의 명문인 하버드대학교에서 한 말이다. 신흥 지식 사회의 전망을 이보다 더 잘 나타낼 수 있었을까? 처칠의 모국이나 유럽에서는 이상할 정도로 이 말에 주의를 기울이지 않았지만, 하버드대학교는 국제적인 지식 사회에서 리더로서 새롭게 나타난 역할을 이미 훌륭하게 해내고 있다.

67년이 흐르고 난 2010년, 유럽은 처칠이 하버드대학교에서 한 말을 다시 잘 생각하여 보아야 한다. 이는 유럽이 새로운 제국을 추구해야 한다는 것이 아니라, 세계화의 물결에 휩쓸려 가면서 가까스로 버티고 있는 듯한 유럽의 현 상황이 바람직하지 않다는 것이다.

유럽의 국가 정상들은 조류가 변하고 있음을 인식하였고, 2000년에 리스본에 모여서 각국의 광범위한 지식 기반에 터하여, 2010년까지는 유럽을 세계에서 가장 경쟁력 있는 지역, 즉 정신의 제국이 되게 만들겠다고 엄숙하게 선언하였다. 이를 위하여 그들은 양적인 목표를 설정하였다. 그중 한 가지는 각국의 연간 연구비를 GDP의 3%(공공 재정 1%, 민간 재정 2%)까지 늘린다는 것이었다. 그러나 실제로 대학은 리스본 조약의 이 부분에 그다지 관심을 기울이지 않았다. 대학이 주목한 것은 고등교육 참여율을 해당 연령대의 50%까지 끌어올린다는 다소 신화적인 두 번째 양적 목표였다. 이 목표를 신화적이라고 하는 까닭은, 이러한 목표를 달성하기 위해 필요한 인적 자원이나 제도적 장치 그리고 재원에 대한 언급이 전혀 없었기 때문이다. 그럼에도 불구하고, 리스본 조약은 전반적으로 대학과 연구가 유럽에서 사회-경제적 발달의 근원으로 얼마나 강하게 인식되는지를 보여주었다. '가장 경쟁력 있는'이라고 유럽의 국가 정상들이 묘사한 원기 왕성한 유럽이란 야심차고 창의적이고 재능 있는 젊은이들이 환영받는다고 느끼는 곳, 예술과 과학 분야에서 그리고 경제적으로, 또한 새로운 지식과 창의성에 지속 가능하게 개방적인 곳, 그래서 2050년이 오면 90억에 이르고 그 후에도 계속 늘어갈 수십 억의 인류를 보듬을 수 있는 곳이다.

리스본 조약 이후에 10여 년이 흐르면서 극심한 경제 위기가 한 번 지나가자, 리스본 조약 조인국들은 책임을 져야 하게 되었다. 대부분의 유럽연합 국가에서 리스본 조약은 단지 구두선에 지나지 않았음이 드러났던 것이다. 분명히 말하건대, 유럽의 대학은 지속 가능한 경제 발전으로 활기 넘치는 유럽에 공헌할 기회가 있었고 지금도 기회가 있다. 그러나 10년이 흐르는 동안 리스본 조약은 기대 효과를 충족하지 못하였다. 적어도, 유럽의 대학이 인재를 유인하는 데 있어서 가장 경쟁력 있는 위치에 있지는 않다는 것이다. 이에 대해 램버트와 버틀러(Lambert & Butler, 2006: Ⅰ)는 "유럽의 대학을 통틀어서 말하면, 유럽의 빈약한 경제 사정을 호전시키는 데 필요한 지적 · 창의적 에너지를 제공하지 못하고 있다. 전 세계에서 가장 뛰어난 인재를 유인하는 유럽의 대학은 극소수이다"라고 하였다.

[표 1.1] 대학생 연령대(20~24세) 인구 변화 추이
(2005년부터 2050년 사이의 유럽연합 국가와 인도, 브라질, 중국, 터키의 경우를 추정)

국가(알파벳 순)	대학생층(20~24세) 인구 변화 2050/2005	국가(변화율 순)	대학생(20~24세) 인구 변화 2050/2005
오스트리아	−15.6%	룩셈부르크	66.7%
벨기에	−9.0%	덴마크	16.0%
불가리아	−60.5%	스웨덴	13.7%
키프로스	−1.5%	네덜란드	7.1%
체코	−43.5%	**인도**	**3.0%**
덴마크	16.0%	영국	2.3%
에스토니아	−44.1%	키프로스	−1.5%
핀란드	−9.9%	프랑스	−3.0%
프랑스	−3.0%	아일랜드	−3.8%
독일	−22.7%	벨기에	−9.0%
그리스	−33.6%	핀란드	−9.9%
헝가리	−36.2%	**브라질**	**−11.5%**
아일랜드	−3.8%	**터키**	**−12.7%**
이탈리아	−19.0%	오스트리아	−15.6%
라트비아	−52.6%	이탈리아	−19.0%
리투아니아	−50.8%	**중국**	**−21.2%**
룩셈부르크	66.7%	독일	−22.7%
몰타	−32.3%	EU27	**−23.3%**
네덜란드	7.1%	스페인	−29.9%
폴란드	−60.3%	몰타	−32.3%
포르투갈	−33.8%	그리스	−33.6%
루마니아	−55.3%	포르투갈	−33.8%
슬로바키아	−52.8%	헝가리	−36.2%
슬로베니아	−48.2%	체코	−43.5%
스페인	−29.9%	에스토니아	−44.1%
스웨덴	13.7%	슬로베니아	−48.2%
영국	2.3%	리투아니아	−50.8%
EU27	**−23.3%**	라트비아	−52.6%
브라질	**−11.5%**	슬로바키아	−52.8%
중국	**−21.2%**	루마니아	−55.3%
인도	**3.0%**	폴란드	−60.3%
터키	**−12.7%**	불가리아	−60.5%

출처: 유엔 인구분과(United Nations Population Division, 2008a).

그러나 위의 인용에서처럼 유럽의 대학 모두가 위기에 처한 것은 (아직은) 아니다. 그럼에도 오랫동안 행정에 종사하였던 필자는 위기가 닥치면 즉각적인 조치와 변화가 필요하다는 점에서 현재 상태만으로도 문제가 될 수 있음을 본능적으로 감지하고 있다. 유럽의 대학은 전체를

한 덩어리로 볼 때, 항상 호의적이었던 것은 아니지만 그런대로 정치에서 거리를 유지하면서, 대중의 무관심이거나 비판적인 인식하에서 그런대로 '괜찮게' 혹은 '괜찮게'에 약간 못 미치는 수준으로 버텨 왔다. 산적한 적자(2008/2009 위기의 결과)와 이로 인한 정부 예산의 삭감은 근본적인 변화를 추구하는 데에는 위기일 수 있으나, 민간 재정의 유입 없이 공공 재정을 삭감하는 경우에 대학이 어떻게 될 것인지 철저하게 따져보는 계기가 될 수도 있다.

유럽에서 대학이 어쩌다가 정치적으로나 일반 대중이 옹호해 주지도 않고, 교직원들이 (공공 분야를 포함한) 외부 기관에서 비슷한 일을 할 때보다 적은 급여를 받으면서 저렇게 지칠 줄 모르고 일을 하고 있음에도 불구하고 사랑받지 못하게 되었는가? 학생들이 (그리고 그들의 부모들이) 그런대로 행복하게 여길 곳은 어디이고, 세계 최고의 연구중심대학 중에서 1인당 연구 실적이 많은 곳은 어디인가?

사회 지도층 인사나 정치가, 교직원의 불만은 대체로 다음과 같이 비슷비슷하다.

- 유럽 대학 중에서 최고는 별로 없다. (위에서 인용한 램버트와 버틀러의 전제에) 따라서, 우리는 최고의 인재를 다른 나라에게 빼앗기고 있다.
- 사회적으로 불이익을 받는 집단(종종 소수집단)의 학생들이 대학에 들어가거나 졸업하는 비율이 낮다.
- 입학은 하였지만 졸업하는 비율이 낮아서 졸업을 못하는 학생들의 시간 낭비가 심하다(어떻든 그렇게 보인다).
- 대학에서 하는 연구가 혁신에 거의 기여하지 못하고 있다.
- 대학 교육이 노동 시장의 요구를 충분히 반영하지 못하고 있고, 대학 졸업생이 첫 직장을 구하기까지 지나치게 오래 걸리는 나라가 많다.

- 대학생 가운데 50% 이상이 여학생임에도 불구하고, 여성 전임교수의 비율이 10~20%에 지나지 않는 경우가 많다.
- 학생들의 효율적이고 효과적인 학습에 대한 관심이 도무지 없어서 학습 방법이 개선되는 경우도 거의 없다.
- (이 외에도 불만을 말하라면 한이 없다.)

대학의 교육을 위한 재정이 절대적으로 부족하다는 점에서도 불만이 많다. 국가 지원을 기반으로 하는 대학들이 엄청나게 성장했음에도 불구하고, 예산이 부족해지고 과세 수준도 내려야 하는 시점에서 늘어난 대학 재정을 제때에 지원하기 위해서 세금을 올리거나 예산안을 조정할 수는 없었다. 램버트와 버틀러(2006) 역시 유럽 대학이 날개를 펼치지 못하는 요인으로 재정 부족을 꼽았다. 어떤 점에서는 재정 부족이 문제의 원인이 될 수 있다. 그런데 다른 관점으로 보면 재정 부족에 더하여 유럽 대학을 약화시킨 것은 운영과 조직의 문제이기도 하다.

대학에 대한 불만이 많은 데 대해서 분명히 짚고 넘어갈 점은 대학에 대해서 반(反)지성적이라 할 만한 사회적 불신은 유럽에만 한정되는 것만이 아니라, 미국이나 동아시아와 같은 유럽 외 지역에 비해서 유럽에서 더 강할 뿐이라는 점이다. 또한 이러한 불만이 새로운 것도 아니다. 일찍이 20세기 초에 미국을 찾은 유럽인들은 유럽에 비하면, 미국에서 대학이 대중으로부터 더욱 존경받는 것을 목격했던 것이다(예를 들면, 버켈(Berkel, 1990)에서 미국을 찾은 독일 학자들의 경우를 찾아볼 수 있다). 짐작건대 세계의 다른 곳에서는, 대학이 사회에 잘 '맞추어 나가는' 듯하다(이에 관하여는 2장 4절에서 더 살필 것이다). 최소한 다른 사회에서는 대학이 사회봉사를 하는 기관이라고 여기는데, 유럽 납세자들은 대학을 관료적인 정부 기관 중 하나로 보는 경향이 있다.

활기 넘치는 유럽이란 지금보다 더 나은 지위에서 더 인정받고 대중이 더 고마워하는 대학이 있는 곳이다. 대학의 가능성과 지적 · 경제적 · 사회적 리더십을 제공하는 (대학의) 연구에 관해서는 3장에서 상세하게 논의하였다.

앞으로는, 종전과는 달리 예측할 수 없을 정도로 인구 변동이 심할 것이다. 국제연합의 추정에 따르면, 2008년에서 2050년 사이에 전 세계 인구 대비 유럽인의 비율은 7.5%에서 5.2%로 거의 1/3이 줄어들게 된다. 즉 전 세계 인구는 65억 명에서 91억 명으로 늘어날 것이나, 이 가운데 유럽연합[1] 인구는 4억 9천만 명에서 4억 7천만 명으로 줄어들 것으로 추정되고 있다.

앞으로 수십 년은 앞의 [표 1.1]에서처럼 전통적으로 대학에 다니는 18~24세의 인구가 줄어들 것이며, 대학 교육이 일반화되지 않은 환경에서 자란 청소년들이 점점 많이 대학에 들어오게 될 것이다(Ritzen, 2007a).

유럽에서 고등교육 참여율은 50%를 목표로 잡은 리스본 조약에도 불구하고 계속 감소할 전망이다. 목표를 그렇게 잡은 것은 몇몇 유럽 국가나([표 1.3] 참조), 한국과 일본 같은 비유럽 국가의 사례를 바탕으로 하였던 것인다. 그런데, 대부분의 유럽 국가와는 달리 이런 나라들은 단일민족국가[2]였으며 이것이 고등교육 참여율에 영향을 미쳤다는 것이 고려되지 않았다. 유럽에서 대학 진학 희망자가 갑자기 어마어마하게 늘어나지 않는 한, 유럽의 대학생 인구는 앞으로 계속 줄어들 것이다.

상당한 변동이 없는 한 유럽에서는 학생 수가 줄어듦으로 인하여 결과적으로 하향 곡선을 그리는 대학이 많아질 것이다. 이러한 하향 곡선은 통계적으로 안정된 국가, 즉 고등교육 참여율이 매우 높아서 더 이

1 European Union: 앞으로 EU로 표시함(역자 주).

2 '국가'와 '나라'를 어떻게 구별하여 쓸 것인지 명확한 기준이 없으므로 대체로 nation은 국가, country는 나라로 번영하되, 문맥에 따라서 혼용하기도 함(역자 주).

상 늘어날 것 같지 않은 일본이나 통계적으로 들쭉날쭉한 나라, 즉 대학생 인구가 1.1% 줄었는데 신입생은 1.4%가 줄어든 스페인 같은 나라에서도 볼 수 있다. 학생 수에 기초한 이른바 포퓰러 펀딩[3] 방식으로는 학생 수가 줄어들면 대학의 재정 규모를 줄일 수밖에 없다. 재정 규모가 줄어들면 학교의 분위기, 직장으로서의 대학의 매력, 학생들의 만족도에 영향을 미치게 되고, 결과적으로 명성에도 악영향을 미치게 되어서 그 학교에 가고 싶어 하는 학생이 줄어들 것이고, 이는 다시 재정 축소로 악순환을 거듭하게 된다. 정부 측의 지원 의지에 달린 문제이기는 하지만, 이대로 가다가는 아마도 5~10%는 파산하여 문을 닫고 사라질지도 모른다.

그렇다고 해서, 유럽에서 나이 든 사람들이 대학으로 몰려들 것 같지도 않다. 오늘날 미국에서, 석사 과정 학생의 대다수는 전통적인 대학생 연령대(18~24세)에 속하지 않는다(2002년에는 대학원생의 절반 정도가 25~34세였다).[4] 유럽 대학이 평생교육이라는 중대한 역할을 자임하고는 있지만, 실제로 이러한 역할에 필요한 중대한 인식의 변화가 이제까지 거의 보이지 않으며, 따라서 앞으로도 별로 달라질 것이 없어 보이기 때문이다.

마찬가지로 대학 내에서 중대한 변화가 일어나지 않는다면, 유럽 밖에서 학생들이 몰려올 것 같지도 않다(이 문제는 4장에서 다루었다). 유럽 대륙의 국가들이 분명한 대안을 제시하지 못한다면 유럽 출신 학생들은, 지금처럼 앞으로도 미국 또는 다른 앵글로색슨 국가로 계속 빠져나갈 것이다.

위기가 우리 앞으로 닥쳐오는 것이 선명하게 보인다. 인구 변동에서

3 학생 수를 바탕으로 예산을 책정하는 방식으로 최근에 한국에도 도입됨. 공식적인 번역 용어는 없으므로 '포퓰러 펀딩'으로 사용함(역자 주).

4 출처: 대학원 위원회(2008b).

기인한 하향 곡선은 바우만(Baumann, 2003)에서 주장하였던 것처럼, 과거에 사회의 통상적인 틀과 구조의 변화가 인구 변동에서 기인하였던 것과 일맥상통한다. 이러한 위기는 연구소, 금융계 및 ICT 업계와 같은 인재 집약적인 민간 산업 부분부터 뒤흔들게 되는데, 인도나 중국에서는 이런 분야에 이에 엄청난 수의 인재를 배출하고 있다.

간다라(Gándara, 2005)는 미국 대학이 인구에 관한 통계상으로나 대학의 우수성이라는 점에서 유럽의 대학보다 유리하다 하더라도, 이러한 상황이 미국에도 치명적인 시나리오라고 여겼다. 분명히 말하건대, 인구 변동은 위기를 야기하는 원인이 아니라 촉진제일 뿐이다. 눈에 보이게 점점 줄어드는 재정 지원(램버트와 버틀러, 2006)과 제도적 · 조직적 부실을 나무에 비유하면 뿌리가 너무 짧은 경우에 해당한다. 뿌리가 짧은 나무는 인구 변동이라는 폭풍이 불면 쓰러질 수밖에 없다.

2000년의 리스본 조약은 곧 닥칠 인구 변동의 폭풍을 완화시키거나 피해서, 좀 더 순탄한 길로 나아갈 수 있는 좋은 계기였다. 그러나 유럽 위원회의 교육문화국 사무총장(Director General for Education and Culture of the European Commission)인 오딜 퀸틴(Odile Quintin, 2006)이 언급하였던 것처럼 유럽은 이 협정을 실천하기 위해 진정한 노력을 기울이지 않았다.

이 책은 진지한 개혁 과제(7장)를 통하여 '리스본 조약'을 부활시키고, 나아가 진정으로 매력 있고 상상력, 창의성, 지식과 사회적 응집력을 갖춘 유럽으로 이끌어갈 유럽식 제도를 창안하여, 전 세계의 학생들을 끌어 모으기 위해 새롭게 출발할 것을 주장한다. 결국은 제로섬 게임인 국제 경쟁에 뛰어들자는 것이 아니라, 인류 발전에 기여하는 포지티브섬 게임을 하자는 것이다. 그러기 위해서는 재정 부족 문제를 해결할 수 있어야 한다(5장). 혁신적인 대학으로 발전한다는 것은 대학이 조직과 제도 면에서 발전해야 가능한 것이다(6장).

1.2 유럽 또는 유럽 국가

이 책에서 유럽이라 함은, 울리히 벡(Ulrich Beck, 2006)이 정의한 바와 같이, 민족국가들의 느슨한 결합을 일컫는다. 유럽을 구성하는 국가들은 100년이 넘도록 서로 경쟁적인 관계였으나, 최근 50년 동안은 공동의 시장, 공동의 경제 정책, 시민권의 상호 인정 그리고 — 마스트리흐트 조약 이래로 — (아직은 모든 유럽 국가에 적용되지 않지만) 공통의 통화에 의한 평화로운 협력 관계를 맺고 있다.

유럽은 하나로 묶어서 생각할 수 있다. 태도와 가치뿐 아니라 대학 체제나 인구통계학적으로 (인구통계학적 문제는 미국과 같은 다른 나라에서도 발생함에도 불구하고, 유럽이 맞닥뜨리고 있는 위기에는 인구통계학적 요인이 작용하고 있다) 볼 때, 유럽 국가 간의 차이보다 유럽과 유럽이 아닌 지역과의 차이가 더 크기 때문이다. 유럽의 민족국가들 간에도 대학 체제 상의 차이는 크다(이는 다음 장에서 볼 것이다). 그러나, 비유럽 국가들(북미, 아시아, 남미, 아프리카, 호주)과의 차이점은 다음과 같은 점에서 강조되어 왔다.

- 유럽 내의 국가별 다양성은 일반적으로 다른 어느 곳보다도 훨씬 적다.
- 유럽 역사는 11세기로 거슬러 올라가는 데 비하여 다른 국가의 역사는 그렇게 길지 않다.
- 학생 수의 변천사 역시 상당히 다른데, 미국에서는 1950년대부터 다수 학생이 대학으로 몰렸다면, 유럽에서는 1970년대에 뒤를 이었고, 1990년대에는 일본이나 한국과 같은 나라의 고등교육 참여율이 유럽을 넘어서기까지 하였다.

유럽의 공통적 특징은 뿌리 깊은 반(反)엘리트주의 태도로서 다양성을 무시하고 최고의 인재를 폄하하는 현상으로 나타나곤 한다. 실제로, 유럽의 모든 언어에는 다음과 같은 표현이 있다.

- 물이 흐르는 방향으로 헤엄치기 혹은 물이 흐르는 대로 따라가기

그리고,

- 예상과 다르게 행동하기 혹은 혼자만 외톨이로 남기

한편, 유럽 국가 간의 차이도 상당하다([표 1.2] 참조).

- 인구 면에서 EU 회원국 중에는 독일같이 '거대한' 국가가 있는가 하면, 룩셈부르크, 몰타, 키프로스와 같이 '작은' 국가도 있다. 향후 50년 간의 인구 변화 추이를 보더라도 차이가 많다.
- 1인당 국민소득 면에서 EU에 최근에 가입한 불가리아와 루마니아는 소득 수준이 최고인 룩셈부르크의 5%에 지나지 않는다.
- 국가별로 세계 경제에서 차지하는 위상도 사뭇 달라서, 벨기에, 오스트리아, 네덜란드와 덴마크와 같이 비교적 작은 국가들이 선두주자라면, 새 EU 회원국인 불가리아, 라트비아, 리투아니아, 루마니아는 세계화 지수 면에서 하위에 머무르고 있다. 이는 2000년 이래로 계속 마찬가지이다. 그러나 영국과 수출 최강국인 독일은 남부 유럽 국가들이나 슬로베니아와 슬로바키아와 같은 국가와 비교해 볼 때, 놀라울 만큼 순위가 낮다. 2000년에서 2006년 사이에 일반적인 변화의 추세를 살펴보면, 비교적 새로운 EU 회원국의 세계화 정도는 증가하였으며, 구 회원국에게서는 감소하였다(ETH, 2008).
- [표 1.2]는 '유럽에 대한 감정'이 국가 간에 큰 차이가 있음을 보여준다. 이른바 유럽 선호도 지수가 높은 쪽을 보면, 2000년에서 2006년 사이에 (2007년에 리스본 조약 개정을 국민투표에서 부결시킨) 아일랜드를 선두로 네덜란드, 룩셈부르크, 스페인이 뒤를 잇고 있

[표 1.2] 유럽 내부의 다양성

국가명	인구(2005)[1)]	1인당 국민소득 (2005)[2)]	세계화 순위[3)]	유럽 선호도 지수 (2006 순위)[4)]
오스트리아	8.24	29,700	2	34%(26)
벨기에	10.48	28,800	1	65%(5)
불가리아	7.74	2,800	40	53%(14A)
키프로스	0.76	18,000	18	49%(19)
체코	10.24	9,800	10	52%(15)
덴마크	5.42	38,300	5	65%(6)
에스토니아	1.35	8,200	15	51%(16)
핀란드	5.25	30,000	11	39%(24)
프랑스	62.82	27,500	14	49%(17)
독일	82.47	27,200	22	57%(9)
그리스	11.10	17,800	32	53%(14B)
헝가리	10.09	8,800	12	49%(20)
아일랜드	4.16	39,100	7	77%(1)
이탈리아	58.61	24,400	27	56%(10)
라트비아	2.30	5,700	38	37%(25)
리투아니아	3.41	6,100	31	59%(8)
룩셈부르크	0.47	65,000	8	72%(4)
몰타	0.40	11,900	24	44%(22)
네덜란드	16.32	31,500	4	74%(2)
폴란드	38.17	6,400	30	56%(11)
포르투갈	10.55	14,100	17	47%(21)
루마니아	21.63	3,700	42	62%(7)
슬로바키아	5.39	7,100	23	55%(12)
슬로베니아	2.00	14,400	19	54%(13)
스페인	43.40	20,900	16	72%(3)
스웨덴	9.03	32,600	6	49%(18)
영국	60.23	30,400	26	42%(23)
EU 27개국	492.00	22,500		

주: 1) 해당년도 1월 1일자 인구. 단위: 백만 명. 출처: Eurostat(2008b).
2) 주민 1인당 소득으로 실수입 기준. 단위: 유로. 출처: Eurostat(2000a).
3) 158개국 대상의 KOF 지수(순위는 158개국의 상대 순위임). 출처: ETH Zurich(2008).
4) 수치는 EU 가입에 긍정적인 국민의 비율. ( ) 안의 수치는 EU 국가 간 순위.
출처: 유럽연합 집행기관(European Commission, 2007).

다. 유럽에 대해서 회의적인 쪽에는 오스트리아, 핀란드와 라트비아가 있다. 선두의 네 국가는 2000년과 동일하고 단지 순서만 달라졌을 뿐이다(2000년에는 룩셈부르크가 79%, 아일랜드가 75%, 네덜란드가 71%, 스페인이 63%였다). 오스트리아와 핀란드는 이미 2000년에 상당히 회의적이었다. 각국 인구의 38%와 39%만이 유럽연합의 회원국인 것이 좋은 일이라고 답하였다. 2000년 조사에서는 영국이 29%로 선두에 있었고, 스웨덴이 34%로 뒤를 이었다. 2000년에서 2006년 사이에 EU에 가입하는 것이 좋다고 생각하는 인구의 비율은 EU에 가입한 지 오래된 나라에서 증가하였다. 그러나 남부 유럽(이탈리아, 그리스, 포르투갈)과 오스트리아에서는 감소하였고, 핀란드는 비슷한 수준을 유지하였다(European Commission, 2001).

지금까지 본 것은 다양성에 관한 부분이다. 그러나 유럽 국가들이 문화유산에 대해서 이야기할 때에는 공통의 정체성에 주목한다. 공통의 정체성은 비버스(Bevers, 2008)에 따르면 '모차르트, 바흐, 베토벤, 쇼팽, 슈만, 드뷔시, 헨델과 같은 작곡가, 피카소, 미켈란젤로, 베르니니, 마티스, 렘브란트, 다빈치와 같은 예술가'에 의해 표현된다. 비버스는 유럽을 어떻게 보는지 알아내기 위해서 유럽 10개국의 음악과 미술 교과의 중등학교의 졸업 시험을 분석하였다. 여기서 비버스는 '이중적인 충성심'을 발견한다. 모든 국가에서 문화적 정전은 그 나라만의 문화유산으로 구성되지만, 이는 곧 유럽의 정전으로 여길 수 있다는 데에 놀랍게도 모두가 동의하고 있는 것이다. 유럽 밖의 문화를 거론하는 경우라면, 미국 문화를 다루는 것이 가장 흔한 일이다(Oosterbaan, 2008).

필자가 유럽 전체를 하나의 분석 단위로 잡아서 유럽의 대학이 EU의 권한 범위 내에 있으며 유럽 대학의 '기회'가 EU 본부의 움직임에 달려 있다고 주장하려는 것이 아님을 분명히 하고자 한다. 그렇게 하면 별다른 결론이 날 수 없는 이념 논쟁이나 일으킬 것이기 때문이다. 그러므로 정책 제안을 하는 데서는 특정 국가의 정책을 제안하는 것이고, 특정 국가의 정책은 당사국의 상호보완 원칙에 따를 것을 전제로 하며, 따라서 특정 국가의 정책이라 하더라도 EU 회원국 간에 조율이 되어야 하며 EU 본부가 이에 개입해서는 안 된다.

1.3 유럽의 대학

유럽의 대학은 피렌체의 유럽대학연구소(European University Institute)나 브루헤의 작은 대학 몇몇 개를 제외하고는 대체로 EU 회원국의 국립대학이다. 유럽의 각 대학에는 그 나라 출신 학생이 절대 다수이고, 그 나라의 국어로 가르친다. 유럽회사법령(European Company Statute)처럼 유럽에서 대학이 국경을 초월하여 학생을 받고 재정 지원을 할 수 있는 제도나 법령은 아직 제정된 바 없다. 결과적으로, '유럽의 대학'이란 개별적인 EU 회원국의 대학을 의미하는 것이다. 이 책에서도 대학이란 용어는 OECD의 '국제표준교육분류' 수준 5(A and B)와 6에 해당하는 모든 고등교육 기관을 광범위하게 지칭한다. 대부분의 EU 회원국에서는 연구중심대학[5]과 연구를 하지 않거나 제한된 범위 내에서 응용학문을 연구하는 고등교육 기관을 따로 두고 있다.

고등교육 기관의 재학생 수를 살펴보면, 서유럽 국가의 대학은 매우 안정적이나 최근에 EU에 가입한 국가의 경우에는 아직 고등교육 참여율이 상당히 낮은 편이다. [표 1.3]에서 이러한 현상을 확인할 수 있다. 최근에 EU에 가입한 국가의 고등교육 참여율은 가입한 지 오래된 EU 회원국이나 한국(2007년에 거의 85%) 또는 일본(1999년에 거의 43%, 2006년에 56%[6])만큼 높지 않다. EU 회원국의 정상은 2000년에 리스본에서

5 research university의 역어로서, 연구만이 아니라 교육의 기능도 여전히 남아 있으므로 '연구 대학'보다 '연구중심대학'으로 번역함(역자 주).

6 20~24세 총인구 가운데 고등교육을 받는 인구를 백분율로 나타냄. 출처: 한국에 대한 유네스코 통계 기관(2010)과 유엔 인구 분과(2008a) 자료에 기초한 자체 계산, 출처: 일본에 대한 유로스탯(2008b).

[표 1.3] EU의 고등교육 참여율(20~24세 인구 중 고등교육 기관 재적자 백분율)

국가명	1998	2002	2006
벨기에	N.A.	57.1	61.9
불가리아	41.2	40.2	45.4
체코	23.6	35.1	48.3
덴마크	51.2	61.8	78.6
독일	47.0	45.4	47.2
에스토니아	45.4	62.7	65.6
아일랜드	47.8	54.1	54.1
그리스	44.7	64.3	89.3
스페인	52.7	58.1	61.9
프랑스	52.8	52.3	54.0
이탈리아	46.1	54.6	64.2
키프로스	N.A.	26.0	32.1
라트비아	43.1	68.3	73.4
리투아니아	39.3	62.6	76.7
룩셈부르크	7.5	11.4	9.6
헝가리	29.9	45.3	65.0
몰타	N.A.	24.4	30.4
네덜란드	46.8	53.3	60.1
오스트리아	50.6	46.4	47.9
폴란드	39.1	60.6	64.7
포르투갈	42.8	51.6	52.3
루마니아	20.5	32.8	52.0
슬로베니아	45.9	65.7	82.5
슬로바키아	24.3	32.5	44.2
핀란드	78.7	87.2	92.5
스웨덴	51.1	74.2	80.2
영국	55.0	62.0	58.5
EU27개국	45.5	52.9	58.5

출처: 유로스탯(Eurostat, 2008b).

2010년까지 해당 연령대의 50%를 대학에 보내기로 결의한 바 있다([표 1.3] 참조).

EU 회원국의 대학 제도는 최초로 대학을 설립한 볼로냐(1088)와 파리(1150)를 선두로 옥스퍼드(1167), 케임브리지(1209), 살라망카(1218), 몽펠리에(1220), 파도바(1222), 나폴리(1224), 툴루즈(1229), 프라하(1348), 하이델베르크(1386), 루뱅(1425)에 세워진 대학들과 역사를 같이한다(꽁뻬이레(Compayré, 1893)). 중세에는 인구도 현재 인구의 2%에 지나지 않았지만, 대학도 고등교육 참여율이 1.75%에 지나지 않는[7] 작은 기관이었다. 중세의 대학은 왕실이나 교황청(또는 특정한 교황이나 교회의 고위층)으로부터 폭넓은 지원을 받는 교원과 학생의 조합과 같은 형태였다. 중세 대학 초기에 학생은 거의 모두 성직자였다. 부유한 층에서는 법학이나 의학을 공부하였으며, 반면에 중산층 출신은 주로 인문학 분야에 많았다. 학생들 중에 최상위층은 "기사 가문이나 도시의 '중상류층' 출신"(Rüegg & Ridder-Symoens, 2003: 200)이라고 할 수 있는데, 이들은 시험이나 박사 학위를 목표로 하는 20대나 30대의 전업 학생들로서 나중에 교직에 종사하는 경우도 더러 있었다. 학생들은 부유하였고, 대학도 충분한 지원을 받았으며, 소재 지역 외부에서 온 '국제적인' 학생도 받아들였다. 유럽 대학의 역사는 뤼그(Rüeggg, 2003; 2004)가 책임지고 간행한 세 권의 책과 위 보고서에 매우 훌륭하게 정리되어 있다. 유럽 대학의 역사에서 기회의 균등은 언제나 중요한 화두였다. 위 저작물에 따르면, "가난은 입학에 장애가 되지 않았으나, 학비[8]에 관해서는 별다른 배려를 하지는 않았다. 학비를 책정할 때에는 학생의 지불 능력을 미리 검토하였다. 가난한 학생들은 가능한 범위 내에서 등록금을 감당하도록 하였다. 엄밀하게 말해서, 학생의 형편이 더 나아질 때까지 등록금 유예가 허용되었던 것이다"(186~187쪽). 당시에 이미, 기본적으로 취업 후 학자금 상환제 비슷한 제도가 비공식적으로라도 있었다.

취업 전망에 대해서는 사정이 달랐다. 위 보고서에 따르면, 시대적으로 대학에 다녔거나 대학을 졸업하였다는 사실은 태어나면서 얻는 지

7 '1385~1505년의 Reichsfrequenz(신성 로마 제국의 대학 입학 허가)는 당시 인구의 감소세에도 불구하고 연간 1.75%의 최고점에 도달하였다'(Rüegg and Ridder-Symoens, 2003: 188). Reichsfrequenz는 학생 명단 기록부가 있는 대학에 입학이 허가된 학생들을 일컫는다.

8 학업 수행에 필요한 비용으로, 상황과 분야에 따라 '학비', '학자금', '등록금' 등의 용어를 사용함(역자 주).

위만큼 중요하지 않았던 시절이었지만, 루디(Rudy, 1984)에 따르면 초창기 유럽 대학 졸업생에게는 교회나 정부에서 법률가나 의사로서 일할 기회가 주어졌던 것 같다. 이들에 대한 기록은 거의 없지만, 이들 중에서 나중에 고위 성직자나 공직자, 혹은 지도층이 된 이들의 기록은 많이 남아 있다(Maag, 2004: 102). 더욱이 법학도에 대한 수요가 컸는데, 말하자면 "로마법을 공부하는 것은 일반인이나 성직자나 이른바 출세를 위한 기본적인 준비 과정이었다."(Rashdall, 1895: 112).

이러한 공동의 역사는 (나중에 영국에 편입된) 아일랜드 출신의 뉴만 추기경(Newman, 1858)과 독일 빌헬름 폰 훔볼트(Wilhelm von Humboldt, 1793)의 저작물이 나온 19세기에 분기점을 맞았다. 이 둘은 각기 새로운 유형의 대학의 창시자가 되었다. 훔볼트식 연구중심대학은 '대학 총장(국왕 또는 교회)의 방침이 아니라 교수 각자의 자유에 따른 교육과 연구'라는 본래의 목적보다 사회적 리더십을 생산하기에 적합하게 조직되었으며, 이 방면에서 더욱 유명하게 되었다.

뉴만 추기경(1858)은 대학 당국으로부터 연구와 교육이 독립적이어야 한다는 주장을 지지하면서도 개인의 지위보다 대학이라는 공동체를 더 중시했던 것으로 보인다. 기본적으로는 비슷한 생각에서 출발한 독일과 영국의 대학은 각기 다른 방향으로 발전하였다. 독일은 '대학은 모두 똑같아야 한다'는 엄격한 모델을 따랐고, 영국과 아일랜드는 학생 선발 등에서 대학 간에 차별화를 허용하였다.

EU 회원국의 대학 체제를 비교해 보면 다음과 같이 분류할 수 있다.

- 차별화되고 학생 선발이 까다로우며 학비가 비싼 영국과 아일랜드 대학의 경우.

  이 책의 2장 1절(각종 순위에서의 유럽)에서 보듯이, 대학평가 상위 20위권에서 영국의 대학은 미국의 대학과 경쟁을 하며 매우 선전하고 있다. 그러나 인구 비례에 따른 상위 200개 대학을 살펴보면 특별한 학생 선발 절차가 없는 네덜란드나 노르웨이 대학이 더 우수하다.

- 대학이 차별화되지 않고 특별한 학생 선발 과정이 없으며 학비도 없는 연구중심대학 중심의 구유럽의 '빅4(독일, 프랑스, 이탈리아, 스페인)' 대학의 경우.

  산업기술대학(폴리테크닉)과 연구중심대학이 구별되어 있으며, 프랑스에서는 그랑제꼴과 연구 대학이 따로 설립되어 있다. 이들 빅4는 2장 1절에서 볼 수 있는 것처럼, 제 기량을 다 발휘하지 못하고 있다.

- 지난 수십 년간 크고 작은 개혁을 거듭해 온 서유럽의 7개 강소국(오스트리아, 벨기에, 덴마크, 핀란드, 네덜란드, 노르웨이, 스웨덴)의 연구중심대학의 경우.

  연구중심대학을 따로 두지 않고 학비도 싼 편이나 상당히 잘해내고 있다.

- EU에 새로 가입한 나라로서 소비에트 시대에서 새 시대로 전환하면서 대학 재정의 한계 등과 같은 심각한 핸디캡이 있는 대학의 경우.

알레지나와 지아바치(Alesina & Giavazzi, 2006)가 고등교육을 포함하는 유럽 경제 체제의 광범위한 개혁이 시급함을 주장할 때에도 이와 비슷한 분류를 한 바 있다.

OECD는 회원국의 대학 체제를 분석하기 위한 서비스(비회원국 적용 가능)를 제공하였다. OECD(2008c)[9]에 결과가 요약되어 있는 이 연구는 벨기에(플라망어 사용 지역), 체코, 에스토니아, 핀란드, 프랑스, 그리스, 네덜란드, 폴란드, 포르투갈, 스페인, 스웨덴, 영국을 대상으로 하였다.

9 자세한 내용은 산티아고 외(2008), Vol. 1~3을 보라.

일반적으로, 정부는 사회 · 경제적 발달에 보탬이 된다고 인식되는 고등 교육을 점점 더 강조하고 있다. 물론, 각국의 고등교육 정책에는 차이가 나지만 공통적인 경향도 찾아볼 수 있다. 모든 국가에서 고등교육 부문은 성장하고 있고 학생의 유형이 다양해지고 있다. 여성과 나이 든 성인의 대학 등록률이 올라가고 있으며, '사회경제적 배경, 민족, 학력의 측면에서' 학생들은 점점 더 복합적인 양상을 띠게 될 것이다 (OECD, 2008c: 3). 이러한 대학의 확장은 다양성을 초래하였고, 재정 면에서도 새로운 양상이 나타났다. 모든 국가에서 대학의 책임성과 성과를 중요하게 여기게 되면서, 연구와 교육 면에서 질적 보장, 국제적 네트워크의 조성과 국제 협력 등이 강조되었다.

볼로냐 프로세스는 유럽이 수십 년 동안 구상한 제도 중에서 최고라 할 수 있다. 유럽 46개국이 학사 과정과 석사 과정을 서로 비슷하게 맞추어 가게 된 것이다. 이러한 변화가 잠정적으로 기대하는 것은 학생들이 출신 국가를 벗어나서 공부하기 쉽도록 해주는 것이다. 이것은 마치 모든 대학이 경쟁이라는 물결을 함께 타는 것과 같다. 6장 4절에서 현재 '볼로냐 프로세스'는 물이 절반쯤 차 있는 컵과 같다고 하였다. 그러나 어떤 경우에든, 볼로냐 프로세스만으로 활기 넘치는 유럽 대륙을 만들어 가는 데 기여할 유럽의 대학을 만들어 내기에 충분한 조건을 갖추었다고 할 수는 없다.

2장

다가오는 위기

◎

2.1 유럽 대학의 순위

2003년 어느날 갑자기 상해교통대학교(Shanghai Jiao Tong University)에서 전 세계 대학 순위라는 것을 발표하였다. 원래 목표는 자기 학교의 위상을 평가하기 위한 것이라고 하나, 이는 곧 '교통대 순위'라고 불리게 되었다. 그 뒤를 이어서 2004년부터는 영국의 타임지[10]에서 전 세계 대학 순위를 발표하기 시작하였다.

유럽의 대학이 국제 순위에서 밀린다는 다소 우울한 이야기는 이미 수차례 대중의 주목을 받았다(예를 들면, Winckler, 2008; Lambert & Butler, 2006). 유럽의 대학은 미국의 대학에 비해서 전체 학생 수는 뒤처지지 않으나(2003년도 통계: 유럽-163만 명, 미국-159만 명) 순위는 많이 뒤처진다. 국제 순위 상위권에는 미국의 대학이 단연 많았다. 미국의 대학은 유럽을 포함한 세계 각지에서 우수한 학생을 뽑아 들였고, 이들은 미국에서 공부만 한 것이 아니라, 공부가 끝난 후에도 상당 기

10 The Times Higher Education Supplement(THES).

간 동안 미국에 머물렀다. 바로 이것이 유럽의 대학도 나아가야 할 길이다. 이번에는 유럽에서 세계의 젊은이들을 끌어들여서 유럽에서 공부하고 가능하면 조금 머물러 있게 하는 것 (고급 두뇌의 순환이라는 점에서도 다른 문화를 체험하며 다른 사람들과 살아보는 경험을 제공하는 것)인데, 이는 세계 평화와 상호 이해의 근간인 것이다.

물론 상위권의 질과 평균적인 질이 같은 것은 아니다. 유럽 사람들은 유럽의 대학에 최우수 인재가 없더라도 유럽 대학의 평균적인 성과가 높다는 점을 강조한다. 그러나 이러한 주장은 첫째로 평균적 성과가 상위권의 성과를 배제한다는 틀린 전제에서 출발했으며, 둘째로 유럽 대학의 평균적 성과가 미국 대학보다 낫다는 주장은 일상적인 관찰에 근거한 것이지 입증된 사실이 아니라는 점에서 타당성을 인정하기 어렵다.

상위권 몇 사람이 훌륭한 성과를 내는 경우에 사회적으로 대학 간의 차별성을 인정한다면, 다른 사람들이 하위권에 머물더라도 평균적 성과는 높이 나올 수 있다. 문제는 하위권 대학이 최소한의 수준에도 도달하지 못하는 경우에 사회적 비용의 손실이 크다는 것이다. 그러나 차별화가 대학이 부문별로 특성화되는 것이라면 손실은 줄어든다. 즉 교통대 평가나 타임지 평가에서 중요한 지표인 연구나 국제화에서는 떨어지더라도, 교육에서 높은 수준을 유지하면서 사회적으로 고등교육을 거의 또는 전혀 받지 않은 새로운 그룹에게 고등교육을 제공하는 것이다.

타임지나 교통대의 평가는 교육의 질을 평가하는 방법이 불분명하여 매우 근시안적이라 할 수밖에 없다. OECD의 AHELO(고등교육학습결과평가, www.oecd.org/edu/ahelo 참조)는 앞으로 더 나은 평가 방안이 나올 것으로 전망하였다.

타임지 평가에는 배점이 다른 여섯 가지 지표가 사용된다.

[표 2.1] 지역별 순위(2008)

		타임지			교통대			2010년 인구 (백만)
		상위 20	상위 21~100	상위 101~200	상위 20	상위 21~100	상위 101~200	
미국		13	19	22	17	38	35	318
유럽 연합	영국	4	14	11	2	9	12	62
	빅4	0	6	10	0	8	18	250
	7개 강소국	0	9	19	0	9	14	61
	기타 EU 회원국	1	5	4	0	4	3	422
	전체 EU 회원국	5	34	44	2	30	47	733
아시아		0	16	20	1	4	11	1,564
호주, 뉴질랜드, 캐나다		2	10	8	0	7	5	60
기타		0	1	6	0	1	2	3,439
전체		20	80	100	20	80	100	6,909

출처: 평가된 기구: 고등교육연구소, 교통대 순위(Institute of Higher Education, Shanghai Jiao Tong University, 2009a); 타임지 순위(Times Higher Education Supplement); Quacquarelli Sismonds(QS Ltd, 2009); 인구: 유엔 인구분과(United Nations Population Division, 2008a).

- 동일 분야 연구자 상호 평가(40%)
- 대학 졸업생 채용 선호도 평가(10%)
- 외국인 교수 비율(5%)
- 외국인 학생 비율(5%)
- 교수 학생 비율(20%)
- 교수 1인당 피인용 지수(20%)

교통대 평가는 전적으로 각 대학의 자연과학 분야의 연구 성과를 기본으로 한다(고등교육연구소, 상해교통대학, 2008a).

- 노벨상과 필즈상을 수상한 대학 졸업생 수(10%)
- 노벨상과 필즈상을 수상한 교직원 수(20%)
- 피인용 지수가 높은 교직원 수(20%)

[그림 2.1] 타임지 평가 세계 대학 순위(2007)

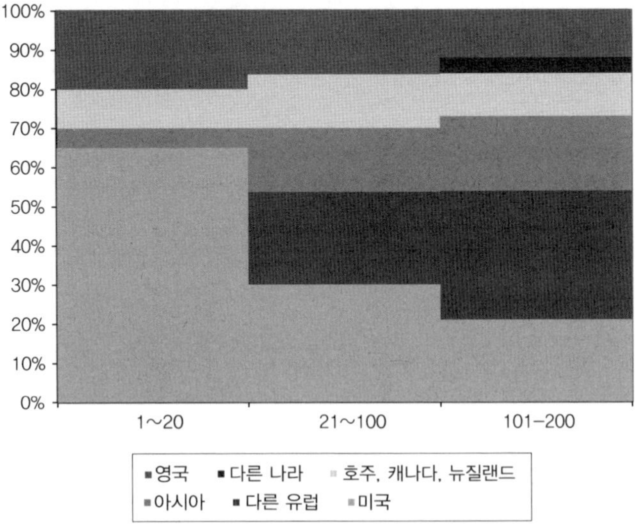

출처: QS Ltd(2007) 데이터.

- SSCI와 SCI 저널에 실린 논문의 수(20%)
- 사이언스지와 네이처지에 실린 논문의 수(20%)
- 대학의 규모에 비례하는 학문적 성과(10%)[11]

유럽의 대학을 상위 20위 이상, 상위 21~100위, 상위 101~200위의 세 그룹으로 나누어서 살펴보자. 타임지와 교통대가 발표한 2009년 순위는 [표 2.1]에 제시되어 있다. 영국과 7개 강소국은 지나치게 많아 보이는 반면, 빅4와 다른 EU 회원국은 잘 보이지 않는다. 이는 2007년 타임지 평가를 대상으로 앵글로색슨 국가와 여타 국가를 비교해 놓은 [그림 2.1]과 유럽의 사정을 자세히 옮겨놓은 [그림 2.2]에 더 잘 나타

11 2003년도까지는 순위를 매기는 방법이 지금과 달랐다. 여기에 제시된 것은 2004년부터 현재까지 쓰이는 지표이다.

[그림 2.2] 유럽의 상위권 대학(타임지 순위, 2007)

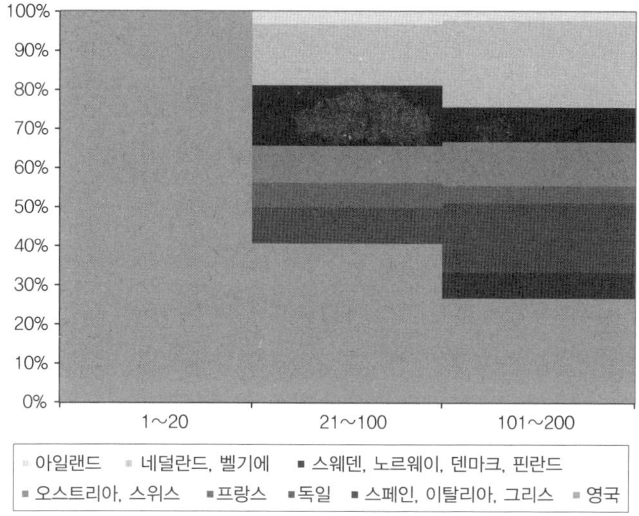

출처: QS Ltd(2007) 데이터.

나 있다. 유럽의 사정을 살펴보기 위해서는 각기 다른 해(2007, 2008, 2009)에 발표된 순위를 사용하였는데, 이는 순위가 비교적 안정적이었기 때문이다(보다 상세한 논의는 이 장의 후반으로 미룬다).

타임지 순위에서는 영국이 매우 중요한 지위를 차지하고 있다. 영국의 인구를 감안할 때 더욱 그렇다. 특히, 타임지 평가는 영국에 편향되어 있다. 평가 지표 중 앞의 두 항목은 타임지와 가까운 교수들, 즉 영국과 호주, 말레이시아 등지의 교수들이 점수를 매기게 되어 있다. 그런데 영국은 교통대 평가에서도 잘 하고 있다.

여기서 우리는 대학의 순위와 인구 규모의 관련성에 관심을 갖게 된다. [표 2.2]에 2008년 타임지 순위와 교통대 순위를 제시하였다. 순위 성과는 세계 인구에서 각국 인구의 점유율과 전체 대학 수와 특정 순위권 내에 있는 각국의 대학 수의 비례로 계산하였다. 그리고 각국이나

[표 2.2] 지역별 · 국가별 순위 성과(2008)

		타임지 2008년 순위						교통대 2008년 순위					
		순위 성과			미국 대비 순위 성과			순위 성과			미국 대비 순위 성과		
국가	지역	상위 20	상위 21~100	상위 101~200	상위 20	상위 21~100	상위 101~200	상위 20	상위 21~100	상위 101~200	상위 20	상위 21~100	상위 101~200
오스트리아	유럽연합	0.0	0.0	8.0	0.0	0.0	1.8	0.0	0.0	8.1	0.0	0.0	1.0
벨기에	유럽연합	0.0	8.0	25.2	0.0	1.2	5.6	0.0	0.0	25.5	0.0	0.0	3.3
덴마크	유럽연합	0.0	30.9	12.2	0.0	4.8	2.7	0.0	30.92	12.4	0.0	3.1	1.6
핀란드	유럽연합	0.0	16.8	0.0	0.0	2.6	0.0	0.0	16.8	0.0	0.0	1.7	0.0
프랑스	유럽연합	0.0	2.7	2.2	0.0	0.4	0.5	0.0	4.1	4.4	0.0	0.4	0.6
독일	유럽연합	0.0	3.1	6.5	0.0	0.5	1.4	0.0	6.2	6.6	0.0	0.6	0.8
그리스	유럽연합	0.0	0.0	6.0	0.0	0.0	1.3	없음					
아일랜드	유럽연합	0.0	19.0	15.0	0.0	2.9	3.3	없음					
이탈리아	유럽연합	0.0	0.0	1.1	0.0	0.0	0.3	0.0	0.0	5.7	0.0	0.0	0.7
네덜란드	유럽연합	0.0	20.4	28.3	0.0	3.1	6.3	0.0	10.2	28.6	0.0	1.0	3.7
스페인	유럽연합	0.0	0.0	1.5	0.0	0.0	0.3	0.0	0.0	1.5	0.0	0.0	0.2
스웨덴	유럽연합	0.0	18.3	14.5	0.0	2.8	3.2	0.0	36.7	0.0	0.0	3.7	0.0
영국	유럽연합	22.1	17.9	13.1	1.6	2.8	2.9	11.0	12.4	12.1	0.6	1.2	1.6
노르웨이	유럽연합/ EFTA	0.0	0.0	14.0	0.0	0.00	3.1	0.0	17.7	0.0	0.0	1.8	0.0
스위스	유럽연합/ EFTA	0.0	33.6	35.5	0.0	5.17	7.9	0.0	33.6	26.9	0.0	3.4	3.4
남아프리카	아프리카	0.0	0.0	1.4	0.0	0.00	0.3	없음					
중국	아시아	0.0	0.1	0.2	0.0	0.02	0.1	없음					
홍콩	아시아	0.0	36.3	9.6	0.0	5.58	2.1	없음					
일본	아시아	2.7	2.0	3.2	0.2	0.31	0.7	2.7	2.0	2.7	0.1	0.2	0.3
싱가포르	아시아	0.0	36.6	0.0	0.0	5.63	0.0	0.0	0.0	14.6	0.0	0.0	1.9
한국	아시아	0.0	3.5	1.4	0.0	0.54	0.3	0.0	0.0	1.4	0.0	0.0	0.2
대만	아시아	0.0	0.0	2.9	0.0	0.00	0.7	0.0	0.0	2.9	0.0	0.0	0.4
태국	아시아	0.0	0.0	1.0	0.0	0.00	0.2	없음					
인도	BRIC/ 아시아	0.0	0.00	0.1	0.0	0.0	0.03						없음
러시아	BRIC	0.0	0.00	0.5	0.0	0.0	0.10	0.0	0.6	0.0	0.0	0.1	0.0
브라질	BRIC/ 남아메리카	0.0	0.00	0.4	0.0	0.0	0.08	0.0	0.0	0.4	0.0	0.0	0.1
아르헨티나	남아메리카	0.0	0.00	1.7	0.0	0.0	0.37	0.0	0.0	1.7	0.0	0.0	0.2
멕시코	남아메리카	0.0	0.00	0.6	0.0	0.0	0.14	0.0	0.0	0.6	0.0	0.0	0.1
호주	오세아니아	16.0	24.0	6.3	1.1	3.7	1.41	0.0	12.0	9.6	0.0	1.2	1.2
뉴질랜드	오세아니아	0.0	20.0	31.6	0.0	3.1	7.02						없음
캐나다	북아메리카	10.2	10.2	14.1	0.7	1.6	3.12	0.0	10.2	4.1	0.0	1.0	0.5
미국	북아메리카	14.1	6.5	4.5	1.0	1.0	1.00	18.4	10.0	7.8	1.0	1.0	1.0
이스라엘	중동	0.0	12.0	19.0	0.00	1.8	4.21	0.0	12.0	28.7	0.0	1.2	3.7
EU 회원국		3.6	6.4	7.2	0.3	1.0	1.60	1.9	6.2	7.8	0.1	0.6	1.0
EU 회원국(영국 제외)		0.0	3.6	5.1	0.0	0.6	1.13	0.0	5.0	6.9	0.0	0.5	0.9
EU 회원국(EU 15개국, 노르웨이, 스위스)		3.6	7.1	8.1	0.3	1.1	1.79	1.8	6.9	8.1	0.1	0.7	1.0
아시아(인도 포함)		0.9	2.7	2.8	0.1	0.4	0.62	1.7	1.3	2.7	0.1	0.1	0.3

주: 0.0은 해당 국가의 어느 대학도 순위권에 진입하지 못하였음을 의미한다.
출처: 자체적으로 계산함. 교통대 순위(2008a), 타임지 순위와 Quacquarelli Sismonds(QS Ltd. 2008), 유엔 인구분과(2008a)를 기반으로 하고 있다.

지역의 순위는 미국을 기준(수치로는 1)으로 하여 비교하였다.

상위 20위권 대학을 살펴보면, 영국은 타임지 평가에서 단연 뛰어나고, 그 다음은 미국을 앞지른 호주이다. 그러나 초점이 연구에 맞추어지면, 교통대 순위에서처럼 미국이 명백한 1위이고, 영국이 그 다음이다. 캐나다는 타임지 순위에서는 상위 20위권에 들었지만 교통대 순위에서는 빠져 있다. 반면에 일본은 양쪽 모두에 모습을 드러냈다.

다음으로 상위 21~100위권 대학을 살펴보면, 영국 이외의 다른 유럽 국가들이 등장한다. 스위스는 인구가 적음에도 불구하고, 양쪽 모두에서 유럽 국가 가운데 상위에 속하고, 다음으로 덴마크, 네덜란드, 영국, 핀란드로 이어진다. 연구성과 면에서는 스웨덴이 1위이고, 그 뒤를 스위스, 덴마크가 잇는다. 즉 이 범주에서는 유럽이 모든 평가에서 미국보다 훨씬 낫다. 타임지 평가에서는 아시아와 오세아니아에도 미국보다 나은 대학이 제법 있다.

상위 101~200위권 대학을 살펴보면, 타임지 평가에서는 스위스가 정상에 있고, 유럽에서는 그 뒤를 네덜란드와 벨기에가 따르는 유사한 모습이 나타나는 반면, 교통대 평가에서는 네덜란드, 스위스, 벨기에가 유럽의 선두이다.

물론, 교통대 평가는 타임지 평가와 조금 다른 모습을 보여준다. 미국의 1인당 성과와 비교하였을 때 유럽 대학은 잘 드러나지 않는데, 상위 20위권에서는 더욱 그러하다. 21~50위권에서도 마찬가지인데, 여기에도 미국 대학은 19개나 올라 있다. 2008년에 그리스와 아일랜드에서는 상위 200위권에 한 학교도 들어가지 못하였다.

순위 경쟁에서 유럽 대학의 지위가 상대적으로 취약한 데 대해서 유럽에서는 학문 연구의 많은 부분이 대학 밖에서 이루어지기 때문이라는 변명을 하기도 한다. 예를 들어 독일에서는 DFG와 막스플랑크 연구소에서, 프랑스에서는 CNRS에서 많은 연구가 이루어진다.

[표 2.3] 대학과 민간 부문 비율

	1981	1991	2001
미국	0.6	0.7	1.1
EU 15개국	1.0	1.1	1.6

출처: 부록 2.1.

이러한 측면에서 만약에 미국에서 대학 밖의 연구가 대학으로 들어온다면 이는 미국 대학의 연구 성과를 폭발적으로 증가시킬 것이라고 생각할 수 있다. 그런데 [표 2.3]은 그렇지 않다는 것을 보여준다.

유럽, 그러니까 EU의 15개 회원국[12]은 다른 나라에 비해서 대학의 연구비 비중이 높으며, 유럽과 미국 양쪽 모두에서 이 비율은 급격히 증가하고 있다.

바꾸어 말하면, 미국 대학을 유리하게 하는 것은 연구비 배분 구조가 아니라는 것이다. 그러나 ([부록 2.1]이 입증하는 것처럼) 미국 대학에서 총비용에 대한 연구비의 비중이 낮아 보이지만, 전체 예산 규모가 크기 때문에 국민 1인당 연구비는 미국이나 유럽이나 100유로 정도로 비슷하다.

민간 부문에서 이루어지는 연구가 대학 평가에 미치는 영향은 분명하지 않다. 미국과 달리 유럽에서는 기업과 대학이 밀접하게 연계되어 대학이 예산의 일부를 기업에 의존하는 예가 거의 없다. 유럽에서 기업은 전통적으로 각기 저명한 연구소를 운영해 왔다. 예를 들면 필립스에서는 물리학연구소를 운영하고 있으며, 셸연구소는 런던과 암스테르담에, 유니레버연구소는 런던과 로테르담에 자리잡고 있다. 대학과 기업이 연계한다면 대학의 연구 성과를 높일 수 있고, 대학 순위도 올릴 수 있을 것이다. 이렇게 볼 때, 대학의 연구 개발비 규모라든지 분배 방식,

12 이하 EU 15(역자 주).

[표 2.4] 고등교육 부문의 R&D 비용, EU 및 여타 국가의 경우(2005)

국가	Mio	%
리투아니아	85.757	54.6%
터키	1.248.994	54.6%
그리스	547.720	47.5%
에스토니아	43.096	41.4%
라트비아	29.494	40.6%
키프로스	21.508	38.9%
포르투갈	425.187	35.4%
크로아티아	108.083	34.6%
폴란드	437.559	31.6%
노르웨이	1.135.731	30.7%
이탈리아	4.711.700	30.2%
스페인	2.959.928	29.0%
네덜란드	2.457.000	27.8%
몰타	7.843	27.4%
아일랜드	550.000	27.1%
영국	8.160.427	25.7%
헝가리	210.626	25.1%
오스트리아	1.483.778	24.8%
덴마크	1.254.442	24.6%
벨기에	1.238.842	22.3%
EU 27개국	44.452.848	22.1%
EU 15개국	43.213.554	22.0%
아이슬란드	79.846	22.0%
스웨덴	2.333.499	20.9%
슬로바키아	39.690	20.4%
핀란드	1.042.100	19.0%
프랑스	6.820.731	18.8%
슬로베니아	69.149	16.7%
독일	9.221.100	16.5%
체코	231.934	16.4%
미국	36.838.679	14.1%
루마니아	44.682	13.7%
일본	16.330.413	13.4%
불가리아	11.159	10.5%
중국(홍콩 제외)	2.376.579	9.9%
러시아	379.045	5.8%
룩셈부르크	7.100	1.5%

출처: 유로스탯(2009).

대학 간 선택과 집중 그리고 연구 업적을 산출하는 효율 등도 중요한 요인이 될 수 있음을 알 수 있다.

타임지 순위와 교통대 순위가 얼마나 정확한지 따져보기 위해서, 사이사나와 돔브레스(Saisana & D'Hombres, 2008)에서는 타임지 순위 200위권 내, 교통대 순위 100위권 내에 공통적으로 올라 있는 88개 대학을 비교하였다. 유럽의 대학은 전체의 0.5%인 24개교만이 양쪽 순위 모두에 들어 있는 88개교에 속하였다. 연구자들이 중시한 것은 두 순위 간의 상관성이었다. 교통대는 자연과학 분야의 연구 성과만을 측정하는 반면, 타임지는 교육의 질을 포함할 뿐 아니라 기본적으로 영국에 심하게 편향적인 지표들이 많기 때문에, 당연히도 두 순위 간의 상관성은 상당히 낮은 편이었다.

순위를 대학 교육에서 달성된 부가 가치의 지표로 보았을 때, 다른 나라에서의 상관성은 제한적이었다. 그러나 이는 대학 평가를 향해서 쏟아지는 엄청난 비판과는 무관하게도 대학 평가의 본래 목표는 아니다. 타임지 순위는 외국인 교직원과 학생들을 끌어들이기 위한 특정 분야의 수준 혹은 수준을 가늠할 수 있는 지표이다. 교통대 순위는 자연과학 분야의 연구 성과에 관한 것이다. 그 이상도 그 이하도 아니다. 그러나, 대학 평가 결과가 유럽의 대학에 주는 메시지는 분명하다. 유럽의 대학은 더 잘할 수 있다. 만약 유럽이 리스본 조약에서 천명하였던 것처럼 번영하는 대륙이 되기를 바란다면 우리는 더욱 잘해야만 한다.

윙클러(Winckler, 2008: 69)는 각 연구자별로 순위를 매겨서 교통대 평가를 보완하였다. [표 2.5]에 따르면 미국과 유럽은 상위 20위권에는 거의 동등하게 들어가 있으나, 200위권에서는 미국의 기반이 더 넓다. 이를 인구 규모에 따라 보정하면 미국이 훨씬 더 낫다는 것이 명백하다.

[표 2.5] 자연과학 분야에서 개별 연구자의 순위

	수학			물리학			분자생물학		
	상위 20	상위 100	상위 200	상위 20	상위 100	상위 200	상위 20	상위 100	상위 200
미국	20	66	136	8	50	101	13	75	144
영국	2	10	16	1	10	15	–	5	10
유럽연합	7	18	32	6	32	51	7	17	35

출처: 윙클러(Winckler, 2008: 69).

보나코니(Bonacconi, 2005)는 컴퓨터 공학 부분 최고 학자 1,000명의 분포로 볼 때, 석·박사 과정이 있는 최상위 10개 기관이 미국에 있다고 하였다.

유럽은 경제학에서도 뒤처지고 있다. 피인용지수에 따라서 평가하였을 때, 세계 최고 50개 경제학과 가운데 유럽에 있는 대학의 경제학과는 다섯 군데뿐이다. 그중에 하나는 코펜하겐에 있고, 나머지 넷은 모두 영국에 있다(Coupè, 2003). 드레즈와 에스테반(Drèze & Estevan, 2006)은 노벨 수상자와 계량경제학회(Econometric Society) 정회원, 논저 출판 및 피인용 면에서 미국의 산출량이 유럽의 두 배에서 다섯 배 사이에 달한다고 주장한다. 그들은 또한 유럽 내에서도 국가별로 출판물이나 저자의 수, 인구 규모의 비율에 있어서 차이가 크다는 점에 주목하였다. 영국이 최상위에 있고, 네덜란드, 노르웨이, 스웨덴이 바짝 뒤쫓고 있다(Lubrano et al. 2003: 1378, [표 4]). 이른바 빅4는 뒤에 처져서 프랑스가 10위, 스페인이 11위, 이탈리아가 13위, 독일이 14위이다. 드레즈와 에스테반은 7개 강소국(오스트리아, 벨기에, 덴마크, 핀란드, 네덜란드, 노르웨이, 스웨덴)이 영국이나 빅4와 비교했을 때 정말 잘하고 있다고 평가하였다. 인구 면에서 영국의 인구는 강소국 7개국의 총인구와 비슷하며, 빅4의 총인구는 강소국 7개국 총인구의 네 배에 달한다.

사회과학이나 인문학, 법학과 예술 등 다른 분야에서는 유럽의 대학과 다른 지역의 대학을 비교할 자료도 없고, 유럽 내의 대학을 비교할 자료도 없다. 그러나, 어떤 연구 분야에서든지 전 세계의 최상위권에는 미국의 대학이 있고, 유럽 내에서는 영국과 (인구 규모를 고려할 때) 강소국의 대학이 상위권에 있는 것으로 밝혀진다 해도 놀랄 만한 일은 아니다.

타임지 평가와 교통대 평가는 틀림없이 앞으로 점점 발전할 것이다. 이미 다음과 같은 발전 양상이 보인다.

- OECD AHELO 프로젝트(Nusche, 2008)는 PISA(국제학업성취도검사)가 일찍이 2000년과 2003년에 적은 수의 국가를 대상으로 시작되어, 2006년에는 50여 개국의 15세 학생들을 대상으로 조사를 하게 된 것과 같이 대학의 교육 성과를 측정하고자 하였다. AHELO 프로젝트는 PISA가 그랬던 것처럼 대학 정책에 영향을 미칠 것으로 보인다(Hopkins et al., 2007을 참조). 즉, 대학이 제 기량을 발휘하지 못하는 국가에서는 대중(또는 미디어)이 항의하게 될 것이고 이는 개선을 촉진하게 될 것이다.
- 독일의 대학발전센터(CHE: Zentrum für Hochschulentwicklung)는 수년 동안 독일 대학의 학사 과정 프로그램의 순위를 발표해 왔다. 다수의 전문가들은 CHE의 방법론이 교통대 평가와 타임지 평가보다 훨씬 낫다는 데 의견이 일치하였다. CHE는 기관 단위로 순위를 매기는 것이 아니라 각 학과와 과목별로 순위를 매긴다. 독일, 오스트리아, 스위스에서는 CHE 순위가 이론의 여지 없이 받아들여지며 학생들은 평가 결과를 광범위하게 활용한다. CHE는 2007년 12월에 처음으로 자연과학 분야에서 유럽 대학의 대학원 프로그램의 순위를 발표하였다.
- 지금까지 대학 평가에서는 (상위권의) 유럽 연구중심대학만을 다루었지만, 국경을 초월해서 대학 간의 업적을 비교하였다는 것에서 연구중심대학이 아닌 일반 대학에서도 혜택을 받을 것이다. 특히 AHELO 프로젝트가 그런 역할을 할 가능성은 매우 높다.

- 유럽연합은 유럽 대학 교육의 차별화를 촉진시키기 위하여 미국의 '카네기 분류'와 같은 새로운 전 세계적 대학 평가 체제를 개발하고 있다(Van Vught, 2009). 유럽의 대학 평가 프로젝트는 2011년부터 적용할 것을 목표로 미리 마련된 시행 계획에 따라서 2년여에 걸쳐서 개발될 것이다. 2009년 고등교육과 연구수행평가(CHERPA)를 위한 독일, 네덜란드, 벨기에, 프랑스 4개국 컨소시엄은 "EU로부터 세계적인 대학 평가의 대안을 기획하여 시험 적용을 하자는 요청을 받았다. 2009년 하반기에 계획을 세우고, 2010년 상반기에는 전 세계 150개 고등교육 기관에 유럽형 평가 지표를 모의 적용할 것이다. 분야는 일단 공학과 경영학으로 하였다. 이 사업의 예산 규모는 110만 유로이다"(Spongerberg, 2010). 여기서도 연구의 비중이 매우 클 것이고, 학사 과정 교육을 담당한 교직원의 박사 학위

[표 2.6] 상위 20 유럽 대학 – 파트 1(교통대 순위, 2009)

유럽 순위	대학	세계 순위	국가	국가 순위
1	케임브리지대학	4	영국	1
2	옥스포드대학	10	영국	2
3	런던시립대학	21	영국	3
4	스위스연방공과대학	23	스위스	1
5	런던제국대학	26	영국	4
6	파리6대학	40	프랑스	1
7	맨체스터대학	41	영국	5
8	코펜하겐대학	43	덴마크	1
9	파리11대학	43	프랑스	2
10	카롤린스카대학	50	스웨덴	1
11	유트레흐트대학	52	네덜란드	1
12	에든버러대학	53	영국	6
13	취리히대학	54	스위스	2
14	뮌헨대학	55	독일	1
15	뮌헨공과대학	57	독일	2
16	브리스톨대학	61	영국	7
17	하이델베르크대학	63	독일	3
18	런던왕립대학	65	영국	8
19	오슬로대학	65	노르웨이	1
20	파리국립고등사범학교	70	프랑스	3

출처: 교통대 순위(2009), [표 2.7] 상위 20 유럽 대학–파트 2(타임지 순위, 2009).

[표 2.7] 상위 20 유럽 대학 – 파트 2(타임지 순위, 2009)

유럽 순위	대학	세계 순위	국가	국가 순위
1	케임브리지대학	3	영국	1
2	옥스포드대학	4	영국	2
3	런던제국대학	6	영국	3
4	런던시립대학	7	영국	4
5	런던왕립대학	22	영국	5
6	에든버러대학	23	영국	6
7	취리히대학	24	스위스	1
8	파리국제고등사범학교	28	프랑스	1
9	맨체스터대학	29	영국	7
10	브리스톨대학	32	영국	8
11	폴리테크닉학교	34	프랑스	2
12	코펜하겐대학	48	덴마크	1
13	더블린대학	49	아일랜드	1
14	로잔공과대학	50	스위스	2
15	암스테르담대학	53	네덜란드	1
16	하이델베르크대학	57	독일	1
17	웁살라대학	63	스웨덴	1
18	레이덴대학	64	네덜란드	2
19	런던정치경제대학	66	영국	9
20	유트레흐트대학	67	네덜란드	3

출처: 자체적으로 계산됨. 타임지 순위와 Quacquarelli Sismonds(QS Ltd. 2009)의 데이터를 기반으로 한다.

소지 여부도 중요한 지표가 될 것이다. 이러한 평가는 교육중심대학, 특히 학사 과정 교수 가운데 박사 학위 소지자가 거의 없는 대학이 지금 수준을 넘어서는 데에 가장 큰 도움이 될 것이다.

2009년의 교통대 평가와 타임지 평가에서 유럽 대학의 순위는 [표 2.6], [표 2.7]과 같다.

[표 2.6]과 [표 2.7]의 목록에는 불균형적으로 거대한 그룹의 '오래된' 대학이 포함되어 있다. 이런 대학은 수백 년 전에 설립되었다. 그러나 옛날 옛적, 중세 후기에 설립되었다는 것은 충분하지도 필요하지도 않은 조건이다. 1650년 전에 설립된 500여 개 대학의 대부분은 상위 200위권에 들지 못하였다. 반면에 1945년 이후에 설립된 신생 대학 중 몇몇은 차상위권(20~100위권)에 올라 있다. 그러나 [표 2.6]과 [표 2.7]

의 최상위권에는 1909년(브리스톨대학의 설립 연도) 이전에 설립된 대학만이 올라 있다.

2.2 대학 순위 상승의 요소

대학이 (순위 경쟁에서) 더 나아지려면
- 재정이 증가해야 한다.
- 자율성이 제고되어야 한다.
- 우수한 연구자가 선도해야 한다.

이것이 타임지 평가와 교통대 평가의 순위를 다각도에서 통계적으로 분석하면서 받은 인상이다. 순위가 국가의 공공 연구 조직과 관련이 있다는 주장은 데이터에 의하여 확인되지 않았다. 이 주장이 옳다면, 개별 기관이 아닌 대학 내에서 더 많은 연구가 수행되는 경우에 해당 국가의 순위가 올라가야 한다.

재정 부문은 애기언 외(Aghion et al., 2007)뿐 아니라 마르코니와 리츤(Marconi & Ritzen, 2010)에서도 분석되었다. 우리는 2007년 타임지 순위에서 상위 200위권 대학의 지출과 학생 수 등의 자료를 분석하였다. 결론적으로 대학이 상위권에 들려면 '돈'이 정말로 중요하다는 것이다. 학생 1인당 예산이 많을수록 순위가 높아진다. 대학에 설치된 전공 분야, 박사 과정 학생 수, (영국이나 호주를 지리적 위치에 따라서 판단하는 이들에게는) 대학의 소재지와 같은 다른 변수들 또한 통계적으로 대학의 순위와 밀접한 상관관계가 있다.

이상의 논의는 [표 2.8]에 요약되어 있다. 이 표는 학생 1인당 예산이 순위에 커다란 영향을 미친다는 사실을 보여준다. 예산이 많을수

[표 2.8] 배경에 따른 타임지 평가 상위 200위(2006)

	순위
학생 1인당 예산	−52*(−7.4)
전문성 지수	4*(2.3)
대학부속병원 소유[1)]	−1(0.1)
아시아	−27(1.8)
캐나다	−44*(−2.6)
유럽연합	−17(−1.3)
오세아니아	−55*(−3.1)
영국	−49*(−3.4)
기타	32*(2.4)
지속성	290*(9.4)
R2	0.36
Prob 〉F	00000

1) 임시변수는 0 혹은 1을 갖는다.
* 5% 레벨에서 중요성을 갖는다.
모든 통계는 전체 구성원으로 반올림하였다. 이분산성-로우버스트 표준 오차로부터 유도한 T-통계는 괄호 안에 있다.
출처: 마르코니와 리츤(Marconi & Ritzen, 2010).

록 순위가 높은 것이다. 수학적으로도 예산 규모와 순위는 우리가 갖고 있는 자료와 맞아 떨어진다. 문제는 돈인데 돈이 많을수록 순위가 올라간다.

전문성 지수는 학문 분야별 순위에 근거하여 산출한다. 이른바 '엄격한' 학문 분야(기술, 자연과학, 공학)가 있는 대학은 상대적으로 학생 1인당 예산이 많을 것이다. 만약 이러한 분야에서 순위를 올리고 싶다면, 학생 1인당 더 많은 예산이 있어야 할 것이다. '유연한' 학문 분야가 있는 대학도 수월성을 갖추기 위해서 돈이 들기는 하지만, 사정이 사뭇 다르다. 이런 점에서 전문성 지수는 의미가 있는 것으로 판명되었다.

대학의 소재지 역시 중요한 변수로 작용한다. 비용이나 전문성 지수가 비슷한 경우에 캐나다, 오세아니아와 영국의 대학이 미국의 대학보다 순위가 높다. 소재지가 중요한 문제이기는 하나, 아시아나 영국을 제외한 유럽에서는 통하지 않는다. 반면에 라틴아메리카와 같은 곳의 대학은 예산 규모나 전문성 지수가 비슷해도 대학의 순위는 높지 않다.

영국 또는 호주와 뉴질랜드의 대학이 통계적으로 보아도 뛰어난 것은 타임지 평가가 영국에 편향적이기 때문일 가능성도 있다. 세계 다른 곳의 대학은 효율성 면에서 미국의 대학과 크게 다르지 않다. 그러나 모든 곳에서 돈이 순위와 직접적인 상관관계가 있다는 것은 분명한 사실이다.

특정 대학에 병원이 있다는 것은 통계적으로 상관관계가 입증되지 않는다.

우리는 전체 학생 수 대비 박사 과정 학생 수가 순위와 상관관계에 있는지 확인해 보았다. 그런데 이는 학생 1인당 예산과 연동되어 있어서, 학생 1인당 예산을 지표로 활용하는 것과 결과가 같았다. 박사 과정 학생이 많은 대학은 학생 1인당 예산이 많은 대학이고, 역으로도 설명이 가능하다.

우리가 개발한 모델에 따르면, 예를 들어 마스트리흐트대학(주로 사회과학에 중점을 두었으나 대학 부속병원과 의료진 포함)이 타임지 순위를 111위에서 100위로 올리려면, 학생 1인당 예산을 5,930유로 정도 올려야 한다. 다른 모형을 적용하면 4,600유로에서 8,060유로까지도 나오는데, 이것은 2007년에 학생 1인당 예산이 26,850유로 정도인 대학에 해당되는 금액이다.

하위 분야의 민감도 분석에서, 30~100위 사이의 대학은 30위권 대학이나 101~200위권 대학에 비해서 별 영향을 받지 않는 것으로 드러났다. 이것은 아마도 점수를 순위로 환산하는 데에 기인한 것 같다. 30~100위권 대학 간에는 점수에 차이가 있으나, 30위권과 101~200위권에서는 별 차이가 없기 때문이다.

총점과 하위 점수에 기반한 민감도 분석은 대학이 하위 점수와 관련하여 각기 다른 전략을 구사함으로써 수월성을 확보할 수 있음을 보여준다. 지역에 따라 표본을 분류해 보니, 앵글로색슨 국가에서 예산이 상대적으로 적은 대학이 기부금이 많은 대학과 경쟁할 때 더 큰 어려움을 겪는다는 것을 알 수 있었다.

유럽 대륙의 32개 대학에 대해서는 자율성, 국가적인 학문 수준, 국가별 인구 규모에 따른 상위권 대학의 순위 등을 개략적으로 조사하였다. 첫 번째 결론은 여러 가지 변인을 들더라도 역시 대학의 리더십이 타임지 평가에서 상위에 오르기 위한 전략으로 이용될 여지가 많다는 것이었다. 그런데, 그러한 '여지' 역시 예산의 제한을 받는다.

대학의 순위와 학생 1인당 예산 사이에 통계적으로 긴밀한 관계가 있기는 하나 인과관계를 의미하는 것은 아니다. 순위가 높은 대학으로 돈이 몰리는 것은 당연한 일이다. 순위가 높아야 외부로부터 연구 (그리고 교육) 기금이 들어오고, 이에 따라 순위가 더 올라가는 식이다. 같은 논리로 순위가 떨어지면서 외부 지원이 줄어들어 더욱 순위가 떨어지는 경우도 있다.

이제까지 살펴본 것 중에서 가장 중요한 것은, 미국-유럽 대학의 순위의 차이가 단 한 가지, 즉 '돈'의 차이에서 비롯된다는 점이다. 한편, 자율성의 차원에서도 이야기할 수 있다. 중요한 점은, 어떻든 유럽이 대학 순위에서 상위에 오르는 데에는 실패하였다는 점이다. 자율성은 애기언 외(Aghion et al., 2007)에서 처음으로 논의의 장에 등장하였다. 이 연구에서는 2006년에 교통대 순위 상위 200위권에 들어간 유럽의 대학에 설문지를 보냈는데 응답률은 36%(71개교)였으며, 이 가운데에서 10개국 66개 대학에 주목하였다. [표 2.9]는 연구 수행에서 예산 규모와 여러 가지 면에서의 자율성이 연구 성과와 어떤 관계인지 보여준다. 애기언 외(Aghion et al., 2007)에서는 다음과 같은 결론을 내렸다.

"대학의 연구 성과는

[표 2.9] 예산과 대학 운영 체계, 연구 성과의 상관관계

특징	상관계수
학생 1인당 예산 규모	+0.61
대학 운영:	
주체의 공공성*	−0.35
예산 자율성*	+0.16
건물 소유권*	−0.01
고용 자율성*	+0.20
임금 결정 자율성*	+0.27
본교 출신 교수 비율	−0.08

* 교통대 순위의 로그값을 통해 계산되었다.
임시계수는 0 혹은 1을 갖는다.
출처: 애기언 외(Aghion et al., 2007).

- 학생 1인당 예산의 규모와 정적 상관관계가 있다. 학생 1인당 예산이 많을수록 연구 업적도 많다.
- 대학 설립 주체의 공공성과는 부적 상관관계가 있다. 사립대학이 국공립 대학보다 성과가 뛰어나다.
- 예산의 자율성과 정적 상관관계가 있다. 정부 당국에 예산을 승인받지 않아도 되는 학교가 더 잘하고 있다.
- 건물의 소유권과는 상관관계가 없다. 건물에 관한 자율성이 크다고 해서 성과가 나아지지는 않는다.
- 고용과 임금 결정 자율성과 정적 상관관계가 있다. 교수의 임용과 임금 결정권을 가진 대학이 더 앞서 있다.
- 교수 중에서 본교 출신 교수의 비율은 부적 상관관계가 있다. 본교 대학 졸업생을 교수로 임용하는 경향이 있는 대학은 뒤벌어진다."

회귀분석 결과에 따르면, 연구 성과에 미치는 예산과 자율성의 상호작용의 영향은 상위 유럽 대학 표본 66개에서 통계적으로 유의미하였다.

[표 2.10] 예산과 자율성이 연구 성과에 미치는 영향*

변수	연구 성과에 미치는 영향
대학 규모	+
대학 역사	+
학생 1인당 예산	+
예산 자율성	+
예산과 자율성의 상호작용	+

* 교통대 순위의 로그값을 통해 계산되었다.
출처: 애기언 외(Aghion et al., 2007).

굿홀(Goodhall, 2006)에서는 2004년도 교통대 순위 상위 100위권 대학에서 P점수(총장 개인의 전공 분야 피인용 점수)가 순위와 매우 적지만 중요한 관계가 있다고 결론 내렸다. 그러나 편차가 매우 크다는 점에 유의해야 한다(변동범위 37, 평균치 6.03, 중앙값 2.27). 또한 이 분석은 학생 1인당 예산을 통제하지 않았다는 점도 기억해야 한다. 순위가 높은 대학이 최정상급 연구자를 총장으로 '사다가' 앉혀 놓고 마음 편하게 느끼는 것은 당연하다. 이렇게 함으로써 다른 최정상급 연구자들이 그 대학에 더욱 매력을 느낄 수도 있기 때문이다.

굿홀(Goodhall, 2009a; b)에서는 위 연구에서 나아가, 영국의 연구중심대학 총장 55명을 대상으로 P점수가 높은 총장을 임명하는 것이 대학의 연구 성과와 관련이 있는지 종단분석을 해보았다. 이 연구에서는 대학의 예산 규모를 통계적으로 통제하면서 1990~1994년도의 P점수가 (9년여가 지난) 2001년도의 연구 성과에까지 영향이 있는지 살펴보았다. 연구자는 자신의 가설을 입증하는 데에 미국과 영국의 대학 총장 26명을 인터뷰하여 얻은 '전문가적 지식'을 근거로 삼았다. 인터뷰에 응한 총장들은 자신이 정상급 교수를 집중적으로 임용하였으며, 최고 수준의 연구와 총장의 과중한 행정 업무를 병행할 수 있다는 것을 솔선수범하면서, 수준 높은 리더십을 발휘하고 있다고 생각하고 있었다.

2.3 한때는 최고였던 유럽의 대학

제2차 세계대전이 끝나고, 전 세계적으로 이동 속도가 빨라지고 이동 비용이 줄어들면서 미국의 최상위권 대학은 개인적 소양을 발전시키기에 더 나은 기회를 제공함으로써 유럽에서 인재가 빠져나가는 덕을 톡톡히 보았다. 그러나 미국이 유럽의 대학보다 항상 우세에 있었던 것은 아니었다. 이런 현상은 제2차 세계대전 이후 천천히 진행되었다.

슬로쓴(Slosson, 1910)은 미국에서 기부금이 많은 '엘리트' 대학 9개교와 선도적인 주립대 5개교를 높이 평가하면서, 네덜란드와 독일에서는 이 14개 대학을 제외한 미국 대학의 학위를 인정하지 않는다는 점까지 언급하였는데, 이 14개 미국 대학은 모두 교통대와 타임지 평가에서 상위권에 들어 있다.

당시에 이들 미국의 엘리트 대학은 유럽의 대학과 마찬가지로 매우 소규모여서 '[……] 실상, 만약 어느 대학이든지 (예기치 못한 운이나 선견지명으로) 뛰어난 연구원이나 교수 열두 명이 한꺼번에 들어온다면 다른 모든 대학을 앞설 수 있는' 정도였다(Slosson, 1910: 488). 그때만 해도 유럽의 수많은 엘리트 대학들이 아주 잘해 나가고 있었다. 바꿔 말하면 20세기 초에 대학 순위를 매겼다면, 유럽의 대학이 압도적으로 우세였을 것이다. 실제로 20세기 초에 유럽 대학의 교수들이 미국을 방문하고 와서 제출한 보고서가 유럽의 어느 나라에나 있는데 반 베르켈(Van Berkel, 1990)은 네덜란드의 이야기를 요약적으로 보여준다. 미국 대학을 방문한 유럽 탐험가의 관찰에서 다음과 같은 두 가지 복합적인 요소가 눈에 띄게 드러나 보인다는 것이다.

- 미국 대학의 실용주의와 수준의 다양성을 좋게 생각한다는 것.
- 미국 사회에서 대학의 가치를 (유럽에서보다 훨씬 더 많이) 인정한다는 것.

한편, 이들에 대한 반응은 대체로 오만으로 가득 차 있거나 전적으로 무시하는 식이었다. 가끔 인용되는 미국의 플랙스너 보고서(Flexner Report, 1930)에서는 1928년의 미국 의학 교육의 구조조정에 유럽의 방식을 도입하고자 하였다. 그러나 미국 대학의 장점을 내세울 때 조차도 유럽에 대해서는 '우리는 문화가 다르니까'라는 식으로 유럽과 미국의 관련을 약화시켜 말하곤 하였다(Van Berkel, 1990).

그러나 제2차 세계대전 이후에는 판도가 뒤바뀌었다. 미국은 고등교육을 통해서 고학력 노동력을 확대 공급하기 위하여 신속하고 재정 기반이 확실한 계획을 수립하여 재향군인에게 이른바 GI 법인에 따른 무상 교육을 제공하기 시작하였다. 그러나 유럽은 1960년대 후반까지도 대학 교육을 확장하는 데에 신경을 쓰지 않았다. 이런 과정에서 미국 상위권 대학의 수준은 점차 유럽 대학의 수준을 넘어섰다. 일찍이 슈팽글러(Spengler, 1920)가 제1차 세계대전이라는 끔찍한 사건을 겪은 유럽의 미래에 대하여 비관적 문화라고 한 바도 있거니와 서번-슈라이버(Servan-Schreiber, *The American Challenge*, 1967)에서 가장 잘 표현된 바와 같이, 유럽은 미국에 대하여 열등감을 키웠다. 유럽에서 볼 때, 미국은 동생이나 아들이나 신세대 같은 존재였는데, 경제적으로나 대학 연구 면에서 매우 잘 해 나가고 있음을 부인하지 못하면서도 다른 한편으로는 오래된 가치와 문화를 잃어 가고 있다는 식으로 유럽인들은 미국에 대한 열등감을 표출하였다.

정확하게 말하자면, 미국은 대학에 공공 재정과 민간 재정을 많이 투자해서 유능한 교직원을 전 세계 각지에서 특히 유럽에서 많이 끌어가고 있는데, 유럽의 우선 순위는 (재건의 단계에서) 산업을 일으키는 것이었고, 결과적으로 유럽은 자연과학 연구에서 미국에 점점 뒤떨어지게 되었다.

- 1901년부터 1950년 사이에 노벨상 수상자의 73%는 현재 EU 회원

국 출신이었으나, 1951년부터 2000년 사이에는 33%로 하락하였으며, 1995년부터 2004년 사이 10년 동안에는 19%까지 떨어졌다.

- 경제학 분야에서 인명록 'Who's Who'에 게재된 미국 소재 기관 소속 학자와 유럽 소재 기관 소속 학자 비율은 1972년부터 1983년 사이에 2.8에서 1990년부터 2000년 사이에 5.7로 증가하였다 (Blaug, 1986; Blaug and Vane, 2003).

타임지 평가와 교통대 평가는 너무 최근의 것이어서 이로써 경향을 말하기는 어렵다. 상위 20위권에 (영국 대학을 제외한) 유럽 대학으로는 유일하게 들어 있던 프랑스 대학조차도 2006년에서 2007년 사이에 자취를 감추었고, 상위 20~100위권에서도 (영국의 대학을 제외하면) 유럽 대학[13]의 수는 (35개교에서 31개교로) 감소하였다. 반면에 상위 100~200위권에서는 (44개교에서 51개교로) 증가하였다. 상위 200권에서 유럽 대학의 평균적인 위상은 조금씩 하락하였다. 이는 [표 2.11]에서 자세히 볼 수 있다.

한편 미국은 타임지 평가 상위 20위권과 (2006년과 2007년 사이에 11개교에서 13개교로 증가) 20~100위권에서 (21개교에서 24개교로 증가) 점

[표 2.11] 타임지 평가 200위권의 유럽 대학 수(2004, 2007, 2009)

유럽 대학 사이[1)]	2004	2007	2009
상위 20	5	4	5
상위 100	35	35	30
상위 200	86	86	83
상위 20~100	30	31	35
상위 101~200	46	47	44

주 1) EU 회원국과 EFTA 국가 내 대학.
출처: 자체적으로 계산됨. 타임지 순위와 Quacquarelli Sismonds(QS Ltd.2004, 2007, 2009)의 자료를 기반으로 한다.

13 EU와 EFTA 국가들의 대학을 나타낸 순위의 맥락에서의 유럽 대학.

점 잘 해나가고 있으며, 100~200위권에서는 안정적이었다(22개교에서 20개교로 감소).

2006년 교통대 평가에서는 일본의 대학이 상위 100위권에 6개교나 들어갔다. 예를 들면, 도쿄대학(타임지 평가와 교통대 평가에서 모두 19위), 교토대학(타임지 평가에서 29위, 교통대 평가에서 22위), 도쿄공업대학(Tokyo Institute of Technology, 타임지 평가에서 118위, 교통대 평가에서 89위) 등이다.

2006년 교통대 평가를 보면 상위 100위권에 9개 대학이 중국에 있거나 한국이나 싱가포르 등 중국에서 가까운 나라에 있다.

EU의 교육 훈련 문화 청소년부 장관인 얀 피겔(Ján Figel)은 이례적으로 '영국, 프랑스, 독일의 대학이 수준과 접근성을 향상시키지 않으면 10년 내에 중국, 인도의 대학에 추월당할 것이다.'라는 성명을 통하여 유럽 대학에 대한 우려를 표명하기도 하였다(*The Times*, 2007년 5월 21일자).

지금까지 우리는 몇 번이나 상위 대학으로의 인재 유동성에 대하여 언급하였다. 이것은 [그림 2.3]과 같이 쉽게 나타낼 수 있다. 이는 학생들이 가능한 가장 좋은 대학을 선택한다는 티쎈과 에더빈(Thissen & Ederveen, 2006)의 결론과 같다. 이와 관해서는 4장에서 더 다룰 것이다.

결론을 내리자면, 첫째로 1945년경에 미국이 유럽을 추월하기 시작하면서 전 세계 대학의 수준별 분포가 변화하였음을 알게 되었다. 둘째, 미국의 대학이 유럽의 대학에 비하여 훨씬 앞서 가는 동안 유럽의 대학에서는 발전을 위한 어떠한 변화도 발견할 수 없었다. 셋째, 동아시아의 대학이 바짝 뒤쫓고 있다. 만약 유럽이 경쟁력을 갖추기를 바란다면 유럽 내에서도, 한편으로는 영국과 몇몇 강소국은 잘 하고 있지만, 전통과 인구 규모에 비하여 뒤떨어져 있는 독일, 프랑스, 이탈리아, 스페인 그리고 EU 신생 회원국들 사이에 큰 차이가 있음을 깨닫고 과

[그림 2.3] 인재 유출: 고등교육을 받은 국적자와 이민자의 진출입 현황(2001)

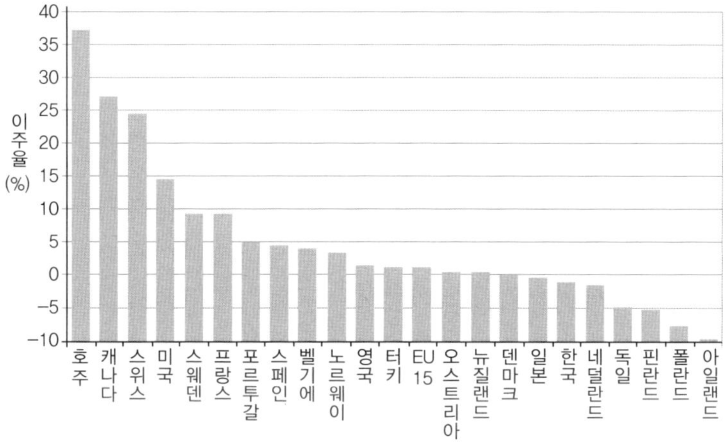

출처: 네덜란드 대학 연합(*Association of Universities in the Netherlands*(VSNU)).

감하게 노선을 바꾸어야 한다.

2.4 혁신과 경쟁력

대학은 (특히 연구중심대학은) 소재지와 소속 국가의 혁신과 경쟁력에 중요한 역할을 해야 하는가? 대학은 누가 뭐래도 교육기관이다. 연구중심대학에는 (연구하는 것도 교육이지만) 사회적·경제적 발전에 중요한 지식으로서의 연구 성과를 교육의 기반으로 하는 특권이 있다. 엄밀히 게 말해서, 연구중심대학의 교육은 연구 성과로부터 혜택을 받을 사람들에게 혁신적인 공헌을 할 수 있도록 가르치는 연구 기반 훈련인 셈이다(Aghion & Howitt, 2006). 대부분의 국가에서 대학에 대한 법률은 연구중심대학을 대상으로 제3의 의무조항을 두고 있다. 즉, '사회 발전에 공헌해야 한다'는 것이다. 지난 수십 년 동안 점차 '연구 성과의 상품성'[14]을 강조하게 되면서, 예를 들면 연구의 아이디어(www.ec.europa.eu/growthandjobs 참조)를 새로운 제품이나 생산 공정, 정책으로 바꾸는 것이 언제나 가능하게 되었는데 기술 이전도 마찬가지이다.

대학의 입장에서는 연구 성과의 상품성이나 기술 혁신 등에 관해서 대학에게 무엇을 기대하는지 모호할 때가 있다. 연구자의 시간은 한 번 써버리면 다시 돌아오지 않는데, 연구 성과의 상품성에 매달린 나머지 『네이처』나 『사이언스』와 같은 순수 학술지에 논문을 실을 기회를 빼앗긴다면 사회적으로나 대학을 운영하는 입장에서 어느 편을 택해야 할 것인가? 대학이 내부적으로 자원을 배분할 때, 학술지의 논문 게재와 연구의 상품성(예를 들면, 특허와 같은 경우)을 동등하게 취급하는 경우는 드물다. 동시에 유럽 전역에서, 중소 규모의 연구중심대학은 설비나 재정이 부족하기 때문에 인력을 공급하는 간접적인 방법 말고는 기술 혁신에 직접 공헌하기에 적절하지 못하다는 점에서 비난을 받고 있다.

연구 성과의 상품성이 연구 인력의 훈련에 어떤 식으로 도움이 되는지, 같은 맥락에서 연구 기반 교육이 혁신적인 노동력을 배출하는지도 분명하지 않다.

경쟁력을 갖추려는 유럽의 노력은 연구를 위한 투입 요소라는 관점에서, 각국에서 GDP의 3%를 연구에 할애해야 한다는 식으로 리스본 조약에 반영되어 있다. 이와 동시에, 보충자료에는 유럽의 '연구의 역설'이 인용되어 있다. 유럽은 학술 논문 게재 면에서는 충분히 잘하고 있으나, 특허의 수와 같은 기술 혁신 면에서 뒤떨어진다는 것이다. 결과적으로 EU 회원국에서는 연구 결과의 상품화와 (기술 혁신에 관한) 민간 주도의 연구와 국공립 기관에서의 연구 간 협력을 위한 국가 수준의

14 valorization of research. 종래의 '연구를 위한 연구'에서 '경제적 이득이 있는 연구'로 연구에 대한 관점이 바뀌면서 등장한 용어(역자 주).

[그림 2.4] 인용 점수의 경향(1993~1996년과 2003~2006년)

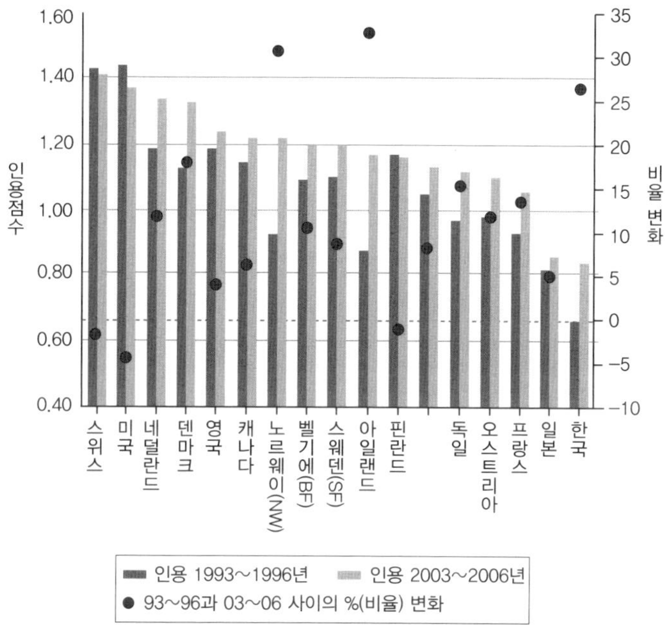

출처: 홀란더스 외(Hollanders et al., 2008: 29, [그림 3.9]).

연구 조직을 각 국가별로 만들게 되었으며, 여기서는 기술 혁신 관련 연구비를 넉넉히 쓸 수 있게 하였다.

유럽의 연구 생산성은 뒤처진 것이 아니다. 주로 자연과학 연구 성과에 의해 결정되는 교통대 평가에서 미국 대학에 대하여 유럽 대학의 순위가 상대적으로 낮다 해도 그렇다. 미국이나 동아시아와는 달리, 유럽에서는 공공 부문의 연구가 최상위권 대학 밖에도 아주 널리 퍼져 있기 때문이다. [그림 2.4]는 1993~1996년과 2003~2006년 연구 성과를 대상으로 여러 나라의 영향력 지수를 보여준다.

이 부분은 미국 특허청(USPTO)에서 받은 특허의 수와 비교되어야 한다. [표 2.12]는 2005년 세계 각국에서 승인된 특허 수를 보여준다.

[표 2.12] 여러 나라에서의 특허 현황(2005)

미국 특허청 특허 허가, 2005(특허 날짜 기준)						
출원자 거주지 기준				발명자 거주지 기준		
		세계 대비 %	EU 27 대비 %		세계 대비 %	EU 27 대비 %
OECD 소속 국가						
호주	793.48	0.55%		926.78	0.65%	
오스트리아	251.70	0.185	1.30%	452.41	0.31%	2.13%
벨기에	338.56	0.24%	1.75%	528.81	0.37%	2.49%
캐나다	2,736.91	1.91%		2,916.74	2.03%	
체코	10.33	0.01%	0.05%	33.89	0.02%	0.16%
덴마크	327.64	0.23%	1.69%	372.00	0.26%	1.75%
핀란드	858.31	0.60%	4.43%	726.26	0.51%	3.41%
프랑스	2,603.04	1.81%	13.43%	2,897.31	2.02%	13.62%
독일	8,578.39	5.97%	44.26%	9,038.50	6.29%	42.49%
그리스	10	0.01%	0.05%	15.16	0.01%	0.07%
헝가리	33	0.02%	0.17%	47.97	0.03%	0.23%
아이슬란드	15	0.01%		18.43	0.01%	
아일랜드	120.17	0.08%	0.62%	157.52	0.11%	0.74%
이탈리아	1,041.80	0.73%	5.37%	1,314.82	0.92%	6.18%
일본	30,606.65	21.31%		30,350.93	21.13%	
한국	4,374.99	3.05%		4,358.44	3.03%	
룩셈부르크	51.08	0.04%	0.26%	40.85	0.03%	0.19%
멕시코	25.17	0.02%		81.89	0.06%	
네덜란드	1,719.60	1.20%	8.87%	1,004.23	0.70%	4.72%
뉴질랜드	99	0.07%		121.77	0.08%	
노르웨이	189.30	0.13%		223.40	0.16%	
폴란드	9.84	0.01%	0.05%	28.04	0.02%	0.13%
포르투갈	9	0.01%	0.05%	13.59	0.01%	0.06%
슬로바키아	0.5	0.00%	0.00%	0.98	0.00%	0.00%
스페인	175.46	0.12%	0.91%	273.97	0.19%	1.29%
스웨덴	1,244.81	0.87%	6.42%	1,129.00	0.79%	5.31%
스위스	1,307.65	0.91%		989.22	0.69%	
터키	6.4	0.00%		8.64	0.01%	
영국	1,968.79	1.37%	10.16%	3,152.58	2.19%	14.82%
미국	76,045.82	52.94%		74,146.07	51.62%	
EU 27	**19,383.01**	**13.49%**		**21,272.32**	**14.81%**	
OECD 전체	**1,335,552.38**	**94.37%**		**135,370.20**	**94.24%**	
세계	**143,644**			**143,644**		
EU 소속 OECD 비가입경제권 국가						
불가리아	2	0.00%	0.01%	4.25	0.00%	0.02%
키프로스	11	0.01%	0.06%	3.95	0.00%	0.02%
에스토니아	1	0.00%	0.01%	4.6	0.00%	0.02%
라트비아	1	0.00%	0.01%	2.68	0.00%	0.01%
리투아니아	2	0.00%	0.01%	7.24	0.01%	0.03%
몰타	3	0.00%	0.02%	1	0.00%	0.00%

미국 특허청 특허 허가, 2005(특허 날짜 기준)						
	출원자 거주지 기준			발명자 거주지 기준		
		세계 대비 %	EU 27 대비 %		세계 대비 %	EU 27 대비 %
루마니아	5	0.00%	0.03%	8.00	0.01%	0.04%
슬로베니아	6	0.00%	0.03%	12.7	0.01%	0.06%
BRIC 소속 국가						
브라질	55	0.04%		75.26	0.05%	
중국	320.67	0.22%		544.99	0.38%	
인도	227.33	0.16%		400.78	0.28%	
러시아 연방	55.31	0.04%		166.40	0.12%	
기타						
크로아티아	8	0.01%		12.67	0.01%	
홍콩	224.42	0.16%		195.25	0.14%	
이스라엘	676.07	0.47%		933.81	0.65%	
리히텐슈타인	104.5	0.07%		7.15	0.00%	
말레이시아	30.67	0.02%		93.90	0.07%	
필리핀	1.5	0.00%		20.25	0.01%	
싱가포르	232.27	0.16%		344.53	0.24%	
남아프리카	70.67	0.05%		89.79	0.06%	
대만	5,311.12	3.70%		5,103.61	3.55%	
우크라이나	7.92	0.01%		20.78	0.01%	

출처: OECD(2009).

이에 더하여 전 세계 그리고 EU의 27개 회원국[15](해당되는 경우) 각각에서 받은 특허 수를 보여준다. 날짜는 특허를 받은 날짜이다. 특허에 관한 통계에서 흔히 사용하는 이른바 우선일은 발명일에 가장 가까운 날짜인데, 이 날짜는 사용하지 않았다. 특허를 출원한 국가와 발명을 한 사람의 출신국을 살펴보면 차이가 난다는 것도 재미있는 점이다. 특히 미국에서는, 미국 사람이 발명한 것보다 출원된 특허의 수가 2,000건이나 많다. 반면에 다른 OECD 국가에서는, 특허를 출원한 건수보다 발명가의 수가 더 많다. 또 다른 충격적인 사실은 2005년 전 세계에서 승인된 특허의 반 이상을 미국이 차지하고 있다는 것이다. EU 27 중에서

15 이하 EU 27로 표기.

는 40%가 독일에서 출원하였거나 발명한 것이었으며, 다음으로는, 측정 방법에 따라서 조금씩 차이가 나지만, 프랑스와 영국이 10~15%를 차지하고 있다.

베스퍼겐(Verspagen, 2006)에서는 특허 취득에 대한 미국 대학과 유럽 대학의 차이에 대해서 언급하였다. 미국에서는 1980년의 베이 돌 법(Bayh-Dole Act)으로 대학이 산학협력으로 특허를 받거나 수익을 나누기 쉽게 되었음을 지적하였다. 벨트와 즈베츨로옷(Veld & Zwetsloot, 2009)에서는 유럽도 이와 유사한 법적 제도를 갖추지 않으면 유럽의 대학이 미국의 대학만큼 기술 혁신에 기여할 수는 없을 것이라고 역설하였다. 이는 크레스피 외(Crespi et al., 2006)에서 잘 드러난다. 유럽의 주요 6개국을 대상으로 조사한 결과, (부분적으로라도) 대학의 연구 성과로 받은 특허의 2/3를 대학이 아닌 기업이 갖고 있었고, 대학 소유의 특허를 제품과 생산 기술에 적용하는 데에는 민간에서 갖고 있는 특허의 경우와 큰 차이가 없었다.

공공 연구에서 비롯되어 무상으로 공개되는 지식, 민간 소유가 되는 공공 연구(발표 전에 특허를 받아서 지적재산권을 인정받는 경우) 그리고 민간 소유로서 보호받는 지식이 기술 혁신으로, 나아가 신제품과 생산 공정으로 나아갈 수 있다. [그림 2.5]에서는 2007의 혁신요약지수(summary innovation index)를 볼 수 있다. 이 그림에 따르면, 스웨덴, 스위스, 핀란드, 이스라엘, 덴마크, 일본, 독일, 영국이 가장 혁신적인 국가로서, 미국을 앞지르고 있었다. 대학 평가의 순위를 보고 유럽이 경쟁력 있는 위치를 차지하기 위해서는 제 역량 이상의 능력을 발휘해야 한다는 인상을 받았다면, 이는 틀린 것이 분명하다. 가장 놀라운 것은 유럽의 빅4와 함께 대학 순위에서 매우 실망스러웠던 독일의 등장이다. [그림 2.5]를 [표 2.2]와 비교해 보면, 각 나라의 혁신과 20~200위권에서 인구 규모가 반영된 대학 순위가 얼마나 밀접하게 관련되어

[그림 2.5] 2007 혁신요약지수

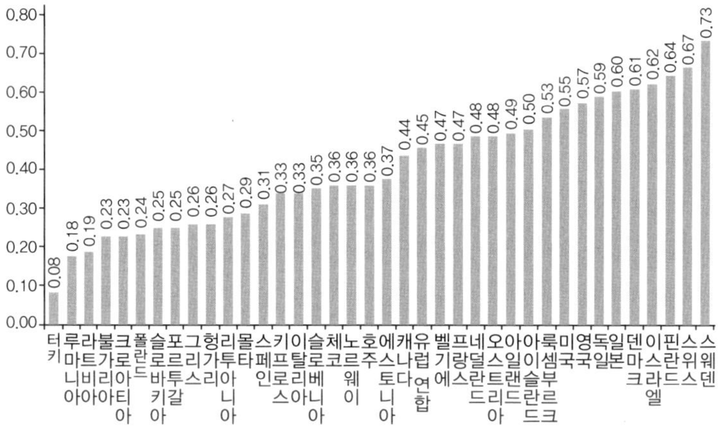

출처: 유럽연합 집행기관과 유럽 혁신 추진-INNO METRICS(European Commission and PRO INNO Europe-INNO METRICS, 2008, 그림 1; 2007 혁신요약 지수(The 2007 Summary Innovation Index, SII): 5).

있는지 드러난다. 다만 독일이 예외이다.

INNO METRICS 보고서는 위의 국가들(스웨덴 등과 미국도)을 '혁신의 선두 주자'로, 오스트리아, 벨기에, 캐나다, 프랑스, 아이슬란드, 아일랜드, 룩셈부르크, 네덜란드를 '혁신의 추종자'로 명명하였다(European Commission & PRO INNO Europe-INNO METRICS, 2008: 15). 그러나 단위 인구당 상위권 대학을 알아보면, 이들 대학은 국제 평가에서 최상위권을 차지하고 있다는 점을 상기해야 한다(다만, 프랑스는 예외이다).

이 보고서는 2003~2007년에, 몇몇 국가를 선정하여 혁신 점수를 보여준다. 결론적으로, 한편에는 유럽이 있고 다른 한편에는 미국, 일본이 있는데 두 그룹 사이에 있는 혁신의 차이는 지속적으로 줄어들지언정 엄연히 존재한다는 것이다. R&D에 기반하지 않은 혁신(조직 또는 마케팅 혁신 등의 이른바 '사회 혁신')은 상대적으로 덜 혁신적인 국가에서 상대적으로 공헌도가 높았다(European Commission, PRO INNO Europe-INNO METRICS, 2008).

그리피스(Griffith et al., 2006: 61)에서는 기업의 R&D 비용, 혁신 성과 그리고 생산성 사이의 관련을 보여주는 모델을 활용하여 프랑스, 독일, 스페인 그리고 영국 사이에 조직적 혁신과 생산성을 기업 수준에서 비교하였다. 결론은 이 네 국가의 혁신 패턴이 매우 유사하다는 것이었다. 우리는 4장 2.1절에서 혁신은 STEM(science, technology, engineering, methmataics)에 관련된다는 일반적인 생각과는 반대로, 혁신이 인문학과 사회과학을 포함하는 여러 학문 분야 사이의 상호작용의 결과라는 점에 주목할 것이다. 사회적 혁신, 즉 제품 또는 생산 기술에 새 지식을 적용하는 조직의 창조는 당연히 모든 혁신의 중요한 부분이다.

이 책을 준비하면서 나는 네덜란드와 같은 국가에서는 지식을 제품이나 생산 기술로 전환시켜 줄 박사급 인력이 정말로 거의 없음을 알게 되었다. 그래서 박사 공급량이 기여 요인일지 모른다는 가정 하에 혁신에 대한 중대한 계량경제학적 분석을 하게 되었다.

[그림 2.6]은 '순위'로부터 '경쟁력'을 어떻게 추론하였는지 보여준다. 경쟁력은 기술 혁신에 의해서만이 아니라 기업을 등록하는 데 걸리는 시간, 기업의 세금 처리, 고용과 해고에서의 제재 등 '사업을 하는'(The World Bank, 2008) 조건에 의해서도 좌우된다. 여기에는 마지막으로 기존 시장의 진입장벽도 중요한 요인이 된다(3.2 참조).

선정된 국가의 2008~2009년, 2009~2010년도 세계 경쟁력지수(The Global Competitiveness Index)는 [표 2.13]에 제시되었다. 이 지수는 '경제적 경쟁력의 12개 기준'(Schwab and Porter, 2008: 4)에 기초한다. 여기서 제시한 다음 12개 항목은 각기 가중치가 다르다.

1. 제도
2. 사회 기반 시설
3. 거시경제적 안정성
4. 건강과 교육

[그림 2.6] 순위에서 경쟁력까지

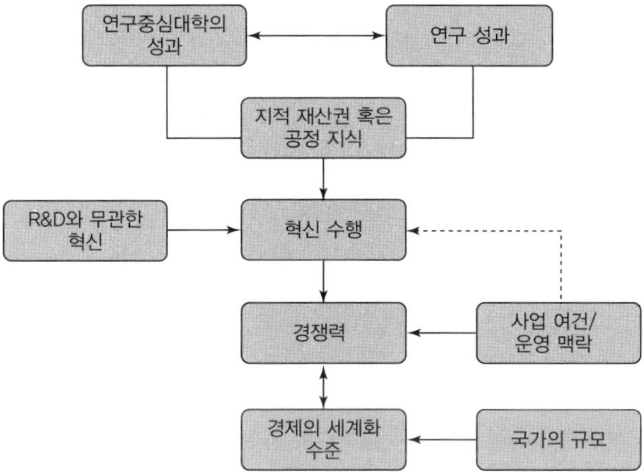

5. 고등교육과 훈련
6. 상품 시장의 효율성
7. 노동 시장의 효율성
8. 금융 시장의 정교성
9. 기술적 준비도
10. 시장의 규모
11. 사업의 정교성
12. 혁신

위에서 분명하게 보여주는 것과 같이 금융 분야는 경쟁력 지수에 영향을 주는 한 가지 요소에 지나지 않는다. 그러므로, 현재의 금융 위기가 미국과 같은 국가의 순위를 크게 바꾸는 것은 아니다. 상위 20위권에 드는 국가 중에는 경제 규모가 아주 작은 국가도 많다.

[표 2.13]은 (인구를 고려할 때 대학 순위가 아주 높은) 스위스가 2008~2009년과 2009~2010년에 미국을 상회하였음을 보여준다(대학 순위 상

[표 2.13] 전 세계적 경쟁력 지수(2008~2009년, 2009~2010년)

국가	2009~2010 순위	EU 내 2009~2010 순위	2008~2009 순위
스위스	1	1	2
미국	2		1
싱가포르	3		5
스웨덴	4	2	4
덴마크	5	3	3
핀란드	6	4	6
독일	7	5	7
일본	8		9
캐나다	9		10
네덜란드	10	6	8
홍콩	11		11
대만	12		17
영국	13	7	12
노르웨이	14	8	15
호주	15		18
프랑스	16	9	16
오스트리아	17	10	14
벨기에	18	11	19
한국	19		13
뉴질랜드	20		24
룩셈부르크	21	12	25
카타르	22		26
아랍에미리트 연방	23		31
말레이시아	24		21
아일랜드	25	13	22
아이슬란드	26	14	20
이스라엘	27		23
사우디아라비아	28		27
중국	29		30
칠레	30		28
체코	31	15	33
브루나이 다루살람	32		39
스페인	33	16	29
키프로스	34		40
에스토니아	35	17	32
태국	36		34
슬로베니아	37	18	42
바레인	38		37
쿠웨이트	39		35
튀니지	40		36
오만	41		38
푸에르토리코	42		41
포르투갈	43	19	43
바베이도스	44		47
남아프리카공화국	45		45
폴란드	46	20	53
슬로바키아	47	21	46
이탈리아	48	22	49
인도	49		50
요르단	50		48

출처: 세계 경제 포럼(World Economic Forum, 2010).

위권에서 부상하고 있는). 싱가포르도 국제경쟁력이 큰 폭으로 상승하였다. 네덜란드와 오스트리아는 뒷걸음질치고 있다.

2.5 불안감

우리는 유럽 대학을 둘러싼 불안감에 대해 자주 언급하였다. 주로 동아시아와 미국에서 여러 가지 경험이 많은 유럽 사람들의 이야기이다. 이 관찰을 객관화하는 방법은 언론에서 대학이 긍정적, 부정적, 중립적으로 언급되는 사례를 살펴보는 것일 수 있다. 이때의 가정은 언론이 미국보다 동아시아(일본, 한국, 중국)에 대해서는 더 긍정적이고, 유럽보다 미국에 대해서 더 긍정적이라는 것이다. 또 다른 지표는 국회나 중앙정부 또는 각 지역의 정치인이 대학에 대해서 어떤 입장에서 말하는지 알아보는 것이다. 물론, 사회가 대학에 필요한 비용을 기꺼이 지불하는가 하는 점, 미국이나 동아시아의 대학에 비해 유럽의 대학이 훨씬 불리한 여건에 처해 있음을 볼 때 결론은 매우 자명해진다. 이 문제는 5장에서 다룰 것이다.

유럽의 언론에서 대학을 다루는 방식에 있어 다소 놀랍고 역설적인 부분은 연구 성과를 널리 알리면서도 대학과는 전혀 연관 짓지 않거나 아주 부분적으로 연관 지어서 보도한다는 것이다. 즉 당사자에게 초점을 맞추는 바람에 소속 기관은 희미해지는 경우가 많다. 이것은 개별 연구자가 각광을 받지만 대체적으로 그들이 속한 기관과 긴밀하게 연결지어 발표하는 동아시아나 미국과는 반대이다.

각 국가에서 국제 평가의 상위권에 있는 자국의 대학을 어떻게 보는지 설명하는 것은 다소 무모한 일이다. 체계적인 연구가 없이 우리가 제대로 보았을 것이라는 가정에서 말하는 것이므로 더욱 그렇다.

앞에서 제2차 세계대전 이전에 미국을 찾았던 유럽인에 대해서 언급한 적이 있는데, 이들이 흥미로운 설명을 한 것이 있다. 미국 대학은 애초부터 자연과학을 중시하면서 훨씬 더 실용주의적이었다는 것이다. 슬로쓴(1910)은 20세기 초의 14개 공사립 명문 대학의 등록생에 관한 자료를 보여준다. 당시에는 학생의 약 80%가 과학이나 농학 분야에 등록하였다. 사회과학, 인문학, 예술은 전후 세대로서 자연과학 이외의 분야에서는 제2차 세계대전이 끝나고서야 학생 수가 늘어나기 시작하였다.

미국에서와는 대조적으로 유럽에서 대학은 전통적으로 실용성을 훨씬 덜 지향하였다. 심지어 대학은 ('상아탑'이라는 말도 있듯이) 사회로부터 떨어져 있어야 하고, 연구란 연구 자체로서 의미가 있는 것이지 실생활의 문제를 다루어서는 안 된다고 생각하였다. 훔볼트가 말한 '학문의 자유'란 연구에 책임을 물어서는 안 된다는 식으로 널리 이해되었다. 유럽의 전통 사회에서 과학기술은 사회경제적으로 낮은 계층 출신의 똑똑한 아이들이 대학에 입학함으로써 크게 강화되었다. 그러나 대부분의 경우에, 과학기술의 발전은 전통적인 대학에서가 아니라 산업기술대학(폴리테크닉)이나 기술고등학교에서 이루어졌다.

동아시아 사회에서 대학의 위상은 상당히 다르다. 이코노미스트지(*The Economist*, 2008년 11월)에서는 동아시아의 교육 '강박증'을 다루었다. 이는 자녀가 최상의 교육을 받을 수 있게 하려는 가족의 열망에서 비롯된 것이라 할 수 있다.

유럽에서 대학에 대한 정부의 지나친 관심은 대학이 평범한 납세자의 사랑을 받지 못하게 한다. 납세자들은 고등교육을 개인과 사회에 상당한 보상이 돌아가는 서비스라고 여기기보다는 정부 관료 체제의 한 부분으로 보는 경향이 있다(6장 참조). 미국과 동아시아에서 국민들이 대학에 훨씬 더 긍정적인 태도를 갖는 것은 대학 조직의 차이에서 비롯된 것일 수 있다. 이러한 곳에서는, 대학과 대학 재정(5장을 보라)이 사회보다는 개인에게 더 가깝다고 생각한다.

오늘날 유럽 대륙의 대학은 먹을 것이 모자란 환경에 놓인 고슴도치처럼 행동한다. 그들은 사회적인 비판의 위협에 대해서 밝은 미래를 향한 공동의 비전을 제시하기보다 훔볼트식으로 '학문의 자유!'를 부르짖으면서 가시를 세우고 있다.

보울튼과 루카스(Boulton & Lucas, 2008: 4)에서는 이러한 현상을 다음과 같이 설명하고 있다.

> 지속적인 성공의 요소를 보면, 세계화의 시대에 왜 대학이 중요한 국가 자산인지 설명할 수 있다. 세계 각국의 정부가 대학을 바라보는 시각은 대학이 신지식과 혁신적 사고의 필수적인 원천이고, 숙련된 직원과 믿을만한 자격증을 제공하며, 혁신에 공헌하고, 사회 정의와 유동성을 통하여 국제적 인재와 사업 투자를 지역으로 이끌어 내며, 사회적 문화적 활력을 불러일으킬 수 있다는 것이다.

학생 1인당 예산이 지속적으로 삭감되고, GDP가 오르거나 떨어지지 않고, 관리 운영의 비용이 많이 드는 비효율적인 유럽에서 이러한 긍정적인 태도는 거의 찾아볼 수 없다.

미국의 고등교육은 전 세계의 리더답게 그들의 미래에 다소 만족스러워 하는 듯이 보인다. 그러나 고등교육의 미래에 대한 국가 위원회(the National Commission on the Future of Higher Education, 2006)와 같이 미국에서도 혁신이 필요하다고 촉구하는 목소리가 계속되기 때문에 리더로서의 역할은 유지될 수 있을 것이다.

2.6 결론

유럽의 대학은 21세기 초에 시작된 대학 평가에서 미국에 비하여 전반적으로 순위가 낮다. 유럽 측의 변명은 빈약하고 근거도 시원치 않다. 미국은 평균적으로는 유럽보다 낮지만 최상급 성과를 내었다. 그러나 유럽의 평균적인 성과가 미국보다 높다는 것이 최상급 성과를 내지 못하게 하는 것은 아니다.

인구 규모를 반영하면, 영국이 타임지 평가 상위 20위권에서 가장 우수하고, 그 다음이 호주 그 다음이 미국이다. 교통대 평가 상위 20위권에서는 미국이 제일 앞서 있고 다음으로 영국과 일본이 있다.

타임지 평가 상위 100위권 대학 중에서는 인구 규모를 반영할 때, 싱가포르, 홍콩, 스위스, 덴마크, 네덜란드, 뉴질랜드, 아일랜드, 스웨덴, 핀란드, 벨기에가 영국과 함께 미국에 앞서 있다. 교통대 평가 상위 21~100위권 대학 중에서는 노르웨이, 핀란드, 영국, 호주, 네덜란드가 미국에 앞서 있다. 주목할 만한 것은 중세 유럽 대학의 모태가 된 독일, 프랑스, 이탈리아, 스페인의 대학이 이러한 우수 대학 목록에 빠져 있다는 것이다.

공공 연구의 대학 집중과 관련된 국가 간의 차이는 순위를 혼란스럽게 만든다. 더 많은 공공 연구가 대학에서 이루어지는 국가에서는 자국 대학의 순위가 높은 것을 발견할지 모른다. 그러나 이것으로 미국 대학에 비하여 EU 15의 대학이 형편없는 성과를 내고 있다는 사실을 설명할 수는 없다.

대학의 순위와 몇 가지 배경 변수간의 상관성을 분석하면 순위가 높은 대학의 특성은 다음과 같았다.

- 재정이 더 튼튼하다.
- 자율성이 더 많다.

- 최상급 교수들이 이끌어 나가고 있다.

미국 대학은 통계적으로 학생 1인당 비용을 통제하였을 때, 사실상 다른 곳의 대학에 비하여 잘하지 못하였다. 재정과 순위 간의 함수관계는 데이터와 가장 잘 들어맞는다. 순위를 높이는 데에는 점점 더 많은 돈이 들어간다. 전문화는 중요한 역할을 한다. 21~200위권에서보다는 상위 20위권에서 상관관계가 더 분명하다. 대학은 여러 가지 전략을 동원해서 수월성을 추구할 수 있다는 것이 밝혀졌다.

대학 교육 면에서 미국의 우세는 1945년에 GI 법안으로 고등교육을 확대하면서부터 시작되었다고 할 수 있다. 앞으로 머지않아 상위권에서 아시아 대학의 순위가 유럽 대학의 순위를 넘어설 것이다. 이는 유럽이 인재 순환에서 우수 두뇌 유입이 증가하는 지역이 아니라는 것이다.

유럽 대학의 순위가 낮다고 해서 유럽의 연구 생산성이 낮은 것은 아니다. 그러나 특허에서는 2005년에 전 세계적으로 승인된 특허의 53%를 차지하는 미국이 13%인 EU 27보다 분명히 우세하다. 유럽 내에서는 독일이 2005년 유럽 총 특허의 40%를 차지하였다. 특허의 실용화에서 유럽 대학의 역할은 미국에 비하여 훨씬 적다. 미국의 관련법은 (Bayl-Dole act)은 대학에 큰 힘이 되고 있다.

혁신의 수월성 면에서 유럽 국가는 인구 규모를 반영하여 순위를 보정하는 경우에, 50~200위권에서 모습을 더 많이 드러낸다([표 2.2] 참조). 혁신 순위는 세계적 경쟁력 순위와 관련이 깊다. 세계적으로는 미국과 스위스가 선두이고(2008/2009) 유럽에서는 덴마크, 스웨덴, 핀란드, 독일, 네덜란드, 영국의 순으로 바짝 뒤쫓고 있다.

유럽에서 대학은 어려운 상황에 처하여 있다. 유럽의 대학은 대학평가에서 유럽의 사회적, 경제적인 경쟁력만큼 높은 순위를 차지하지 못하였다. 이는 아마도 재정적으로 불충분하기 때문이고, 더 나아지기에는 자율성이 너무나 제한되어 있기 때문일 것이다. 한편, 이런 점은 대학을 비난하는 공공 분야 전반에 걸친 불안감 때문이라고 할 수도 있다.

독일은 여러 면에서 모순이 많은 국가이다. 독일은 대학 순위가 낮은 유일한 유럽 국가임에도 불구하고 기술혁신에서는 선두를 달리고 있다.

부록 2.1 분야별 연구비(미국, EU 15)

[그림 A 2.1.1]은 연구가 이루어지는 분야에서 전체 연구비와 부문별 연구비의 비율을 나타낸 표이다. 원그래프의 각 부분은 연구비 총액을 나타낸다(유럽의 1인당 연구비는 1981년에 136.4유로, 1991년에 307.2유로, 2001년에 645.3유로). 유럽에서는 연구의 2/3가 기업에서 이루어지며, 나머지 1/3을 정부기관과 대학이 대략 반씩 나누어서 수행하고 있다. 비영리 사설 기관의 몫은 1%에도 못 미치므로 무시할 수 있을 정도라 하겠다.

미국에서는 전체 연구비의 3/4을 기업에서 쓰고 있으며, EU 15개국과 비교할 때 대학의 연구비는 놀라울 정도로 적다([그림 A 2.1.2] 참조). 그러나 연구비 전체 규모가 크기 때문에 (2000년을 기준으로 구매력환산지수를 도입하여 계산하면, 1981년에 462.7유로, 1991년에 645.4유로, 2001년에 811.7유로에 이른다) 얼마 안 되는 비율이라도 절대 금액으로 1인당 100유로 정도가 고등교육 분야로 들어간다.

[그림 A 2.1.1] 부문별 연구비(미국, EU 15개국)

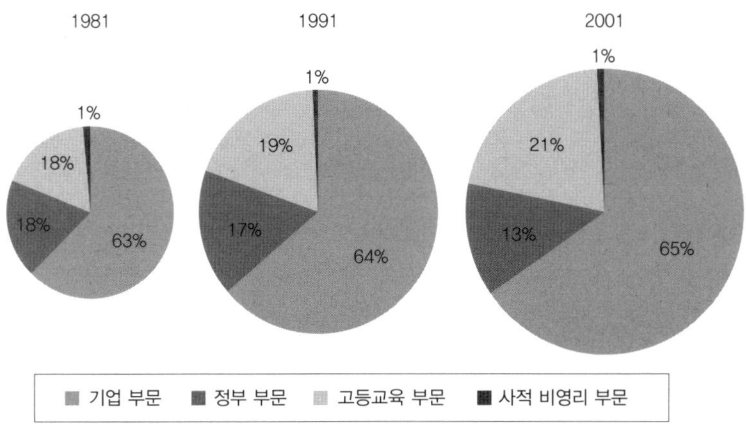

출처: 유로스탯(2009).

[그림 A 2.1.2] 미국에서 분야별 총 R&D 비용

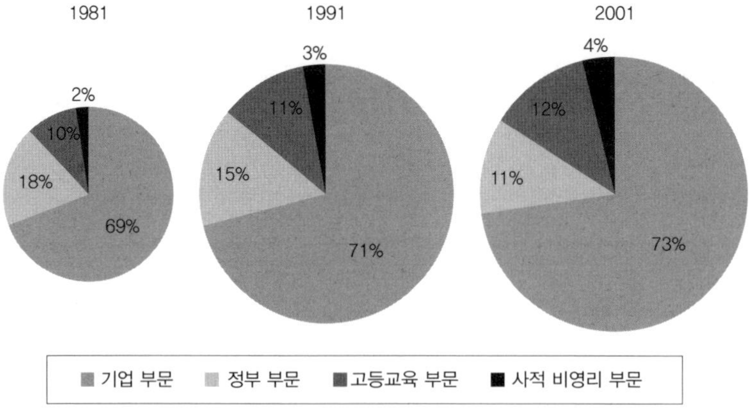

출처: 유로스탯(2009), 유엔 인구분과위원회(2008a).

3장
도전

◎

3.1 유럽의 미래상

이 책의 기본적인 입장은 (만약 적절히 지원된다면) 유럽의 대학이 유럽을 활기차게 발전시키는 원동력으로 더욱 중요한 역할을 할 수 있다는 것이다. 그러나 우리는 그러한 유럽이 되기를 원하며, 그렇게 되기 위한 노력을 기울이고자 하는가?

유럽은, 한 편으로는 누구나 살고 싶어 하는 대륙으로 칭송되었다 (Rifkin, 2004; Reid, 2004). 그러나 다른 한 편으로는 미국으로 인재가 유출되면서 경쟁력이 위태롭게 되었으며 기술혁신 면에서도 뒤떨어졌다. 이런 이유로 리스본 조약은 2010년까지 '전 세계에서 가장 경쟁력 있고 역동적인 지식 기반 경제를 갖춘 곳으로서 좋은 일자리가 더 많고 사회적 응집력이 강하며 환경을 존중하여 지속 가능한 경제 성장이 가능한 유럽'을 만들자는 의제를 2000년도에 채택하였다. 그러나 2010년이 되자 리스본 조약은 소리만 요란하였을 뿐, 개별 국가 차원에서 협정 내용을 실행에 옮기기 위한 조치를 전혀 하지 않아서 결국은 완전한 실패로 돌아갔음이 밝혀졌다. 2010년은 세계의 경제력 및 정치력이 급진적으로 개편되어 '늙은 말'을 '새 말'로 갈아치우는 해로 기억될 것 같다. 21세기는 아시아의 것이 될 것이라는 마부바니(Mahbubani, 2008)의 전망을 전적으로 믿고 따르지는 않더라도, 분명히 그러한 조짐이 보인다. 21세기에 들어서 밀어닥친 경제 위기는 몇몇 아시아 국가 경제의 중요성을 인식하도록 하였다.

그러나 리스본 조약의 실패는 실수를 하면서 배우는 것처럼 처음부터 새로 시작하기 위한 경종으로 여겨야 한다.

유럽은 인건비로 경쟁하기를 바라지도 않고 그럴 수도 없다. 유럽은 세계 무대에서 지속 가능한 생산성과 혁신으로 경쟁해야 한다. 유럽의 사회 모델은 높은 생산성과 혁신의 모델에 상호보완적이 될 수 있고, 일찍이 아담 스미스가 말을 꺼냈고 에컬로프와 실러(Akerlof & Shiller)가 2009년에 상기시킨 '야생적 충동(animal spirit)', 즉 '살아남기 위해서는 그만한 노력을 기울여야 하는' 미국의 모델과는 많이 다르다.

창조적이고 활기 넘치는 유럽, 전 세계의 인재들이 와서 공부하고 한동안 살고 싶어 하게 될 유럽은 재정이 더 튼튼하고, 더 잘 조직되고, 더 혁신적이라야 한다. 이로써 유럽은 비유럽 학생들에게 매력적이라야 하고, 유럽의 대학은 유럽 사회를 일으켜 세우고, 창조하고, 혁신시킬 수 있도록 잘 훈련된 젊은이를 배출하여야 한다. 이는 우편배달부, 서비스업종사자, 빵공장의 제빵기술자 그리고 경제적 기반이 취약한 국가에서 들어온 모든 근로자의 임금을 계속 깎아야만 살아남는 사회의 대안이 될 수 있다. 왜냐하면 생산의 상당 부분(10% 이상)이 최첨단 산업에서 나오고 따라서 이윤의 폭이 크며, 이를 통해서 각 지역 산업에서도 상대적으로 고임금을 유지할 수 있는 부를 창출할 수 있는 곳이 또한 유럽이기 때문이다.

경제 위기가 이 도전을 오히려 의미 있게 만들었다. 위기에 처해 있다는 사실이 확인되면서 신흥 경제에 대한 유럽의 지위가 약화되었다.

신흥 경제 측에서도 그들의 경제적 지위를 공고히 하는 것은 좋은 일이며, 그렇다고 해서 유럽이 흔들릴 이유는 없다. 그러나 고등교육과 공공 연구 예산 삭감으로 인하여 유럽은 곳곳의 지평선에 어두운 그림자가 드리운 것처럼 보인다. 유럽의 활기와 창의성에 대한 이러한 위협은 가능한 한 빨리 해소시켜야 한다.

이 장의 이어지는 절에서 우리는 활기찬 유럽이 되기 위한 필요조건인 (그러나 충분조건은 아닌) 유럽 대학에 대한 도전과 지식 경제의 중심인 대학에서 '리스본 조약'을 부활시킬 방도를 찾아볼 것이다.

마크 레오너드(Mark Leonard, 2005)는 아시아가 아닌 유럽이 21세기를 움직일 것이라고 확신하였다. 그러나 레이드(Reid, 2004)는 지금과 같은 유럽을 다음 세대에 넘겨 주는 것만으로는 'E세대' (스스로를 스페인 사람이나 체코 사람이 아닌 단지 유럽인으로 여기는 젊은 유럽인 세대)가 저절로 생겨나지는 않을 것이라고 주장하였다. E세대가 있을 수는 있으나, 대학은 국가별로 설립되어 있고 그 국가의 리더십을 양성하는 교육을 하기 때문에 대학 덕분에 E세대가 생겨나지는 않을 것이다. 유럽의 다국적 기업의 고위층이나 유럽 위원회의 고위 공무원들도 하루 일과가 끝나고 나면 특정 국가의 시민이다. 유럽인이라고는 하지만, 특정 국가의 대학에서 공부하였고, 비지니스맨의 경우에는 2개 언어(영어와 모어), 고급 관리의 경우에는 3개 언어(영어, 불어와 모어) 이상을 제대로 구사하지 못한다. 그러면서도 다행스럽게도 자신이 유럽인라고 생각한다.

외교 전선에서 유럽의 협력에 대한 레오너드(2005)의 낙관론은 '유럽: 거대한 부재자(Europe: the Big Absentee)'(Maastricht, 2006)라는 주제의 학술대회에서 적시한 경험과 정반대이다. 오늘날의 경험으로 보건대, 유럽 국가들은 국제 기구 또는 국제 분쟁에서 미국의 정책에 한결같이 매우 비판적이다. 그럼에도 불구하고 의견이 분분하여 결국은 미국의 관점이 승리하기도 한다(세계은행 경험 참조: Ritzen, 2004: 99). 그러나 2009년의 리스본 의정서의 채택 그리고 외교장관회의에서는 변화를 천명하였다. 이로써 유럽을 단결시키도록 유럽의회의 역할이 강화되었다. 유럽의회가 2010년 2월에 SWIFT 법안(유럽 은행 데이터의 대부분을 미국으로 넘겨 주는 것을 의미한다)을 부결시킨 것은 명백하게 결속된 행동의 표출이었다.

유럽은 유럽고등교육공동구역(European Higher Education Space) 내에 유럽인 또는 국제적 리더십을 위한 부분을 마련해야 한다. 이는 3.2와 3.3에서 더 살펴볼 것이다. 유럽 위원회가 추진하고 있는 유럽 고등교육 공간은 유럽 학생들이 더 큰 유동성을 얻기 위한 방법이다. 우리는 유럽연합이 좀 더 유동성이 커져야 하는 필요성을 분명히 고려하기를 바란다. 이는 노동 시장의 국제화를 의미하기도 하지만, 세계화라는 요구에 부응하기 위해서 유럽에서 시작하여 전 세계로 이어지는 리더십의 국제화일 수도 있다.

이는 진정으로 노동 시장과 외교 전선에서 함께 일할 수 있는 E세대를 창조할 것이다. 동시에 유럽은 새롭게 생겨나는 인력풀인 이민자 가정의 자녀에게 기회를 균등하게 제공하지 않을 위험이 있다. 기회의 균등은 더 이상 사회적 필요가 아니라 경제적 필요이며, 이에 대해서는 3.4에서 더 분석하겠다.

유럽은 지속 가능한 성장가능곡선에 가까워질 수 있다. 지구 온난화 또는 1차 상품의 고갈에서 비롯되는 '과포화상태'나 성장의 한계 때문에 발생하는 낮은 성장률을 염려할 필요는 없다. 3.5에서는 대학과 지속 가능한 경제 성장에 초점을 두고, 마지막인 3.6에서는 결론을 제시할 것이다.

3.2 유럽의 리더십

대학은 전통적으로 기관이 할 수 있는 최고의 특권을 부여받았다. 젊은이들을 전문직으로, 예술과 종교와 행정 분야에서 리더십을 발휘할 수 있게 준비시키는 일이다. 꽁뻬이레(1893)는 11세기에서 13세기 사이에 유럽 대학이 설립되기 시작한 경위에 대해서, 세속의 지도자(국왕)과 종교적인 지도자(교황)들이 근본적으로 봉건적인 사회에서 리더십을 발휘하기 위하여 거의 경쟁적으로 대학을 설립하거나 창시하고자 하였음을 기록하였다.

새로운 대학 설립의 두 번째 물결은 19세기 초에 밀려왔다. 훔볼트(1909)와 뉴먼(1852)은 대학의 존립 근거의 증조 할아버지 정도라고 볼 수 있다. 이들은 국가가 종교적 지배를 벗어나야 하며, 대학에서 리더십을 교육해야 함을 강조하였다. 미국 정부와 사립대학은 이러한 노선을 따랐다(Slossen, 1910).

종교의 지배를 벗어난 국가의 시민적 리더십 양성은 19세기 초 유럽 대학의 예술, 사회과학, 인문학, 법학 분야와 관련이 깊다. 과학과 의학 분야는 비중이 작았다. 이는 19세기에 미국의 공사립 명문 대학의 학생 약 80%가 과학, 농학, 의학 분야에 등록한 것과는 대조적이다. 그럼에도 불구하고, 대학에서 사회적 리더십을 교육해야 한다는 생각은 팽배하였다. 대학은 거의 처음부터 새로운 정착의 일부였다. 더글러스(2007)는 캘리포니아 버클리대학의 설립과 성장을 예로 들어 설명하였다. 여러 측면에서 미국의 대학은 유럽보다 제2차 세계대전 이후 고등교육에서 대량생산을 위한 준비가 더 잘 되어 있었다. 유럽에서도 20세기 초반에 과학, 농학, 의학을 공부하려는 학생이 늘어났지만, 이들은 민족국가의 리더십과는 무관하게 각기 떨어져 있는 작은 학교에 다니고 있었으며, 자부심이 강한 인문계 대학은 점차 내부 지향적이 되어 상아탑에 안주하고자 하였다. 농대와 공대는 매우 공리주의적인 대안이었다. 신흥 산업에서는 과학자와 공학자가 필요하였다. 이는 인문학과 사회과학 연구에 지원을 거의 하지 않는 미국 모델을 그대로 베껴다가 만든 유럽의 고등교육 발전 모델을 지금의 지식으로 비판하려는 것이 아니다. 유럽인들이 미국의 경험에서 배워야 점은 연구 문제를 정하고, 연구를 통해서 얻은 답을 수용하기 위해서 유럽에서도 연구가 사회적인 관심사가 되는 것이 좋다는 사실이다.

1960년부터 1980년 사이에 유럽의 대학에서는 등록생이 10배 가까이 폭증하였다. 증가의 원인은 사회적 요구와 결합된 노동 시장이었다. 사회적 요구는 고등교육 참여율을 높였고 늘어난 대학 졸업생들은 쉽게 직장을 구하였다. '국가 건설'은 대학 교육의 목표에서 점차 수그러들었다. 오늘날의 고등교육을 특징짓는 대량 교육 체제는 대학 졸업생들에게 더는 시민이나 국민으로서 또는 국가를 넘어서는 리더십을 요구하지 않는다. 정부는 대학을 전적으로 인력 공급원이라 보았으며, 정부의 역할은 기회의 균등을 보장하는 것이라고 여겼다.

오늘날 대학에 주어진 과제인 국제적 리더십 양성은 훔볼트의 '국가 건설'과 유사한 개념이다. 이는 단순히 세계화된 노동 시장에 인력을 제공하는 것 이상이다. 이는 국내 기관이나 국제 기구에서 공식적, 비공식적으로 존재하는 문화 · 언어 장벽을 초월하여 평화롭게 일할 수 있는 준비를 포함한다. 이제 대학에서는 학생들이 문화적 차이를 이해하고 누릴 수 있도록 '국제화' 교육을 시켜야 하게 되었다. 대부분의 유럽 국가가 참여하여 고등교육에서 보조를 맞추기 위하여 협력하고자 한 볼로냐 프로세스는 6.3에서 더 상세하게 살펴볼 것이지만, 대학이 이러한 도전을 이겨나가는 것을 용이하게 해 줄 수 있다.

유럽 대학의 입장에서 '유럽 만들기'는 훔볼트의 나라 만들기의 속편인 셈이다. '유럽 만들기'는 태어나서 자라난 지역이나 국가와 단절되지 않으면서도 하나가 된 유럽에 일차적인 소속감을 느끼는 유럽 시민이라는 계층을 만들 수도 있다. 물론 유럽 만들기는 '세계 만들기'의 일부이다.

금융 위기와 그로 인한 경제적 위기는 리더십에 새로운 문제를 야기하였다. 이 위기는 대학 사회에 환경의 지속 가능성, 기후 변화, 한정된 원자재, 전 세계적 기근이라는 딜레마를 던져 주었다. 예전의 경제 성장 방식으로 되돌아 갈 수는 없게 되었기 때문이다. 이는 중단기적 재앙을 불러올 뿐이다. 단기 이익을 넘어서서 경제 성장 안정성을 유지할 수 있는 세계적 리더십의 새로운 개념 정립이 시급히 필요하게 되었다.

이러한 위기는 무역, 자본 이동, 이민의 측면에서 '세계화'에 영향을 미쳤다. 알트만(Roger C. Altman, 2009)은 '세계화의 후퇴'라고 하였다. 2009년에서 2010년 사이에 상품, 돈, 사람의 실제 흐름이 조금 줄어든다면 이는 아마도 일시적인 현상일 것이다. 사람들의 마음 속에서 일어나는 세계화에 대한 두려움은 프랑스, 아일랜드, 네덜란드가 EU 정신에 반대표를 던졌던 사실이나, 유럽인들이 민족주의자적 경향을 띠거나 심지어는 외국인을 혐오하는 식으로 드러났는데, 이러한 경향은 오래 지속될 수도 있다. 세계화에 대한 반감은 1980년대 말에 드러나기 시작하였다. 그러나 이는 강대국의 생활양식과 병행될 수 없었다. 상품, 돈, 사람의 흐름 없이 현대의 생활양식과 부는 유지될 수 없다. 고립주의, 경제 자립 정책, 보호주의는 더 이상 선택할 수 있는 대상이 아니다.

이와 동시에 세계적 경쟁은 조세의 수준이 계속 하향세인 유럽 국가의 입장에서는, 임금이 낮은 국가에 일자리를 빼앗길 수 있으므로 직업 안정성에 대해서 염려하지 않을 수 없고, 보건과 교육, 공적 부조 및 그 외 다른 공공 서비스가 줄어드는 것에 대해서도 걱정하는 것이 당연하다.

우리 사회가 광범위하게 지원하는 다른 종류의 세계화를 추구하는 것은 대학의 책임이 아니지만, 대학이 양성해야 할 새로운 리더십은 최소한 앞으로 우리 사회를 지배할 다음의 과제를 다룰 수 있어야 한다.

- 영미 자유 시장(Anglo-American free market)의 사실상의 종말 이후에 나타나는 시장의 새로운 질서
- 기후 변화, 환경 파괴, 재생 불가능한 자원의 고갈 문제 해결
- 사회적 결속을 기반으로 하는 지속 가능한 세계화

예를 들어 앤론사태와 같이 세계적인 스캔들에 하버드대학교 경영대학원과 같은 명문 대학의 졸업생이 연루되었다는 것은 매우 놀라운 일이다(Ignatius, 2009).

유럽 대학은 교육의 면에서 미래의 대학 졸업생들의 책임감 함양이라는 맥락에 얼마나 더 많이 관여해야만 하는지 생각해 볼 필요가 있다. 이것은 새로운 논의가 아니다. 의학과 과학 분야에서는 사회적 · 윤리적 영향이 언제나 교육과정의 중요한 요소였다. 때로는 물리학자 오펜하이머와 같은 개인이 이러한 경향에 박차를 가하기도 하였다. 그는 과학자들이 대량 학살 무기에 연루되는 것에 문제를 제기하였다(Nuclear Age Peace Foundation, 2010). 1960년대와 1970년대에는 '성장의 한계'에 관한 논의가 과학 교육과정 개발의 핵심 내용이었다.

그러나 유럽의 학사-석사 체제는 대학 교육을 고립된 분야의 전문성이나 교과 과정 차원에서 생각하는 환경에서 도입된 것 같아 보인다. 이제는 대학 교육을 사회적 책임의 맥락에서 생각하며 새로운 노력을 기울여야 할 때이다.

세계화는 사회를 놀라게 하였다. 밤도둑과 같이 전혀 보이지 않게 지식, 생산, 우리의 제도를 통한 사회적 결속력 등으로부터 국가적 특색이나 지역적 특성을 빼내 가면서 대다수 시민들을 놀라게 한 것이다.

이들이 제대로 보기만 하였다면, 무슨 일이 일어나고 있었는지 목격하였을지도 모른다. 어떤 경우든지 우리의 모든 국가적 · 국제적 관심은 세계화에 압도되어 있는 상태이다.

대학이 일차적인 사례이다. 대부분의 대학은 세계화된 새로운 세상에 적응할 수가 없었으므로, 세계화 시대를 이끌어갈 리더십을 제공하기에 적절하지 않았다. 세계화된 리더십은 앞서 나가면서, 즉 공공 부문이나 민간 부문에서 전략적 결정을 하면서, 국제 노동 시장에서 효과적으로 기능할 수 있는 능력을 말한다. 이를 위해서는 대학이 특정 학문 분야에서 있었던 과거의 경험을 반영하는 동시에 새로운 경험에서 지속적으로 받아들이는 잠재력을 아우르는 뉴로-소프트웨어를 만들거나 개발해야 한다. 이는 인구가 감소하는 국가의 경우에, 연구중심대학의 사활이 걸린 문제이다. 이런 대학은 외국에서 학생을 끌어들일만한 수준과 매력을 갖추어서 세계화된 대학으로 거듭나야 한다. 그렇지 않으면 점점 쪼그라들어서 사라져 버리게 될 것이다.

3.3 세계화된 노동 시장

수많은 학생들은 태어난 나라에서 공부하고 졸업한 후에도 계속 거기서 산다. 대학생과 대학 졸업생의 국가 간 유동성은 상당히 낮은 편이다. 나는 유럽의 경우를 예로 삼아서, 대학생과 대학 졸업생의 국제적 유동성이 제한적인 것은 노동 시장의 세계화 추세에 상반된다는 점을 보여 주고자 한다. 유럽의 대학 졸업생은 다수가 국제적인 환경의 직장에 취직한다. '졸업 3년 후, 대학 졸업생 중의 약 80%가 직장에서 정기적으로 외국인과 의사소통을 하고, 평균적으로 40%가 국제적인 환경에서 시간을 보내며, 약 35%가 일 때문에 외국여행을 한다. 따라

[표 3.1] 졸업 후 직장 때문에 해외에서 사는 학생 비율

	비율
오스트리아	5.5
핀란드	3.8
프랑스	4.6
독일	6.4
이탈리아	1.2
네덜란드	1.7
노르웨이	0.5
스페인	1.0
스웨덴	4.9
영국	8.6
전체	3.8

출처: 보르한스와 리츤(Borghans & Ritzen, 2006: 3); CHEERS 보고서(1999).

서 유럽의 대학 졸업생의 노동 시장은 유동성 수치에 비하여 더 국제적이다'(Borghans and Ritzen, 2006에서 인용).

유럽 대학생의 졸업 후 국제적 유동성은 [표 3.1]에서 볼 수 있는 것과 같이 미국에 비하여 특히 낮다. 핀란드, 스웨덴, 오스트리아는 유럽의 평균치보다 높다. 어느 나라에서나 대학 졸업생의 최소한 2/3가 직장에서 다른 나라 사람들과 모국어와 다른 나라의 언어로 의사소통을 한다. 오직 영국인들만이 다른 언어로 소통하는 일이 거의 없다(별로 놀라운 일은 아니다). 스페인, 프랑스, 이탈리아에서는 졸업생 가운데 1/3 정도가 국제적인 업무를 맡고 있다. 이는 [표 3.2]에 더 자세히 나타나 있다. [표 3.2]의 자료는 유럽의 경우지만, 필요한 부분만 약간 수정하면 다른 대륙들에도 일반화시킬 수 있을 것이다. 세계화된 시장이 대부분의 대학 졸업생 앞에 펼쳐져 있다. 예외적인 사례라면, 국제적인 경쟁이 별로 없는 '보호 영역 혹은 국내 업무 전용의 영역'으로 국가행정, 보건의료, 교육, 사회복지 분야를 들 수 있겠다. 그러나 이런 분야에서조차도 다른 나라의 경험에서부터 배운다든지, 맡은 바 업무를 수행하기 위해서라도 국제적인 접촉이 필요한 경우가 점점 많아지고 있다.

이 데이터는 1999년에 수집된 것이다. 그 후에 항공료가 상당히 저렴해졌다. 그리고 인터넷이 외국여행과 외국인과의 소통 비용을 줄이

[표 3.2] 대학 졸업생들이 직장에서 하는 국제적 활동

	해외여행	외국인 의사소통	외국어	자국어
오스트리아	38.5	83.5	51.9	55.0
핀란드	39.4	82.6	52.7	27.2
프랑스	13.6	80.1	56.0	59.8
독일	23.2	83.4	42.4	51.7
이탈리아	15.4	71.2	47.7	42.0
네덜란드	23.0	70.2	46.3	46.5
노르웨이		84.3	42.5	46.8
스페인	8.9	92.0	77.1	86.9
스웨덴	37.1		51.0	
영국	18.4	70.3	29.2	52.2
전체	23.2	79.5	49.1	52.2

출처: 보르한스와 리츤(2006: 3); CHEERS 보고서(1999).

는 새로운 가능성을 제공하였다. 결과적으로 [표 3.1]에서처럼 유동성은 필연적으로 증가하였다. 좀 의심스러운 데이터도 있는데, 스페인의 대학 졸업생은 외국인들과 의사소통을 명백히 더 많이 하지만 외국여행은 적게 하는 것으로 나와 있다.

대학은 세계화된 노동 시장에 내보내기 위해서 학생들을 어떻게 준비시킬 것인가? 타임지 평가와 교통대 평가에서 순위가 높은 대학을 포함하여 몇몇 주요 대학의 웹사이트나 전략보고서를 읽으면, 구태여 이 질문을 할 필요조차 없다는 것을 바로 깨닫게 될 것이다. 이런 대학은 어디서나 해외 파견[16]을 포함하여 '대학의 국제화'를 강조한다. 이는 그들이 세계화된 노동 시장에 대한 준비가 해외 파견 정도로 잘 될 것이라고 생각하고 있다는 것인가? 외국으로 공부하러 가는 방법에는 여러 가지가 있다.

- 교육과정의 일부로 강제성을 띤 경우
- 다른 나라의 대학에서 학점을 따는 경우(유럽의 에라스무스 프로그

16 외국에서 공부하는 경우에는 자국의 대학에 적을 두고 외국 대학에서 일정 기간 공부하는 유형과 외국의 대학에 적을 두고 공부하는 유형이 있다. 전자에 속하는 '해외 파견'이나 '교환 학생'으로 후자를 '유학'으로 구별하였고, '해외 수학'으로 통칭하였다(역자 주).

램 등)
- 외국 대학을 단순히 경험해 보기 위한 경우
- 재정 지원을 받아서 나가는 경우
- 자비를 들여서 나가는 경우

해외 파견이 늘고 있다는 것은 매우 쉽게 알 수 있다. 대부분의 미국 명문 대학에서는 해외 파견을 학위 과정에 포함시켰다. 그러나 재학 기간 중에 해외로 나가는 규모에 대한 확실한 데이터는 구할 수 없었다.

보르한스와 리츤(Borghans & Ritzen, 2006)의 데이터를 보면, 재학 중에 외국에서 지낸 적이 있는 학생은 졸업 후에 외국에서 일할 가능성이 네 배나 높았다. 일 때문에 외국 여행을 할 가능성이 두 배 그리고 국제적으로 의사소통할 가능성이 이와 비슷하며, 국제적인 업무에 종사할 확률이 50% 정도 높았다. 바꾸어 말하면 그들은 국제 노동 시장에 잘 준비된 것이다.

EU 학생들의 국제적 활동에 대한 배경은 다음과 같이 요약될 수 있다.

- 재학 중에 외국에 나갈 가능성은 여학생이 더 크지만, 졸업 후 국제적인 업무에 종사할 가능성은 남학생이 더 크다. 이는 아마도 국제적인 환경에 대비한 준비는 여학생이 더 잘하지만, 국제적 업무를 더 원하는 것은 남학생이라는 성차별 의식의 잔재일 것이다.
- 외국에서 태어난 학생이 모든 측면에서 더 국제적이다. 놀랄 일은 아니다.
- 다채로운 사회생활을 하고 싶어 하는 학생이 국제적 활동에 관여할 가능성이 더 크다. 개인의 발전에 가치를 두는 학생 또한 국제적인 활동에 많이 관여한다.
- 가정과 가족을 중시하는 학생은 외국에 가거나 국제적 업무를 맡을 확률이 낮다.

- 경력을 쌓거나 돈을 더 버는 것을 중시하는 학생은 외국에 덜 나간다. 그러나 [표 4.3]을 보면 외국 생활 경험이 있는 학생들이 교육 수준에 맞는 직장을 구하는 경우가 훨씬 많다. 우리가 젊은이들에게 그들이 살고 있는 세상에 대해 알려줄 게 아직도 많다.

국제적 경험은 외국여행에서만 얻을 수 있는 것이 아니다. 교육과정에서도 얻을 수 있다. 브란덴부르크와 패데르케일(Brandenburg & Federkeil, 2007)은 교육과정을 포함하여 고등교육의 국제화를 심도 있게 분석하였다.

앞서 말한 바와 같이, 유럽에 대한 도전은 명백하고 상당히 심각한 수준이다. 유럽 대학은 졸업생을 위해서라도 조국이라는 울타리에서 벗어나야 한다. 대학을 국경으로부터 해방시키는 것, 이는 각국의 정부에 대한 영웅적 도전이다. 사실상 국경이라는 개념은 간접적으로 느슨해져 왔다. EU 사법부의 결정에 따르면, X라는 유럽 국가에서 온 학생이 Y라는 유럽국가로 가면 Y국 학생과 동등한 조건으로 살 수 있어야 하게 되었다(6.3의 볼로냐 프로세스를 보라). 이는 유럽이 고등교육 체제를 만들려는 '직접적인' 노력이 없었다고 말하려는 것이 아니다. 이를 위해 상당한 노력을 기울인 유능한 정치가들과 관료들이 있었다(Corbett, 2005). 고등교육이 국경을 초월해서 기능을 발휘하지 못할 거라면, 아무리 노력을 해도 소용없다는 것이 요점이다. 볼로냐 프로세스도 외국에서 공부하는 데에 도움이 된다. 그러나 도전은 대학 자체의 문제이기도 하다. 다른 나라의 사례를 제시하고 다른 나라의 구조에 초점을 맞추었다고 해서 어떻게 그들의 강좌가 '국제화되었다'고 확신할 것인가? 어떻게 교육과정에 외국에서 공부하는 것을 포함시킬 것인가? 이 문제에 대한 현재 EU의 역할은 EU의 집행부에서 교육을 다루지 않기로 한 것뿐이다. 그러나 EU의 연구 기능과 밀접한 관련이 있는 연구중심대학 중 몇 개 정도는 궁극적으로는 특정 국가의 소유일지라도 EU와 느슨하게라도 연결되어 있도록 EU 규약 내에 근거 규정을 포함시켜야 한다.

3.4 경제적 요구로서의 기회 균등

기회 균등이라는 개념은 어느 모로 보나 유럽의 소산이다. 이는 사회적 결속의 개념 그리고 태어난 장소나 여건과 무관하게 누구에게나 동일한 기회가 주어져야 한다는 로크(1690), 루소(1762), 이후에는 롤스(1971)가 말한 사회계약설과 밀접한 관계가 있다. 이 개념이 열매를 맺고 사회를 풍부하게 한 것은 유럽이었다. 20세기에 들어서부터 종전의 엘리트 집단인 김나지움 출신만을 받던 대학이, 가난한 집안에서 태어났지만 심성이 곧은 아이들이 주로 다니던 일반 중등교육 기관 출신에게 대학의 문호를 개방하면서 부가 창출되었다. 당시 네덜란드의 노벨상 수상자는 모두가 전통적인 방법으로는 대학에 입학할 수 없었던 가난한 가정 출신의 과학자들이었다. 이런 조치는 중세 시대부터 대학이 가난한 가정의 자녀에게 자리를 마련해 줌으로써 에라스무스, 갈릴레오, 오캄과 같은 자연과학계의 아이콘을 길러냈다는 자부심의 연장선상에서 이루어진 것이라 할 수 있다.

제2차 세계대전 이후 대부분의 유럽 국가에서는 학생이 대학에 입학하는 데 필요한 것은 가정 환경이 아니라 각 학생의 개인적 소양이라는 것을 인정하였다. 이 과정에서 고등교육 참여율이 급격히 높아졌고, 능력이 계발된 인재가 많아졌다. 그래서 경제적인 측면에서 새롭게 늘어난 인적 자원의 덕을 또다시 보게 되었다.

아직 능력이 계발되지 않은 새로운 인력은 과거 수십 년 동안 형성되어 왔다. 교육의 혜택을 거의 또는 전혀 받지 못한 이민자들은 언제나 자녀들과 함께 본국으로 돌아갈 생각을 하였다. 이민자의 자녀는 대학에 가겠다는 생각을 하게 해줄 역할 모델이 없었다. 더욱이 그들은 살고 있는 나라의 말을 가정에서 제대로 배울 수 없었기 때문에 그 나라 말을 거의 외국어로 여겼다. 언어는 의사소통을 위해서도 필요하지만, (사회)과학, 수학, 인문학 심지어 예술에 입문하기 위해서도 필요하다. 이는 PISA 결과에서 조사 대상인 15세 청소년 중에 이민자의 비율이 높은 국가의 사례를 보면 분명해진다(다만 캐나다와 호주는 예외이다(OECD, 2003c).). 이런 나라에서는, 학습부진아의 상당수가 어렸을 때부터 그 나라의 언어를 사용하지 않았던 이민자의 자녀이다. 이 핸디캡은 대물림을 하면서 지속되었고, 이러한 점이 독일이 PISA에서 기대 이하의 성과를 냈던 이유이기도 하다. 독일의 점수가 낮았던 것은, 독일인 아이들과 이민자의 자녀들 사이에 성적 차가 컸기 때문이었다. 이민 2세대의 아이들도 사정은 비슷하였다([표 3.3] 참조).

PISA의 '레벨 2'는 '수학 능력의 기초 수준'(OECD, 2007e)으로, 여기에 도달하지 못하면 학생들이 공부를 하거나 취직을 하기 어렵다고 판정한다. 따라서 OECD(2003c)에서 분석한 결과, 많은 유럽 국가에서, 이민 1세대 또는 2세대 자녀들의 1/3 이상이 이 수준에도 도달하지 못하였다는 것은 걱정스러운 일이다. 이 연구에 따르면, 학습 동기는 자국민보다 이민자 가정의 자녀들 사이에서 더 높은 것으로 드러났다. 이는 조직을 갖추고 재정을 확보하는 것이 이 문제를 해결하는 데 크게 공헌할 수 있음을 암시한다.

유럽에서 이민자 자녀들의 대학 입학률은 상승세에 있으나 자국민에 비해서는 여전히 훨씬 낮은 수준이다. 유럽의 사회 조직을 위해서나 미래의 숙련된 인력의 부족을 피하기 위해서나 이 비율을 높이는 것이 중요하다.

[표 3.3] PISA 평가 수학 부문의 성취 수준을 응시자의 이민 유형에 따라 분류한 학생의 퍼센트

	레벨 2 이하	레벨 2, 3, 4	레벨 5 이상
호주-원어민	13.2	66.8	20
호주-이민 2세대	15.1	65.2	19.7
호주-이민 1세대	15.6	63	21.5
오스트리아-원어민	15.6	68.4	16
오스트리아-이민 2세대	33.8	63.3	2.9
오스트리아-이민 1세대	37.7	57.3	5.1
벨기에-원어민	11.4	58.9	29.7
벨기에-이민 2세대	38.1	54	7.8
벨기에-이민 1세대	43.6	49.1	7.3
캐나다-원어민	9.2	69.1	21.7
캐나다-이민 2세대	7.3	69.8	22.9
캐나다-이민 1세대	11.6	66.5	22
덴마크-원어민	13.6	69.4	17
덴마크-이민 2세대	36.1	59.7	4.2
덴마크-이민 1세대	33.8	62.3	3.8
프랑스-원어민	13.5	69.7	16.8
프랑스-이민 2세대	28	66	5.9
프랑스-이민 1세대	42.6	49.8	7.5
독일-원어민	13	67.6	19.4
독일-이민 2세대	46.8	48.5	4.8
독일-이민 1세대	38.8	55.6	5.6
네덜란드-원어민	16.3	71.5	12.2
네덜란드-이민 2세대	26.7	64.9	8.5
네덜란드-이민 1세대	35.4	56.2	8.5
뉴질랜드-원어민	6.9	64	29
뉴질랜드-이민 2세대	20.6	70.4	9
뉴질랜드-이민 1세대	27.7	66.4	5.8
노르웨이-원어민	13.4	65.1	21.5
노르웨이-이민 2세대	24.3	61.4	14.4
노르웨이-이민 1세대	15.5	63	21.6
스웨덴-원어민	19.3	68.8	11.8
스웨덴-이민 2세대	34.7	56.3	9
스웨덴-이민 1세대	45.7	49.7	4.6
스위스-원어민	14.3	68.5	17.2
스위스-이민 2세대	24.4	64.4	11.2
스위스-이민 1세대	47.1	49.6	3.3
미국-원어민	9.3	66.4	24.2
미국-이민 2세대	26.4	62.2	11.4
미국-이민 1세대	39.1	52.5	8.4

출처: OECD(2003c).

강아지는 꼬리를 흔들 수 있지만 꼬리는 강아지를 흔들 수 없다. 이민자 자녀의 대학 입학률을 높이기 위해서는 초중등 교육에서부터 비전통적 방법으로 돌파구를 마련해 주어야 하며, 부모의 도움을 받아서 살고 있는 나라의 국어를 배우고, 그 사회의 일원이라는 점을 잊지 않도록 가르쳐야 한다.

3.5 경제 성장에 못 따라가는 대학

유럽 대학은 유럽의 지속 가능한 경제 성장과 경쟁력에 지금보다 훨씬 더 많이 기여할 수 있었다. 이는 연구중심대학과 일반 대학 모두에 동일하게 해당되는데, 최근에 경제 성장 이론에서 말하는 이론에도 맞는다.

지난 20년 동안 슘페터의 성장 모델은 경제 분석의 총아였다. 이 성장 모델은 오래된 제품은 폐기하는 식의 품질 향상 혁신에 초점을 맞추었고, 슘페터가 '창조적 파괴'라고 부르는 동력과도 관련되어 있다 (Aghion Howitt, 2006).

이 모델에는 '생산가능곡선(생산 가능한 최대치)'이 있다. 특정 국가의 생산가능곡선은 국가 정책에 달려 있다([그림 3.1]을 보라). 생산가능곡선은 물적 · 인적 자원에 투자한 결과를 보여준다. 정책이 좋으면, 경쟁이 치열하더라도 새로운 기업이 시장에 진입하기 쉽다. 애기언과 호빗(Aghion & Howitt, 2006)은 미국에서보다 유럽에서 시장진입이 더 어렵다고 주장한다. 이는 유럽이 극대치까지 도달하지 못하고 있음을 의미

[그림 3.1] 생산가능곡선

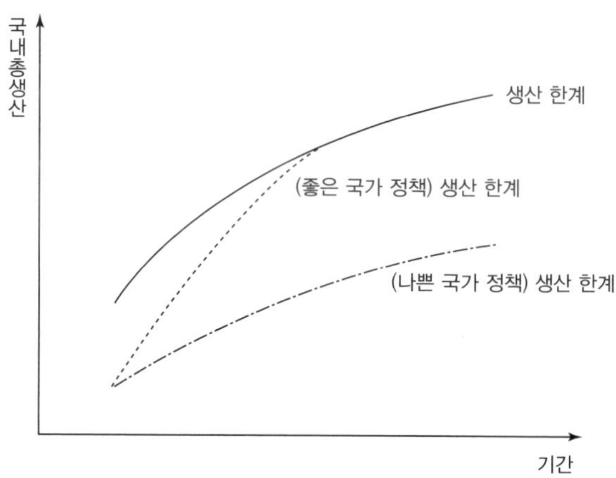

한다. 예를 들면, "미국에서는 새 약품 가운데 50%가 설립된 지 10년이 안된 회사에서 나왔으나, 유럽에서는 이런 경우가 10%에 지나지 않는다. 마찬가지로, 1990년대 말에 시장 자본이 가장 많은 미국 회사 가운데 12%는 최근 20년 이내에 설립되었는데, 유럽에서는 이런 경우가 겨우 4%이다. 상위 500개 회사에서 미국과 유럽의 자금 회전율은 차이가 매우 크다."(Aghion Howitt, 2006: 279).

미국과 유럽에서 사업을 시작할 때 넘어야 하는 관료주의적 걸림돌을 나열한 세계은행(2010)의 '2008년 사업(Doing Business in 2008)' 문서는 유럽에서 진입이 더 어렵다고 한 애기언과 호빗(2006)의 주장을 보완하고 있다.

시장에 새로운 기업이 들어오면, 생산 과정에 발전된 기술이 도입되고 새로운 제품이 시장에 나타날 가능성이 많아진다. 애기언과 호빗(2006)에서는 새로 진입하는 기업이 일반적으로 기존의 기업에 비하여 더 혁신적이라는 결론을 내렸다.

이후 애기언과 호빗(2006)은 대학의 역할에 주목하여, 양질의 고등교육을 받아서 '수준이 높은 (지식과 교양을 두루 갖춘)' 졸업생의 숫자가 충분해야 대학이 '좋은' 생산함수관계에 도달할 수 있다고 하였다. 이런 공급이 없는 나라에서는 새로운 발견의 '모방 단계'에 머물러 결국은 '나쁜(졸렬한 정책의)' 생산함수가 한계에 머무를 수밖에 없다(Aghion et al., 2009). 그들은 이러한 관계가 인과관계인 것을 강조하였다. 이는 동일한 결론에 도달한 이전의 다른 연구 결과(Vandenbussche et al., 2004 등)의 뒤를 잇고 있다. 연구중심대학은 '수준 높은' 대학 졸업생을 공급하기에 가장 좋은 기관이다. 연구중심대학의 대학원은 연구를 통해 혁신에 기여할 수 있다. 유럽의 공공 연구 기금의 상당 부분(2001년에는 60% 정도, [표 2.3] 참조)은 연구중심대학으로 흘러들어 간다. 이는 연구를 잘 하지 않으면 미래의 지도자 양성을 위한 좋은 교육을 할 수 없을 것이라는 생각에서 11세기부터 시작된 일이다.

일반 대학도 경제 성장에서 많은 역할을 하지만, 연구보다는 양질의 인력 양성으로 기여하는 바가 더 크다. 일반 대학에서 하는 연구는 경제 성장에 기여하기에 다소 불충분하거나, 이른바 응용연구로서 제품을 개발하거나 품질관리기준에 맞추어서 제조하는 정도이기 때문이다. 2.5에서 언급한 것처럼 유럽이 느끼기에 연구와 응용 사이의 격차는 매우 큰 것이다. 유럽은 연구자 1인당 논문 게재 편수와 피인용의 측면에서는 잘하고 있지만, 새로운 제품이나 서비스에 대한 신지식을 충분히 활용하지 못할 뿐 아니라 (공공·민간 부문 모두에서 GDP 대비) 연구비 규모도 미국, 일본, 한국이나 싱가포르보다 작다.

이렇게 될 수밖에 없는 이유는 1980년대와 1990년대에 유럽의 경제 성장률이 매년 1%선에 머물면서, 미국과 유럽 사이에 경제 성장의 차이가 컸다는 것이다. 2008년 4/4 분기에 미국을 강타한 금융대란의 원인 중 하나였을 수도 있는 외국금융자산의 미국 유입 규모를 보면, 우리 마음 속 깊은 곳에서 미국의 성장이 부풀려진 것이 아닌가 하는 의문이 생기기도 한다. 금융대란을 촉발시킨 주체와 원인에 대한 과학적 분석이 아직 나오지는 않았다. 이런 사건이 금융대란 이전에 우리가 분석하였던 결과를 얼마나 바꾸게 할지는 모르겠으나, 여기서는 금융대란 이전의 분석 결과를 보며 미국과 유럽 간 경제 성장의 차이에 대하여 논의하기로 한다,

본래 제2차 세계대전 이후의 성장(경제 성장의 원인)에 대해서는 솔로우 모델(Solow, 1956)로 설명해 왔다. 국가를 더 번영하게 하는 것은 물적 · 인적 자본에 대한 투자이다. 연구는 물적 · 인적 자본에 대한 투자로 설명될 수 없었고 때때로 기술적 진보를 언급하는 경우에 '설명되지 않은 변인'으로서 어쩌다 등장하는 정도였다. 이 고도로 단순화된 모델에는 연구 체제나 우수 대학의 역할이 들어갈 자리가 없었다(Ritzen,

Sadowski & Duysters, 2007).

위의 추론에 따르면, 생산가능곡선에 수렴하게 하는 것은 '수준 높은' 대학 졸업생의 공급과 새로운 기업의 진입이었다. 새로운 업체의 진입은 진입 장벽만의 문제가 아니다. 기업가 정신(entrepreneurship)도 중요하다. 창업 절차를 아무리 쉽게 해 놓더라도 기업가 정신으로 창업을 하지 않으면 새로운 진입자도 없다. 이런 설명을 부여하는 이유는 세계 대학 평가의 상위 20위권에 유럽의 대학 순위가 높지 않은 것이 유럽 경제의 낮은 경쟁력이나 성장률 때문만이 아니라는 말을 하고 싶어서이다. 전체적으로 유럽 대학의 (연구자 1인당) 연구 성과가 높은 것을 보면, 성장률이 낮은 것은 기업가 정신의 수준이 낮기 때문일 것이고, 아마도 혁신적인 기업가 정신이 낮기 때문일 것이다. 만약 그렇다고 한다면, 정책적인 결론은 유럽 대학이 기업가 정신 함양에 더 많이 기여해야 한다는 것이다.

기업가 정신과 대학 교육의 관련은 상대적으로 상당히 최근에 나온 화두이다. 선도적인 통찰력 중 하나는 라지어(Lazear, 2005)로부터 나왔다. 스탠포드대학 졸업생의 데이터를 이용하여 만든 이론적 모델에 기초하여 직장에서 한 가지 업무에 집중하거나 학교 다닐 때 한 가지 주제에 집중하는 사람에 비하여 다양한 경험을 한 사람이 자기 사업을 시작할 가능성이 훨씬 크다는 결론을 내렸다.

경제 성장에서 대학과 연구가 차지하는 자리에 대한 지금까지의 추론은 여러 가지 점에서 새로운 논의라고 할 수 있다. 그러나 그 취지는 유럽이 세계에서 가장 경쟁력 있는 지역이 되기 위해서는 연구와 고등교육이 해답이라는 것을 알고 시작했던 (그러나 이 부문에 대한 투자가 부족하여 실패로 끝난) 리스본 조약의 경우를 보면 알 수 있다.

유럽이 경제 성장을 위해서 대학을 충분히 활용하지 못하고 있다는 점은 참고문헌으로 제시한 바와 같이 애기언과 그밖의 학자들에 의해

[표 3.4] 고등교육을 거쳐 간 개인의 투자 수익률

	남	여
벨기에	15.4	18.5
캐나다	7.9	7.3
체코	17.7	13.3
덴마크	7.2	5.6
핀란드	8.4	5.3
프랑스	6.9	5.1
독일	9.4	5.3
헝가리	22.5	16.7
아일랜드	13.5	12.4
한국(2003)	10.5	9.2
뉴질랜드	8.1	6.1
노르웨이	6.8	5.0
폴란드	17.0	12.8
포르투갈	16.5	14.5
스페인	5.8	5.7
스웨덴	4.8	2.2
스위스	6.2	5.6
영국	12.6	12.9
미국	12.9	9.1

대상 연도: 2004년(한국 2003년).
출처: OECD(2008).

강조되었다. 유럽은 (재정적으로) 더 나은 대학과 더 수준 높은 대학 졸업생을 배출함으로써 더 높은 (지속 가능한) 경제 성장을 할 수 있었다. 애기언 외(2009)에서는 여기에 더하여 연구중심대학의 자율성이 더 커지면 경제성장에 더 효율적으로 기여할 수 있을 것이라고 하였다.

유럽 대학의 기여에 관한 부분은 [표 3.4]에서 볼 수 있다. 이는 OECD(2008a)에 데이터가 있는 국가의 고등교육 수익률을 보여준다.

고등교육 참여율이 높으면 고등교육의 한계생산성이 떨어지고, 고등교육 수혜자의 소득이 줄어들며 따라서 고등교육의 수익률도 낮아질 것은 자명하다. [표 3.5]를 [표 3.4]와 나란히 놓고 보면 고등교육 수익률과 고등교육 도달률 사이에는 상관관계가 성립한다.

공공 수익률이 대출이자보다 높은 나라는 질적으로나 양적으로나 고등교육에 투자를 덜 하고 있다고 볼 수 있다. 투자 부족은 만연한 것처럼 보인다(스웨덴 여성들만은 예외이다). EU 회원국 중에서 부유한 편이 아닌 체코, 헝가리, 폴란드나 포르투갈 등에서는 투자가 더더욱 부족하

[표 3.5] 고등교육 도달률(2005, 고등교육을 마친 25~64세 인구의 퍼센트)

	비율
오스트리아	17.8
벨기에	31.0
캐나다	46.0
체코	13.1
덴마크	33.5
유럽연합	22.4
핀란드	34.6
프랑스	24.9
독일	24.6
그리스	20.6
헝가리	17.1
아일랜드	29.1
이탈리아	12.2
일본	40.0
네덜란드	30.1
노르웨이	32.6
폴란드	16.8
포르투갈	12.8
스페인	28.2
스웨덴	29.6
스위스	28.8
영국	29.6
미국	39.0

출처: EC-ENTR; 유럽혁신지수 2007.

다. 한편, 벨기에, 아일랜드, 영국 그리고 심지어 미국과 같은 부유한 국가에서조차 투자 부족은 심각한 수준이다. 고등교육의 긍정적 외부효과를 고려하면 투자 부족은 더 큰 문제이다. 이러한 부분은 고등교육의 수익률에 산입되지 않는다. 대학 졸업자의 총임금에 약간 (내리는 방향으로) 영향을 주었을지도 모르는 소득분배 정책의 영향력을 무시한다면, 중등학교 이상 졸업자의 총임금 격차로 측정한 공적 수혜는 (그 인적 자본의) 차별적 한계생산성에 대한 정확한 측정이라 추정해 왔다. 역시 이코노미스트지(*The Economist*, 2009)에서 제기한 또 다른 논점은 고등교육과 관련된 비용의 상당 부분에 현시화되지 않는 과거(대학에 가지 않고 취직을 했다면 발생했을 소득)이 관여된다는 점이다. 이런 점에서도 경제 위기 중에, 구직이 어려울 때, 고등교육에 대한 투자가 더 필요한 것이다. 미래 소득에 대한 기대는 동일한 가운데, 고등교육을 위한 비용은 기회비용을 포함해서 더 낮아지기 때문이다.

일단 교육 기관급별 도달률이 통계적으로 조작되었다면, 수익률과 [표 2.2]에 제시된 각국 대학의 수준에 대한 각 변인의 영향을 분석하는 것은 우리의 역량 밖의 일이다. 그러나 한번 시도해 봄으로써 유럽 고등교육에서 양적으로나 질적으로나 투자가 부족하다는 사실을 보여줄 수 있을 것이라고 생각한다.

고등교육이 인적 자본과 경제 성장에 대한 투자라는 점은 차치하더라도, 고등교육은 이미 경제적으로 수익성이 좋은 분야이다. 고등교육은 서비스 산업의 중요한 분야가 되었다. 켈리 외(Kelly et al., 2006)에서는 영국의 수치를 보여준다. 가장 눈에 띄는 것은 고등교육이 수출에 기여한다는 것이다. 고등교육 부문에서의 총 수출액은 2003/2004년에 36억 파운드(역자 주: 약 6,700억 원) 이상으로 추산된다.

2006년 리스본 조약은 후일을 기약할 수 있는 전략이 될 수 있었고, 이런 점에서 2006년은 전환점이 되었어야 하였다. 그러나 실제로 그렇게 되기를 기대하기는 어려웠다. 2009년의 경제 위기 하에서는 사실상 리스본 조약을 이행하는 예산을 삭감해서라도 손실을 줄일 방도를 찾아야 하였을지도 모른다. 리스본 조약을 실천하는 전략을 이행하는 과정에서 조세 수입 증가폭이 줄어들게 되므로 예산 손실이 증가할 수밖에 없기 때문이다.

3.6 결론

유럽의 대학은 문화적, 사회적, 경제적인 면에서 강하고 홀로 설 수 있는 유럽을 만들기 위한 기반을 제공하는 데서 멀리 떨어져 있다. 각 대학은 계속 자국에만 초점을 맞춘 나머지, 대학 졸업생들 앞에 펼쳐질 세계화된 노동 시장을 아직까지 교육과정에 반영하지 못하였다. 또한 경제 위기 이후의 지속 가능한 성장으로도 전환하지 못하였다. 책임감 있는 유럽의 대학 졸업생에 대한 논의는 아직까지 거의 들리지 않는다.

기회 균등은 인구가 감소하고 있는 오늘날의 유럽에서 더는 사치스러운 이야기도 아니고 사회적인 논쟁거리도 아니다. 새 유럽인의 자녀를 대학으로 끌어들이는 것이 경제적으로 매우 시급하다.

유럽은 '리스본 조약'에도 불구하고, 현안이 되고 있는 새로운 성장 분석에 대한 통찰력을 아직 발휘하지 못하고 있다. 통찰력을 발휘하여 생산 한계(즉, 최대 경제 성장)에 이르기 위해서는 수준 높은 대학 졸업생을 양성해야 하며, 이러한 양성 과정이 연계된 연구에 의한 혁신이 필요하다는 점을 깨달아야 한다. 유럽은 양적인 면과 (어쩌면) 질적인 면에서도 고등교육에 대한 투자가 부족하다. 고등교육과 연구에서 예산을 삭감하여 예산 손실을 제한하고 줄이려는 전략은 유럽의 경쟁력을 하락시키는 악순환을 촉발할 것이다. 역설적으로 들릴 수도 있겠지만, 예산 손실과 공공 채무를 줄이는 가장 좋은 방법은 경제 성장을 위한 동력을 생산하는 발전소가 될 고등교육과 연구를 위한 비용을 늘리는 것이다.

부록 3.1 유럽 공동체 설립 조약 제149조

교육, 직업 훈련과 청소년

제149조

1. 공동체는, 교육의 내용과 체제에 대한 각 회원국의 책임성 및 문화적 언어적 다양성의 존중을 바탕으로, 회원국 간의 협력을 촉구하되, 필요한 경우에는, 공동체가 각국의 활동을 지원하고 보완함으로써, 교육의 질 향상에 기여한다.

2. 공동체의 활동 목표는 다음과 같다.
   - 회원국 언어의 교육과 보급을 통하여 공동체 차원의 교육을 발전시킨다.
   - 수학 기간과 취득 학위를 상호 인정함으로써, 학생과 교원의 이동을 독려한다.
   - 교육 기관 간 교류를 추진한다.
   - 회원국의 교육 부문에서 공통의 관심사에 관한 정보와 경험을 상호 교환한다.
   - 유소년과 사회교육지도자의 교류를 추진한다.
   - 원격교육을 발전시키도록 독려한다.

3. 공동체와 회원국은, 제3의 국가 및 법정 국제기구, 특히 유럽평의회와 교육 분야에서의 협력을 강화한다.

4. 본 조항의 목표를 달성하기 위하여 이사회는,

- 본 조약의 251조에서 정한 절차에 따라, 경제사회위원회와 지역위원회의 자문을 거친 후에 인센티브를 제공하되, 이를 위하여 회원국의 법령을 변개해서는 안 된다.
- 사무국의 제안에 대해서는 가중 다수결의 원칙에 따라 권고조치를 채택한다.

출처: 유럽연합과 유럽 공동체(European Union and European Communities, 2002: Treaty establishing the European Commumity(ECT)).

4장

인재 전쟁: 유럽에도 기회가 있다

◎

4.1 서론

유럽의 대학은 전반적으로 아직까지 세계에서 가장 우수하고 명석한 학생들을 끌어들이지 못하고 있다. 우수한 유럽 학생조차도 미국 대학으로 가는데, 그 이유는 우리가 2장에서 살펴보았듯이 미국의 대학이 유럽의 대학보다 훨씬 더 유명하기 때문이다. 유럽의 대학은 미국이나 오스트레일리아와 같은 다른 나라의 세계적인 대학에 비해 끌어들일 수 있는 외국인 학생의 수도 뒤떨어져 있다. 유럽은 한 편으로는 (미국 학위를 취득하고 돌아온 유럽인들 덕분에) 미국과 함께 실질적인 두뇌 순환 효과를 누리고 있지만, 다른 한 편으로는 여전히 양적으로나 질적으로 두뇌 유출의 문제를 겪고 있다. 이런 현상은 가난한 나라에서 부유한 나라로 향하는 이동에도 작용된다.

국제적으로 이동하는 학생은 앞으로 계속 많아질 것이다. 마치 한쪽에서는 밀어내고 다른 한쪽에서는 잡아당기는 형국이다. 즉, 다른 나라에서는 외국에서 공부함으로써 인생에 좋은 유리한 기회가 많아진다고 하며 끌어당기는데, 우리나라에서는 국내에 있어 봤자 (양적으로나 질적으로) 좋은 기회가 거의 없다면서 밀어내는 것이다.

유럽의 대학은 인구통계학적인 이유만으로도 전 세계에서 재능 있는 학생들을 유인할 수 있도록 위상을 높여야 한다. 유럽이 포함된 선진국과 개발도상국은 인구통계학적으로 차이가 있다. 우리는 4.2에서 선진국에서 대학 졸업생에 대한 수요는 계속 증가하는데 어린 아이들의 수가 줄어들고 있어서 공급이 수요를 충족시키지 못하는 문제에 대해 논의할 것이다. 유럽의 대학은 증가하는 고등교육 참여율을 감당해야 하고, 유럽의 인재 공급 결핍 문제를 해결하기 위하여 유럽 외부에서 학생들을 불러들여야 한다는 압박을 받게 될 것이라는 점을 깨달아야 한다. 두뇌 순환 모델은 유럽의 대학 졸업생의 공급 결핍 문제를 해결하는 과정에서 유럽과 세계 다른 국가들 사이에서 윈-윈 상황을 만들어 낼 수 있다.

유럽은 인구통계학적 역동적 구조에서 예외가 아니지만, 대체로 소득수준이 높으며 고령화되어 가는 지역이라고 할 수 있다. 반면에 소득수준이 낮은 국가는 파릇파릇하게 자라나고 있다. 또한 후자에서는 대학 졸업생의 수요가 공급보다 낮은 수준일 것이다. 이러한 상황은 '저소득' 국가에서 과다 공급된 대학 졸업생들이 공급이 부족한 '고소득' 국가로 이동하면서 윈-윈 상황을 만들어 낼 가능성을 보여주고 있다. 또한 대학이 부족하여 고등교육을 받을 수 없는 나라의 학생들을 불러들여서 유럽에서 공부를 시킬 뿐 아니라, 졸업 후에는 선진국에서 돈벌이가 되는 직장을 구할 수 있다는 전망도 제공해 줄 수 있다.

4.3은 유럽 내에서 그리고 전 세계적으로 이동하는 인재들의 역동성에 대해서 전반적으로 다룰 것이다. 여기서 찾아낸 패턴은 (만약 우리가 외국인 학생의 비율을 척도로 삼는다면) 유럽연합 집행부의 목표 중 하나였던 '유럽고등교육공동구역(European Higher Education Space)' 계획이 어느 정도까지 실현되어 왔는지 알려주는 좋은 지표가 될 것이

다.[17] 모든 EU 회원국 소속 대학의 시스템을 같은 구조로 통일하기로 한 볼로냐 협약은 유럽 내에서의 이동을 용이하게 하는 데에 공헌하도록 되어 있었지만, 아직까지는 그렇게 되지 못하고 있다.

마지막 절은 결론 부분이다. 만약 유럽의 대학이, 학생들의 이동이라는 국제적인 상황을 위한 적절한 공간을 찾고자 한다면, 유럽 대학의 맥락이 바뀌어야만 한다. 그러기 위해서는 EU의 규정이 필요하고, 비영어권 국가의 대학에서도 영어를 쓰도록 하는 정교한 언어 정책도 있어야 한다.

4.2 유럽의 기회

4.2.1 유럽의 대학 졸업생 수요와 공급

앞서 1.1에서 우리는 인구통계학적인 관점에서 유럽의 대학이 상당한 위험을 안고 있다고 지적하였다. [표 1.1]에서 나타났듯이, 유럽 국가들 사이에도 눈여겨보아야 할 차이가 있기는 하지만, 대학 교육과 관련된 유럽의 인구는 줄어들고 고령화되어 가고 있는 실정이다. 확실히 말해서 (나는 가치 판단은 유보한 채) 유럽 대학에 어떤 결과를 초래할지 짚어보기 위해서 이러한 인구통계학적 내용을 들여다보고 있다. 가능한 가치 판단 중 하나는 변화하는 인구통계학적 변동의 원인을 생각해 보는 것인데, 즉 세금을 감면하거나 정부에서 직접 지급하는 형태로 자녀의 양육비를 보조한다든지, 자녀 1인당 세금공제 수준을 올리는 등의 정책에 거의 흔들리지 않고 각 개인의 자유로운 의사 결정에 따라서

17 46개의 '볼로냐 국가들'의 부다페스트-비엔나 선언 중 볼로냐 협약에서의 EU와 더불어 비EU 19개 국가들에 대해서 유럽 지역의 고등교육 질 보장에 대한 용어가 사용되었다.

인구가 바뀌었는가 하는 점이다. 자유로운 의사결정은 존중되어야 하기 때문이다. 또 다른 가치 판단은 단기적이고 장기적인 결과에 관한 것이다. 장기적인 결과로는, 인구가 줄어들면 보다 지속 가능하고 살기에 편한 세상이 될 가능성이 더 많으므로 매도우 외(Meadows et al., 1972)에서는 인구 감소를 긍정적으로 보았다. 로마클럽에서도 처음으로 성장 제한에 대해서 체계적으로 세상 사람들의 관심을 끌어모았다. 그러나 '단기적'으로는 (앞으로도 몇 십 년 동안은) 연금 제도, 실버 세대의 (건강) 관리 관련 그리고 대학을 위한 조치를 포함하는 중요한 전기가 있을 것이다. 현재의 재정 시스템(대부분의 EU 대학에 적용되는 학생 수 기반의 포뮬러펀딩, 5.5 참조)으로는 시장 점유율이 높은 몇몇 대학 이외는 대다수의 유럽 대학이 내리막길에 접어들어 악순환을 거듭하게 될 것이다(1.1 참고). 만약의 경우에 이들의 시장 점유율이 일정한 수준으로 유지된다고 하더라도, 학생들이 별로 없기 때문에 실질적인 학생 수는 줄어들 것이다. 학생 수가 줄어들면 예산이 줄어들고, 대학은 수입이 줄어들게 되므로 지출을 줄여야 할 것이고, 예산 삭감으로 인한 내부적인 혼란과 거래 비용 가중으로 인하여 명성에 흠집이 나게 될 것이다. 그러다 보면 시장 점유율마저 내려갈 수도 있다. 지금같은 형편에서는 비축해 놓은 자금이 충분하거나 또는 학생 수를 유지하는 정도로 시장 점유율을 높일 수 있는 기관이 그나마 안전한 편이다.

이런 현실이 유럽의 대학이 유럽 바깥 지역에서 인재들을 더 유인할 수 있으면서도 동시에 고등교육 참여율을 높일 수 있는 대안적인 시나리오가 필요한 배경이다. 이는 '고등교육 참여율 50%'라는 리스본 조약의 목표와도 궤를 같이 한다. 50%라는 수치에 대한 언급은 정밀하다는 느낌을 주지만 실상은 그렇지 않다. 50%라는 수치가 네덜란드식으로 17~26세 청소년의 50%인가? 아니면, 핀란드식으로 25~34세의 노동 인구의 50%인가? 50%라는 수치는 이처럼 명확하지 않은 상태로 국가에 따라서 각기 다르게 사용되어 왔다. 공통점이라면 모든 EU 회원국에서 고등교육 참여율을 올려야 하는 것으로 해석하고 있다는 정도이다.

EU 회원국의 20~24세 연령대의 인구통계학적 변화의 추이는 [표 1.1]에 나타나 있다. 이러한 추이는 미래의 대학 졸업생 공급을 위하여 중요한데,[18] 그것이 고등교육 참여율과 수료율에 따라서 새로운 대학 졸업생의 공급량을 결정짓기 때문이다. 대학 졸업생의 총공급량은 새로운 대학 졸업생의 노동 시장 유입량뿐만 아니라, 현존하는 대학 졸업생 노동력 인구 중 고령화로 인하여 노동 시장에서 나가는 사람의 수에 따라서 달라진다. 우리는 다가올 40년을 위한 유럽의 대학 졸업생의 총공급량을 계산하기 위해 [그림 4.1]의 간단한 계산 모형을 도입하였다.

- EU에서 2004년과 2005년의 평균적인 수치로 살펴본 고등교육 참여율(20~24세 그룹 대학생들 총 숫자의 간단한 분할에 기반)을 일정 비율로 함. 대안으로써 우리는 1998년부터 2005년 그리고 2010년도까지의 고등교육 참여율에 대한 선형적인 추정법에 따라서 산출한 2010년도의 일정 비율을 사용. 이는 [그림 4.1]에서 두 줄로 표시되어 대학생 숫자를 나타냄.
- 새로운 대학 졸업생들의 숫자를 계산하기 위해서 2004년과 2005년 사이 졸업률의 평균을 적용함(각각 0.115[19] 그리고 0.202[20]).
- 대학 졸업생 총공급량은 다음과 같은 간단한 공식을 통해서 구함. 공급 t=공급 t-1(1-α)+새 공급 t. α는 자연 감소율(은퇴나 사망)로서 최근 기록에 근거하며 0.016[21]으로 추산함.

18 대학 졸업생 공급이란, 고등교육을 이수한 인력의 공급을 의미한다.

19 20~24세 대학 졸업생 인구의 부분.

20 학생들 숫자 중 대학 졸업생들의 부분.

21 α는 2004년과 2005년 사이의 평균값으로 지정되었다. α의 계산법은, 1-(대학 졸업생 공급 t-새로운 대학

[그림 4.1] EU 27에서 예상되는 최소 대학생 수와 졸업생 공급량

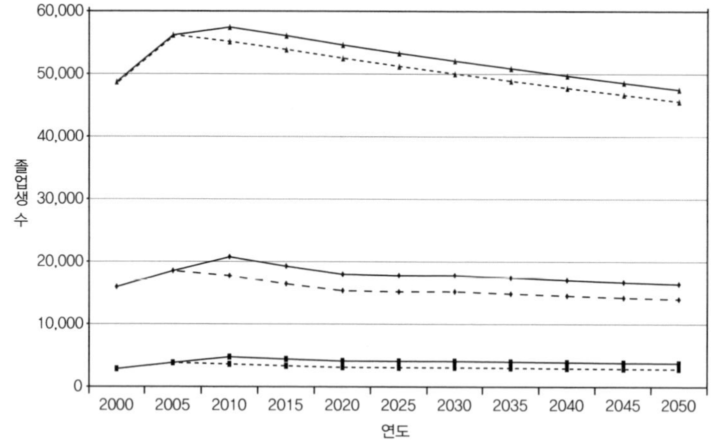

	2000	2005	2010	2015	2020	2025	2030	2035	2040	2045	2050
학생-첫 번째 시나리오	1,5912.0	18,520.7	17,724.2	16,414.6	15,332.6	15,164.4	15,180.4	14,842.3	14,520.2	14,204.3	13,969.8
새로운 졸업생-첫 번째 시나리오	2,834.2	3,817.2	3,586.7	3,321.6	3,102.7	30,68.6	3,071.9	3,003.5	2,938.3	2,874.4	2,826.9
졸업생 공급-첫 번째 시나리오	48,692.9	56,172.7	55,113.7	53,856.9	52,486.0	51,195.4	50,015.3	48,864.4	47,743.5	46,651.2	45,601.9
학생-두 번째 시나리오	15,912.0	18,520.7	20,745.6	19,249.4	17,980.6	17,783.3	17,802.1	17,405.6	17,027.8	16,657.4	16,382.3
새로운 졸업생-두 번째 시나리오	2,834.2	3,817.2	4,744.8	4,402.6	4,112.4	4,067.3	4,071.6	3,980.9	3,894.5	3,809.8	3,746.9
졸업생 공급-두 번째 시나리오	48,692.9	56,172.7	57,437.0	56,080.6	54,612.4	53,282.3	52,076.5	50,878.8	49,712.9	48,576.6	47,489.1
새로운 졸업생-기준 시나리오	2,834.2	3,817.2	3,564.5	3,300.4	3,082.5	3,049.1	3,052.3	2,984.0	2,918.6	2,854.7	2,807.2
졸업생 공급-기준 시나리오	48,692.9	56,172.7	55,091.6	53,835.7	52,465.8	51,175.8	49,995.7	48,844.9	47,723.8	46,631.6	45,582.2

주: 이용 가능 자료는 2005년과 2010년에 사용되었다. 2010년에서와 같이 졸업생 공급은 항상 이전 페이지에서 본 α와 새로운 졸업생 수가 주어지는 공식에 의해 계산된다. 새로운 졸업생 수는 아래에서와 같이 계산된다. 기준 시나리오: 새로운 졸업생 수 = 졸업B*인구(20~24세). 졸업B는 2004년과 2005년 졸업률 사이의 평균(11.5%)이다. 시나리오 1: 새로운 졸업생 - 졸업1*학생 수. 여기에서 졸업률은 새로운 졸업생의 수를 정해진 연도의 학생 수로 나눈 것과 같다. 졸업1은 2004년과 2005년의 졸업률 사이의 평균(20.2%)이다. 학생 수는 2004년과 2005년 20~24세 인구의 교육 참여률의 평균을 20~24세 예상 인구와 곱해서 계산한다. 시나리오 2는 시나리오 1과 거의 동일한데, 차이점은 (교육)참여율이 1998~2005년 사이의 기간과의 상대적인 수치(67.1%)로 주어지는 2010년의 선형 예측과 같다. 여기에서 졸업률은 22.9%, α는 1.2%이다.

출처: 유엔 인구분과위원회(2008a)의 인구 데이터, 유로스탯(2008b)의 학생 수 졸업생 수, 데이터, 세계은행(The World Bank, 2009)의 고등교육을 받은 노동력에 근거한 졸업생 공급 데이터, EU 27의 노동력(유로스탯 데이터).

뱅쌍-랑크랭(Vincent-Lancrin, 2008)은 지속적인 고등교육 참여율과 추세외삽법을 통해서 OECD 국가의 고등교육 참여율을 비슷한 관점에서 분석하였다. 피상적으로나마 확인해 본 결과, 두 번째 시나리오('추세')는 우리가 외삽법을 통해서 얻어낸 높은 수준의 고등교육 참여율과

졸업생 t)/대학 졸업생 공급 t-1로 계산되었다. 대학 졸업생 공급 t=t 시점에서의 총 대학 졸업생 숫자, 새로운 대학 졸업생 t=t 시점에서의 새로운 대학 졸업생을 나타낸다. 자료는 [그림 4.1]에서 주어졌다.

비슷하다는 것을 알 수 있었다.

사실 이것은 매우 대략적인 계산이라고 할 수 있다. 미래의 고등교육 참여율은 18~24세 사이 청소년의 사회경제적 특성으로 인하여 예상보다 더 낮을 수 있다. 유럽 전체적으로 볼 때, 이들 청소년의 부모대에 평균적인 교육 수준이 낮았을 수도 있기 때문이다. 이 세대에 교육을 제대로 받지 못하고 상대적으로 가족 수도 많은 이민자가 많기 때문이다. 한편, 고등교육 참여율이 대학 졸업생을 대상으로 한 노동 시장의 매력이 증가하였기 때문에 예상보다 높을 수도 있다. 어떻거나 우리의 결론은 계산 결과가 어떻든, 갑자기 고등교육 참여율이 치솟는다 해도 여전히 대학 졸업생의 공급이 모자라다는 것이다.

전환율 또한 바뀔 수 있다. 끝으로, 상관계수 α는 노동 인구의 노화 때문에 증가할 수도 있고, 또는 최근에는 은퇴를 늦추기도 하므로 감소할 수도 있다.

쾨비스와 윌슨(Cörvers & Wilson, 2009)은 보다 정교한 모형에 의거하여 유럽의 대학 졸업생 공급에 대해서 추정하였다. 여기서는 고등교육 참여율뿐만 아니라 또한 예를 들어, 부문별 경제 성장도 고려하였다. 이들의 예상은 2006년부터 2020년까지 대학 졸업생 공급이 가파르게 증가한다는 것이다. 그러나 이것은 오직 최근의 추세가 방해 요소 없이 계속될 경우에만 가능하다고 말한다(2010년도까지 최근 추세의 외삽법에 근거한). 우리의 두 번째 시나리오에서 2010년도까지 대학 졸업생 공급이 증가할 것이라고 한 것에 주목해 보라. 고등교육 참여율, 졸업률 그리고 2010년도 값으로 α를 고정한 상태에서는, 대학 졸업생 공급이 감소한다.

노동 시장의 대학 졸업생 수요 측면에서, 우리는 '교육과 기술 사이에서의 경주'(Tinbergen, 1977)를 인식해야 한다. 전 세계적인 관점에서 교육은 기술과의 경주에서 뒤처지고 있다. 지속적 기술 개발의 결과로, 직장에서는 대학 졸업생 수요가 계속 증가하고 있는데, 이는 공급('교육') 증가를 상회하는 수준이다. 이것은 새로운 성장 이론과 같은 선상에 있다(3.4 참조).

틴버겐(Tinbergen, 1977)은 1950년대와 1960년대에 있었던 '교육과 기술의 경주'를 관찰하였다. 경제 대국에서부터 '생산 함수'가 변하기 시작하였다. 기술 발전의 결과로서 경제 구조가 고등교육에 유리하게 되었다. 그 시기에는 대학 졸업생에 대한 수요가 늘어났으며, 대학 졸업생 수가 늘어도 노동 시장이 이들을 모두 흡수할 수 있었다. 당시 생산함수는 대체 가능성을 인정하면서 같은 상품을 생산할 수 있는 생산요소(물리적인 자본, 교육 수준에 따른 노동)의 다양한 조합을 찾아냈다. 전형적인 예로는 대체 생산함수의 변함없는 탄력성을 들 수 있다. 생산함수는 기술의 변화로 인해서 시간이 지남에 따라 바뀌는 것으로 인식되고 있다.

첫 번째 오일쇼크가 닥치기 전까지 경제 대국에서는 기술의 승리가 분명하였다. 그 후에 기술의 진보 속도가 조금 떨어지면서 교육과 기술이 나란히 가게 되었다. 반면에 고등교육을 받은 대학 졸업생의 수는 빠르게 증가하였다. 1990년대 후반과 21세기 초입에 이르기까지 세계적으로 대학 졸업생의 상대적 임금이 상승하였다는 것은 기술이 계속 발전하고 있었다는 증거이다. 공급이 계속적으로 상당히 증가하고 있음에도 불구하고, 고등교육의 수익률이 계속적으로 높다는 것은 결국 같은 이야기이다. 골딘과 카츠(Goldin & Katz, 2007)는 교육과 기술 사이의 경주가 미국의 경우에 어떤 시사점을 주는지에 대해 연구해 왔는데, 이것은 틴버겐(1977)의 연구와도 궤를 같이한다. 그들은 미국에서 학력에 따른 임금의 격차가 20세기 초에 예외적으로 높았다가 다음 80여 년 동안 여러 단계를 거쳐 감소했음을 확인하였다. 그들은 1915년부터 1980년까지의 기간에서 기술의 상대적 공급 성장이 교육 임금 격차를 줄이는 데 중요한 역할을 하였다는 점을 추가하였다. 그리고 1980

년도 즈음에 대학 졸업생의 상대적 공급 증가가 주춤하였던 것이 1980년과 2005년 사이 다른 노동자들의 급여에 비해 대학 졸업생의 급여가 급증하게 된 주요 원인임을 밝혀냈다.

지난 수십여 년 간 증가한 소득의 불균형은 교육이 기술과의 경주에서 확실하게 뒤처져 있다는 사실과도 관련이 있다. 동시에 이 경주에는 핸디캡이 내재해 있다는 것을 인정해야 한다.

- 대학 졸업생의 임금 격차가 클수록 대학 진학의 매력도가 상승하여 고등교육 참여율이 높아지면, 결과적으로 대학 졸업생 수가 많아져서 장기적으로는 임금 격차를 줄이게 된다.
- 제대로 교육받은 대학 졸업생이 모자라는 경우에는 충분한 기술혁신을 하지 못할 수도 있다.

OECD의 교육부 장관회의에서는 꾸준하게 두 번째 사항을 다루어 왔다. 그들은 이공계의 고등교육 참여율이 충분하지 않으면 나중에 기술적 진보와 경제 성장에 장애가 될 수 있는다는 점을 들어 우려를 표하였다. 우리가 2장에서 박사급 인력의 부족으로 인해 혁신이 곤란한 상황이라고 말하기는 하였지만, 이러한 추측을 뒷받침할만한 실증적 증거는 거의 없다. 동시에 1인당 국민소득이 증가함에 따라 STEM (Science, Technology, Engineering, Mathematics) 분야의 고등교육 참여율이 낮아진다는 사실을 알게 되었다.[22]

기술 혁신은 STEM뿐만 아니라 인문학, 사회과학 그리고 STEM을 결합함으로써 또한 가능하다는 점에 주목해야 한다. '사회 혁신'은 총 혁신의 75%를 설명할 수 있다(Volberda, 2009). 플로리다(2002) 그리고 핑

22 2005년도 국가 수준의 자료를 사용하여, 다음의 변수들 사이에서 -0.11값의 상관계수를 확인하였다. STEM 수업을 듣는 학생들 분의 고등교육 재학생의 총 숫자; US 달러로 계산한 1인당 국민소득. 자료는 73개 국가에서 구할 수 있었고, 출처는 UNESCO Institute for Statistics(2010)이다.

크(2006) 또한 이 점을 짚었다.

모든 국가의 기업이 생산가능곡선상에 있는 것은 아니다. 기술이 부족할 수도 있고, 설비에 충분한 투자가 이루어지지 않을 수도 있고, 적절한 경영진이나 조직, 인력을 갖추지 못한 기업도 있기 때문에 최대 생산량까지 도달하지 못하는 경우가 있다. 슘페터의 관점에서 보면(3장 참조), 새로운 기업의 시장 진입이 어려워서 충분한 혁신이 이루어지지 않을 수도 있다. 그러나 각국의 실제 생산 현장에서는 극한을 향해서 나아가고 있다. 이러한 사실은 인력을 계속 충원하고 있고, 대학 졸업생의 채용이 계속 늘어나고 있는 것으로 증명된다.

세계적인 생산함수의 변화는 세계화 및 자유무역으로 인해 외국에 하청을 주기 편리한 유럽에서는 특별한 교육이 필요 없는 값싼 노동자의 일자리가 없어져 버린 현상과 맞물려 있다.

대학 졸업생 수요의 계략적인 추정은 1990년대에 대학 졸업생의 취업이 대체로 증가하였다는 가정에 근거를 두고 있다. 당시 증가율은 매년 평균 12% 정도였다(1990년대 통산 87.3%[23]). [그림 4.2]는 대학 졸업생의 수요와 공급을 나타낸 것이다.

이 추정 수요는 GDP 범위 내에서 대학 졸업생 수요가 늘어날 것이며, 1992~2002년 기간의 평균적인 경제성장세를 유지할 것이라는 가정에서 출발하였다. 즉 GDP 내에서의 대학 졸업생 수요는 경제성장 속도를 따를 것이라고 가정하였다. 그런데 2008/2009년의 경제 위기로 인해 이런 가설, 특히 경제 성장에 관한 부분이 흔들리게 되었다. 그러나 지난 세기의 경제공황을 살펴보면, 심한 공황이 닥치더라도 시간이 흐르면 경제 상태는 거의 '예전'의 성장 궤도로 돌아가게 된다는 증거

23 EU 12에서의 1992년과 2002년 사이 변화. 이것은 [그림 4.2]에서의 수요 계산에서 사용된 숫자와 같지 않다.

[그림 4.2] EU 27의 대학 졸업생 공급과 수요(단위: 백만 명)

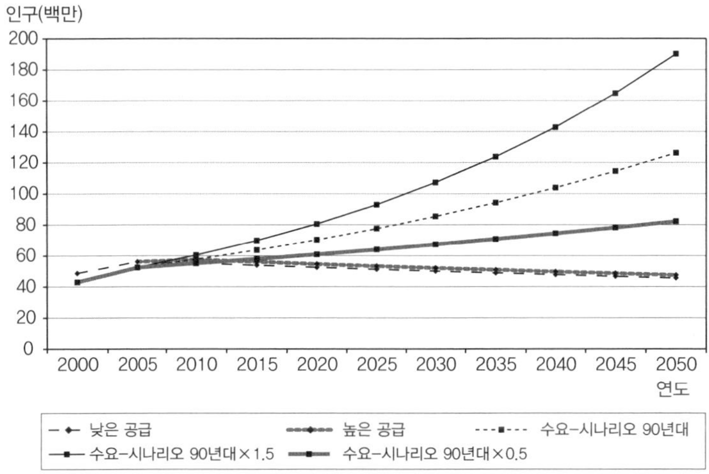

주: 졸업생 수요는 EU 27의 고등교육을 받은 사람들의 고용에 대한 예상이다. 이러한 예상은 1996년과 2000년 사이 EU 12에서 고등교육을 받은 사람들의 고용 성장률(10.3%)을 2005년 EU 27에서 고등교육을 받은 사람들의 고용에 적용한 것에 기반을 둔다.(비교를 위해: 2000년에서 2004년 사이 EU 27에서 고등교육을 받은 사람들의 고용 성장률은 15.5%이다. 그러므로, EU 27에 적용된 EU 12의 성장률은 졸업생에 대한 수요에 있어 이미 적당한 증가를 만들고 있다!) 낮은 공급과 높은 공급은 기준 시나리오와 시나리오 2로부터 각각 온 졸업생의 공급을 말한다. [그림 4.1]을 보라.

출처: [그림 4.1]을 보라. (공급) 이러한 계산은 유럽연합 통계청에 있는 가장 높은 수준의 고등교육에 의한 고용에 대한 데이터(인구 연령 15~64세)에 기반을 두고 있다(2008b)(수요).

가 있다(Rodrick, 2006).

추정 수요는 기술 진보의 속도가 유지될 것이고, 이로 인해 대학 졸업생의 수요가 높아질 곳이라는 전제를 함축하고 있다. 그러나 현실에서 기술 진보 속도는 더 빠를 수도, 더 느릴 수도 있다. 수요를 추정하는 것이 얼마나 정확할 수 있을지 확인하기 위해서 성장률이 50%로 떨어졌을 경우와 150%로 증가하였을 경우도 포함시켰다.

이 그림은 대학 졸업생 수요와 공급 사이를 연결해야 하는 유럽의 과제를 명확하게 보여준다. 특히 '새로 유럽인이 된 사람들'의 자녀의 고등교육 참여율을 높이는 것은 단지 사회적 화합을 높이는 문제에 그치지 않는다. 이는 경제적으로도 필요한 일이다. 그러나 이런 식으로 공급을 늘려 가더라도 가장 낮추어 잡은 수요에도 미치지 못한다. 유럽이 경제적으로 계속 성공해 나가려면, 유럽 밖에서 학생들을 뽑아다가 임시로라도 직장을 제공하는 미국식 모델을 진지하게 고려해야 하게 되었다.

4.2.2 전 세계의 인구통계학적 불균형

EU 회원국을 포함하는 경제대국과 빈곤국[24]에서 인구통계학적 발전 양상이 상당히 다르다는 것은 잘 알려져 있다. 1960년대 후반부터 경제대국에서 출생률이 급락하면서 이러한 차이는 더 벌어지게 되었다. 1940년대 후반에 출생률이 갑자기 올라가기도 하였었으나, 그 여파는 이러한 추세에 별로 영향을 미치지 않았다. [그림 4.3]은 경제 대국 그리고 빈곤국의 대학생 연령대 인구가 지난 15년 간 어떻게 변해 왔는지 보여주고 있다.

미래를 생각하며 [그림 4.3]을 보면, 지난 15년 동안 경제 대국에 비

[그림 4.3] 1990~2005년 사이의 대학생 연령대(20~24세) 인구

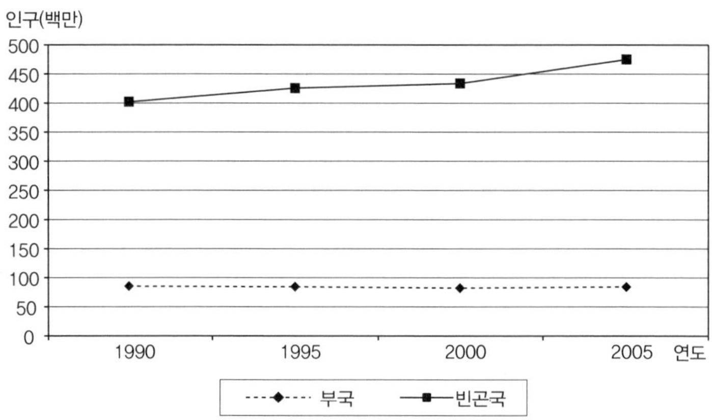

출처: 유엔 인구분과위원회(2008a).

24 두 국가 그룹을 묘사하기 위해서 경제대국과 선진국 그리고 빈곤국과 개발도상국이라는 용어를 바꾸어 가며 사용할 것이다.

[그림 4.4] 1950~2050년의 대학생 연령대(20~24세) 인구

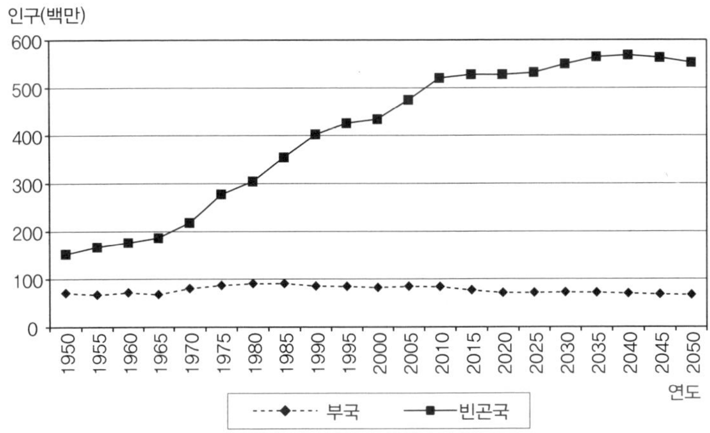

출처: 유엔 인구분과위원회(2008a).

해 빈곤국에서 증가폭이 컸으며 이러한 추세는 계속될 것이라는 것을 알 수 있다. 빈곤국의 인구 증가폭은 2012년에나 감소할 것이나, [그림 4.4]에서 보듯이 경제 대국에서는 이미 1980년대 중반 이후부터 실제로 줄어들고 있다.

경제 대국의 이러한 감소 추세는 전적으로 유럽 때문인 것으로 보인다. [그림 4.5]는 유럽에서 앞으로 40년 간 대학생 연령대의 인구가 급속히 줄어들게 될 것이라는 예측을 보여준다. 이에 따르면 유럽에서는 청소년이 1,500만 명이나 줄어들게 될 것이다.

이러한 추정이 완벽하지는 않다. 2020년도에 대학에 들어갈 나이가 될 아이들은 이미 태어났다. 물론 고등교육 참여율에 따라서 정확한 대학생 수는 달라질 것이고, 전통적으로 대학에 들어오는 연령층(18~24세)이 아닌 사람들 중에서 평생교육 개념으로 대학에 들어올 사람이 얼마나 되는지에 따라서 달라질 것이다. 과거에는 이러한 인구통계학적 추세를 학생 수의 변화와 연결시켜 생각하지 않았는데, 그 이유는 고등교육 참여율이 급속히 올라갔기 때문이었다([그림 4.6] 참조). 경제 대국

[그림 4.5] 유럽의 대학생 연령대 인구(1950~2050년 20~24세의 남성 그리고 여성)

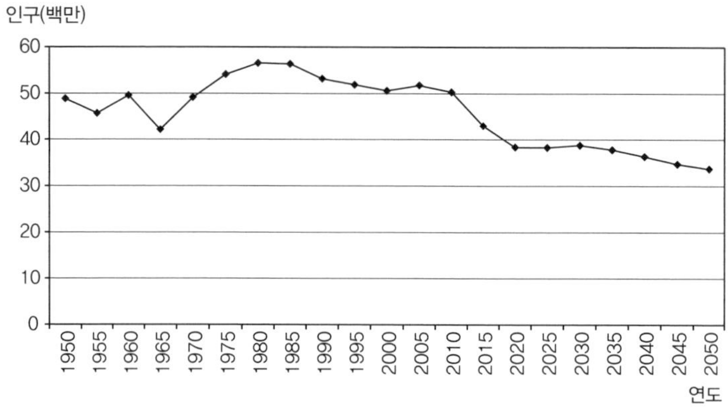

출처: 유엔 인구분과위원회(2008a).

[그림 4.6] 부국과 빈곤국의 평균 고등교육 참여율(고등교육 참여율 = 학생 수/20~24세 인구)

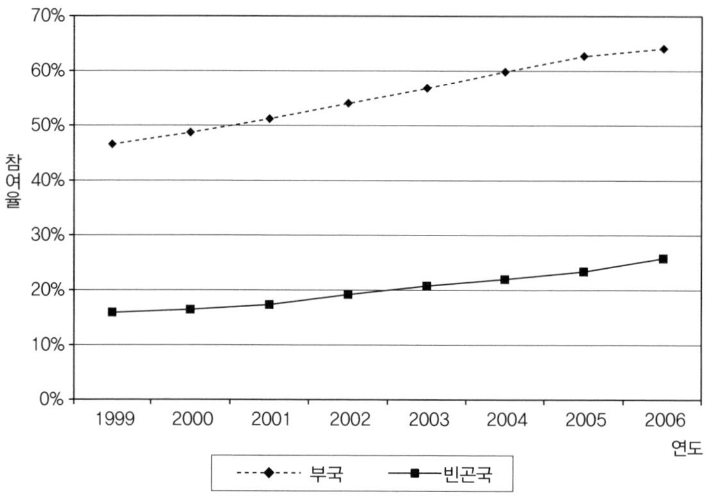

출처: 이러한 계산은 유네스코 통계연구소에 있는 대학생 연령대 인구의 총 등록 수와 크기에 대한 데이터에 기반을 두고 있다(2008a). 선진국과 개발도상국의 집단에서 둘 이상의 누락된 데이터가 존재하는 국가는 전체에서 제외되었다. 데이터는 유네스코 통계국에서 가져왔다.

의 고등교육 참여율은 빈곤국의 고등교육 참여율보다 훨씬 더 높다.

[표 4.1]은 2000년부터 2015년 사이에 OECD와 'WEI'[25] 국가에서 예상되는 대학생 연령대([그림 4.4])의 인구 변화율을 보여준다.

2000년과 2015년 사이에 20~29세의 연령대에서만 대학에 진학하고 고등교육 참여율이 지금 수준으로 유지된다면, OECD 국가에서 대학생 수는 매년 0.5% 정도씩 감소할 것이고, 반면 'WEI'[26] 국가에서는 1% 정도씩 증가하게 될 것이다. 뱅쌍 라그램(2008)이 OECD 국가의 대학생 수 변동에 대해서 낙관적인 시나리오를 내놓았던 것은 고등교육 참여율이 늘어날 것이라는 전제에서 출발하였기 때문이었다.

앞으로는 전형적인 대학생보다 나이가 많은 사람들이 대학에 진학함으로 해서 대학생 수의 부족분을 상쇄할 것이라는 예측을 하기도 한다. 2005년에 미국의 대학원 학생 중 절반이 25~34세였다는 것이다. 그러나 유럽이 미국의 추세를 따를 것이라는 징조는 아직 없다. 장기적으로 보면, 새로 도입되는 학사-석사 제도 하에서는, 석사 학위 취득을 미룬다거나 직장 생활을 어느 정도 한 후에 석사 학위를 취득하기로 마음을 먹는 학생들이 있을 수도 있다. 그렇게 된다면, 유럽 대학에서 나이가 든 학생의 고등교육 참여율이 늘어날 수 있을지도 모른다.

유럽 대학의 인구통계학적 영향은(20~29세 연령대 인구의 감소 속도 순으로) 스페인, 슬로바키아, 이탈리아, 그리스, 체코에서 가장 잘 드러나 보인다. 이런 나라에서는 (일본의 경우처럼) 매년 학생 수가 약 2%씩 감소하고 있다.

다른 한편으로 [표 4.1]에서 20~29세 연령대 인구를 살펴보면, 2000년과 2015년 사이에, WEI 국가인 짐바브웨와 파라과이에서 50% 이상,

---

25 WEI: World Education Indicators; WEI 국가들: WEI 프로그램 참가국들.

26 World Education Indicators.

[표 4.1] OECD와 WEI 국가에서 15~19세, 20~29세 인구 지표(2000=100)

	15~19세	20~29세
OECD 국가		
호주	102	106
오스트리아	86	93
벨기에	92	96
캐나다	96	109
체코	66	73
덴마크	122	93
핀란드	88	103
프랑스	94	93
독일	89	101
그리스	74	71
헝가리	76	74
아이슬란드	99	105
아일랜드	80	89
이탈리아	87	70
일본	82	69
한국	81	79
룩셈부르크	124	130
멕시코	105	103
네덜란드	106	99
뉴질랜드	109	113
노르웨이	113	103
폴란드	59	89
포르투갈	86	69
슬로바키아	65	85
스페인	71	62
스웨덴	89	108
스위스	94	102
터키	103	99
영국	98	105
미국	109	120
OECD 평균	**91**	**94**
WEI 참가국		
아르헨티나	106	110
브라질	91	104
칠레	112	118
중국	95	99
이집트	105	138
인도	112	125
인도네시아	98	107
자메이카	93	111
요르단	139	124
말레이시아	116	132
파라과이	127	154
페루	105	117
필리핀	118	132
러시아	53	93
태국	99	92
튀니지	79	108
우루과이	109	102
짐바브웨	129	156
WEI 평균	**105**	**118**

출처: OECD/USI WEI와 유엔 인구분과.

인도와 같이 큰 나라(2000년도 12억)에서도 25%가 증가하였다.

대학에 진학할 연령대의 인구가 늘고 있는 이른바 빈곤국에서는 사회적 수요가 늘어남에 따라 노동 시장으로부터 대학의 수용 능력과 국민들의 교육 수준을 향상시켜야 한다는 압박을 받게 될 것이다. 빈곤국 중 상당수는 중등교육을 확장하고 있는데, 이는 장기적으로 대학 교육의 사회적 수요를 증가시키게 될 것이다. 또한 노동 시장의 (수요) 측면에서 대학 졸업생의 수를 늘려달라는 요청이 있을 것이다. 많은 빈곤국이 점차 가난으로부터 벗어나고 있다. 지난 5년 동안 빈곤국의 1인당 국민소득을 포함한 평균 성장률이 경제 대국들을 뛰어 넘었다는 것은 좋은 소식이다. 1960년대 이후 처음으로 BRIC(브라질, 러시아, 인도, 그리고 중국)과 멕시코 그리고 터키를 선두로, 경제 대국과 빈곤국의 1인당 국민소득의 차가 줄어들기 시작하였다. 이러한 현상을 설명하자면, BRICs는 2000~2005년에 2,200만 개의 일자리를 창출하였으나, OECD(Employment Outlook, 2007)에 따르면, OECD 국가(총인구가 1/2.4 정도-UN Population Division)에서는 같은 기간 동안 단지 370만 개의 일자리를 창출해 내었을 뿐이다. BRIC의 실업률이 OECD 국가에 비해서 약 세 배 정도 높다고 하더라고, 실제로 차이는 줄어들고 있다고 보아야 한다.

그런데, 여기서 늘어나는 일자리는 대학 졸업생을 위한 일자리를 의미한다. [표 4.2]를 보면, 지난 35년간 경제 대국과 빈곤국의 대학생 인구 변화에 대해서 짐작할 수 있다. 전 세계적으로 대략 390%가 증가한 가운데, 전체 대학생 수로 보면, 빈곤국이 차지하는 비율이 1970년에 대략 52% 그리고 2005년에 대략 75%가 증가하였으며, 특히 제로 수준에서 15% 가까이 증가한 중국의 경우는 괄목할 만하다.

빈곤국에서 대학의 수용 능력 확장은 엄청난 과제였다. 이런 나라에서 국립대학이 어떤 형편인지 알고 보면 더 그렇다(2002년 World Bank

[표 4.2] 시기별 경제 대국(서유럽과 북미)과 빈곤국(나머지 모두)의 대학생 수(1970~2005)

	1970		1980		1990		2000		2005	
전체 (백만 명)	28.6	100.0	47.5	100.0	66.9	100.0	100.8	100.0	139.1	100.0
경제 대국	13.6	47.7	19.8	41.6	24.9	37.3	29.6	29.3	34.2	24.6
빈곤국 인도 출신 중국 출신	14.9 2.5 0.0	52.3 8.7 0.2	27.7 3.3 1.0	58.4 6.9 2.2	42.0 4.8 3.9	62.7 7.1 5.9	71.2 9.4 7.4	70.7 9.3 7.3	105.0 11.8 20.6	75.4 8.5 14.8

출처: 유네스코 인구국(Unesco Statistic Division).

예시 참조). 최근에 중국, 한국 그리고 터키와 같은 나라에서는 현지 대학의 수용 능력을 확장하고 (다시 돌아오리라는 희망을 갖고) 학생들을 해외로 보내는 등의 복합적인 노력을 통해서 대학 졸업생의 공급을 늘리는 방안을 강구하고 있다.

유럽의 대학을 위한 기회는 분명해 보인다. 유럽에서는 대학생 연령대 인구가 감소하고 있지만, 엄청나게 인구가 늘고 있는 인도를 비롯하여 다른 나라에서는 대학에 가고 싶어 하는 사람 수도 급속히 늘어나고 있으며, 현지 대학의 수용 능력은 아주 더딘 속도로 늘어나고 있기 때문이다.

논의의 바탕은, 대학 졸업생의 수요/공급 차이 때문에 OECD 국가 사이에서 OECD 외부로부터 인재를 끌어오기 위한 치열한 경쟁이 있을 것이라는 점이다. 시간이 흘러도 외부의 인재가 충분하게 들어오지 않는다면, 기업이 인재를 구할 수 있는 곳으로 이동해야 할 것이다.

4.3 인재의 이동

4.3.1 유학에 관한 결정

인구통계학적으로 그리고 기술적으로 초래된 유럽 대학의 졸업생 부족 현상은 인재의 이동에 의해서 완화될 수 있다. 과거에는 인재 이동을 두뇌 유출로 간주하였고, 또 실제로 그러하였다. 그러나 외국에서 교육을 받은 인재들이 귀국하면서 두뇌 '유출'이 아닌 두뇌 '순환'이 되었다. 정보 통신 산업에서 인도의 활약은 '두뇌 순환'의 예라고 할 수 있다. 다른 예로는 중국, 한국 그리고 터키와 같은 국가에서 외국 유학생들이 교육뿐만 아니라 직장 경험을 갖고 고국으로 금의환향하는 것을 들 수 있다.

인재 이동은 유학과 외국 근무의 형태가 있을 수 있다. 이 절에서 우리는 유학에 초점을 맞추고자 한다. 유학을 가겠다는 결심은 대학 교육을 받겠다는 결심에서부터 시작한다. 대학 교육을 받는 것이 각 개인에게 '좋은 것'이라는 보편적인 인식을 정당화하는 문헌도 많이 있다. 대학 교육을 받으면 좋은 기회가 분명히 많아지기 때문에 취직하기도 쉽고, 좋은 직장을 구할 수도 있으며, 월급을 많이 받으면서 건강하게 오래 살 수도 있게 된다. 여기서 경제학자들은 '인적 자본(human capital)'이라는 이론을 만들어 냈다. 재학 기간 동안에는 돈을 벌지 못하고 직접경비도 들지만 졸업 후에 얻는 이득을 생각하면, 개인 (혹은 부모) 입장에서 대학 진학이 다른 어디에 투자하는 것보다도 수익률이 훨씬 높다는 것이다.

그렇다면 왜 모두가 대학에 가지 않는 것일까? 여기에는 다음 세 가지 이유가 있다.

- 자본 시장의 불완전성 때문이다. 부모나 학생이 학비를 감당할 수 없을 때, 대여를 해 줄 자본 시장이 형성되어 있지 않다. 대부분의 선진국에서는 대학 진학 여부에 학자금이 별로 문제가 되지 않는다. 그리고 국민소득이 중간 정도인 개발도상국에서는 장학금을 주거나 학자금을 대여해 주는 방식으로 자본 시장의 불완전성을 극복하려는 노력을 하고 있다.

- 중고등학교 시절의 경험으로 미루어 보았을 때 대학에서 실패할 지도 모른다는 걱정 때문이다. 대학에서 공부하기 위해서는 최소한의 인지적인 능력과 태도, 정신적 신체적 기능이 필요하다. 그러나 모두가 최소한의 요구 조건을 갖추고 있는 것은 아니다. 부모의 교육 수준이 높고 대학에서 경쟁하겠다는 자신감이 높을수록 이런 걱정을 더 많이 하는 경향이 있다. 자본 시장의 불완전성이 해소된다면 안정된 사회에서 대학생 연령대에서 고등교육 참여율이 최대한 어느 정도가 될는지는 분명하지 않다. 초중등학교 입학제도도 변수가 될 수 있다. 저학년부터 선발제도가 적용되면, 부모의 교육 수준이 낮은 경우에는 나중에 대학에 들어갈 때 따라잡기 어렵다.
- 자라면서 가정에서 보고 느낀 것도 중요하다. 간다라(Gándara, 2005)의 조사에 따르면, 소득이 낮은 라틴아메리카 출신 가정의 아이들이 비슷한 능력의 다른 아이들에 비해서 뒤떨어진다. 대체로 선진국의 소수민 공동체 내에서는 대학 교육을 받은 사람이 주변에 없기 때문에 대학은 자신의 능력 밖에 있다고 생각하고, 자녀들에게도 이런 생각을 심어주게 된다.

대학에 갈 결심을 하였다 하더라도 외국으로 공부하러 가기 위해서는 다시 한 번 중대한 결심을 해야 한다. 11세기에서 13세기 사이의 대학은 주로 '외국' 학생들로 유지되었다(Compayré, 1893). 당시의 '외국'이란 지금 식으로 말하면 '다른 지방'이다. 그러나 심리적·문화적 거리를 생각해 보면, 요즈음보다 중세의 대학이 훨씬 더 '국제적'이었다. 요즈음에는 사회적 관계나 비용을 생각해서 집 가까운 데 있는 대학에 보내는 경향이 있기 때문이다. 이런 가운데에서도 멀리 떠나서 공부하는 데 대한 관심이 전 세계적으로 높아지고 있다. 외국으로 공부하러 나가게 만드는 이유는 무엇보다도 유학을 함으로써 성공의 기회가 많아지고, 이것으로 실질적 비용이나 심리적 비용을 상쇄할 수 있기 때문이다.

유학은 지금처럼 대학 졸업생의 노동 시장이 국제화되고 있는 시점에서는 인적 자본의 가치를 높여준다. 최근의 조사에 따르면, 유럽의 대학 졸업생 가운데 80%가 국제적인 업무에 종사하고 있는 것으로 드러났다(Borghans & Ritzen, 2006). 이러한 현상으로 인해 외국인이나 내국인 모두 마스트리흐트대학 같은 학교에 관심을 보인다. 내국인 학생이더라도 외국인 학생이 50%가 넘는 학교에서 영어로 의사소통을 하면서 대학에 다닌다면, 국제화된 노동 시장에 더 잘 대비할 수 있기 때문이다(3.3 참조).

계획을 잘 세우고 교육 수준이 더 높은 곳으로 가는 경우에, 국내건 외국이건 집에서 멀리 떠나서 공부한다는 것은 부가적인 가치도 있다. 외국에서 공부하는 학생들에게서 확인된 바(Kelo, 2006)와 같이, 교육 수준에 차이가 있다는 생각은 외국으로 떠나는 중요한 이유 중의 하나이다. 티쎈과 에더빈(2006)은 계량경제학적 방법으로 같은 결론을 도출하였다.

학생들의 국제적인 이동은 자본 시장의 불완전성 때문에 추가 비용을 구할 수 없다면 제한을 받을 것이다. 공부하고자 하는 국가에서 물리적이거나 심리적인 이유로 입학에 제한을 두는 경우에도 그렇다. 미국에서 2003년과 2004년에 외국인 학생의 지원이 주춤하였던 것도 미국이 암암리에 외국인 학생의 입학을 제한하였기 때문이다(외국인 학생 수는 2005~2009년에 다시 최대치로 증가하였다). 유럽은 유럽 밖에서 오는 학생에 대해서 비자 취득 요건으로 제한하고 있다.

학생으로 이민을 하는 것은 대체로 특수한 경우의 이민이다. 언제든지 이민은 계속되고 있다. 인구 증가는 사람들이 인구가 적은 곳을 향해서 이동하는 원인이다(Bauman, 2003). 인구 증가 외에도 사람들은 언제나 자신과 자녀들에게 좋은 기회가 많은 곳으로 이동해 왔다. 이러한 역동성에 대해서는 연구도 많을 뿐 아니라 경험적으로 증명할 수도 있다. 사람들은 문화적 언어적 장벽을 넘어서, 가족 관계를 떠나서, 임금이 낮은 곳에서 높은 곳으로 이동한다. 각국의 입국 제도는 이민을 제한하고 있다.

인구 문제 역시 이민을 촉진시킨다. 예멘처럼 인구 증가율이 높은 나라에서는 이민을 장려하는 공문서가 있다. 갑작스러운 인구 증가 때문에 이민을 장려하는 나라도 있다. 그러나 이민을 받는 나라에서 아무나 받아들이지 않기 때문에 균형을 맞추기는 쉽지 않다. 그러나 학생들의 경우에는 균형이 맞고 있다. 내보내는 나라에서는 두뇌 유출을 염려하면서도 유학에 대해서 긍정적이고, 유학생을 받는 나라에서도 유학생이 들어오는 데 대해서 긍정적인 경우가 많다.

학생도 일반인이나 마찬가지로 (특히 모험심이 뛰어난 경우를 빼고는) 가족이나 친구와 떨어지고 싶어 하지 않겠지만 더 좋은 기회가 있는 곳을 향해서 움직인다는 원칙에 따른다.

이제, 인구 증가와 기회가 세계적으로 어떻게 차이가 나는지 살펴보자. 이러한 차이는 2060년까지 학생들의 이동에 영향을 미칠 것이다. 엄청난 재앙이 닥치지 않는 한 엄청난 인구를 감당할 만큼 지속 가능한 발전이 계속된다면, 2060년경에 세계 인구는 대략 100억 수준에서 균형 상태를 이룰 것이다.

지금부터 2060년에 이르는 전환기에 인구 변화 추세는 인구가 감소하거나 현상을 유지하는 경우와 인구가 증가하는 경우로 나누어 볼 수 있다. 여기서 두 번째 경우는 (대학 졸업생을 포함해서) 인적 자본이 증가할 가능성이 있는 경우이다. 첫 번째 경우에서 인적 자본은 고령화되어 가며 감소할 것이다. 유럽과 미국과 일본의 인적 자본은 고령화되어 가며 감소하고 있다.

[표 4.3] 네덜란드에서 교육의 국제 지향성 영향

졸업 연도	평균 평점		학습 프로그램과 취업 기회의 관련성 여부	
	유경험자	무경험자	유경험자	무경험자
	해외 학습			
2001~02	7.31	7.25	70.61	60.28
2002~03	7.35	7.23	70.91	58.60
2003~04	7.35	7.24	68.91	56.45
2004~05	7.48	7.34	75.82	59.44
2005~06	7.52	7.37	74.93	59.04

주: 10이 최고 수준인 1~10의 수준.
출처: 네덜란드교육진흥원(Nuffic-Netherlands Organization for International Cooperation in Higher Education, 2007).

유학이 부가가치가 있다는 확실한 증거가 있는가? 네덜란드 교육진흥원(Nuffic-Netherlands Organization for International Cooperation in Higher Education, 2007)에 따르면 외국에서 공부하고 오면 더 좋은 곳에 취직이 된다는 증거가 있다. 이는 [표 4.3]에 제시되어 있다. 그러나 아직까지 이 자료에 대해서 통계적인 분석을 하지는 못하였다. 이 자료에서 우리가 알고 싶은 바는 다음과 같다.

- 외국에서 공부하고 온 학생들의 성적이 좋은 것은 그 학생들이 원래부터 더 잘하는 학생들이었기 때문인지?(여기서 학위 취득을 위해서 유학한 경우는 제외한다)
- 학점이 좋은 것이 취업의 기회와 어떻게 연결되는지?(이것은 취업 전망에 대한 이동의 독립적인 효과를 통계적으로 알아보기 위해서이다.)

유럽의회 사무국의 REFLEX(Research into Employment and Professional Flexibility)에서 나온 새로운 자료를 보면 이 사안에 대해서 더 잘 밝혀져 있다. 러드(Rud, 2009)에서는 같은 자료를 사용하여 연관된 요소들 몇 가지(응답자의 성별과 나이, 학습 분야, 일하는 국가 등)를 통제한 상태에서 젊은 유럽 대학 졸업생들에게 외국에서 공부한 경험이 미치는 영향을 알아본 결과 대학에 다니면서 외국에서 공부한 경험이 있다는 응답자의 총 시간당 임금이 평균 20% 정도 높았다는 사실을 발견하였다.

4.3.2 유럽 내 이동(1)

일찍부터 유럽 대학에는 외국인 학생이 많은 것이 전통이었음에도 불구하고(Compayré, 1893), 제2차 세계대전 이후에 유럽 내 학생 이동은 아주 적어서 학생들 가운데 3% 정도만이 유럽 내의 다른 나라에서 공부하였다. 외국의 학위를 받아 주거나 인정하지 않는 경우도 있고, 국내 학점만 인정한다는 등의 조건 때문에, 국경 지역에서조차 국경을 넘어서 공부하러 가는 사례는 예나 지금이나 매우 제한적이다.[27]

그러나 EU의 에라스무스 프로그램과 EU 회원국 간 유학 제한 철폐 노력, 볼로냐 협약 덕분에 상황은 서서히 변하고 있다. 에라스무스 프로그램은 EU(그리고 그 전신)에서 외국 단기 파견을 활성화시키는 데 매우 성공적이었다. [표 4.4]는 에라스무스 프로그램을 통한 이동을 개관한 것이다.

[그림 4.7]에서 보는 바와 같이 EU의 학생 이동은 증가 추세이다. [그림 4.7]은 EU 27개국에서 수학 중인 비유럽인 학생의 통계로서, 해당 국가 국적자는 제외되어 있다. 이 그림을 보면 2002년부터 이동 속도가 증가하고 있음을 알 수 있다. 볼로냐 협약(6.5 참조)에도 이동성을 증가시키려는 의도가 분명히 있었다. 1999년에 체결된 볼로냐 프로세스는 3년 만에 성과를 냈다고 볼 수 있다. 그러나 놀라운 점은, 유럽학생의 이동이 급속도로 늘었음에도 불구하고 유럽 학생과 비유럽 학생의 비율이 거의 일정한 상태를 유지할 정도로 EU 27개국에 들어온 외

27 예를 들면, 2007년까지만 해도 독일의 연방교육지원법은 외국에서 공부를 마치고 온 경우에는 적용되지 않았다. 그 전까지는 독일에서 다만 몇 학기라도 공부를 해야 하였다.

[그림 4.7] EU 27개 회원국의 이동 증가 추세

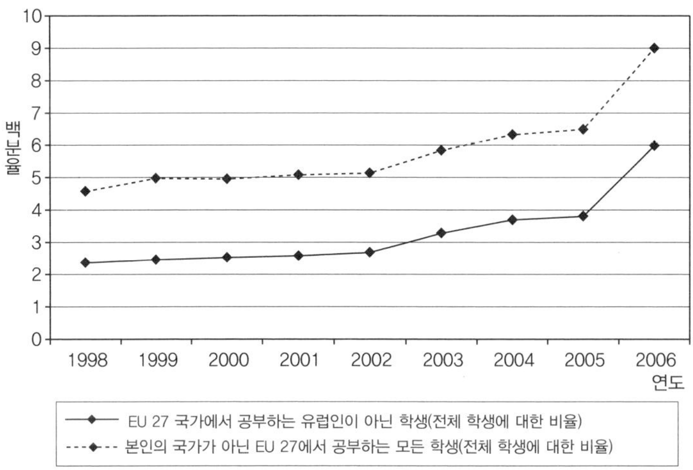

출처: 이러한 계산은 유로스탯(2008b)의 데이터에 기반을 두고 있다.

국인 학생도 많아졌다는 점이다. 그러나 유럽 내의 이동은 아직도 낮은 수준이다. 현재로서 볼로냐 협약은 절반의 성공인 셈이다.

[표 4.5]와 [표 4.6]은 1998년과 2006년에 EU 내부에서, 자국의 상위 10대 대학에 재학 중인 학생으로서 다른 나라의 상위 10대 대학에서 수학한 경험이 있는 학생 수를 나타낸 것이다(이 장의 부록에 EU 27 개국 목록을 실어두었다). 위 표를 보면 최근 10년 사이에 이동이 증가하였으며, 특정 국가로 집중되는 현상은 줄어들고 있다. 1998년에는 유럽 내 유학생의 75.5%가 자국의 상위 10대 대학에서 외국의 상위 10대 대학으로 공부하러 갔으나, 2006년에는 이러한 사례가 66%로 줄어들었다.

[표 4.7]은 EU 내의 국가 간 진출입을 모두 나타낸 표이다. 유럽에서 진입 학생 수는 영국이 가장 많은데, 이는 2위인 독일의 네 배에 달한다. 반면에 유럽에서도 남부 유럽이나 동부 유럽 국가 대부분에서는 나가는 학생 수가 절대적으로 많다. 이러한 두뇌 순환, 혹은 두뇌 유출은

[표 4.4] 2006학년도 에라스무스 교환 학생

	외국인 학생(전체, 터키 출신 포함)				해외 파견 학생(전체, 터키 입국 포함)			
	전체	백분율(%)	EU 출신	EFTA 출신	전체	백분율(%)	EU 출신	EFTA 출신
오스트리아	3,376	1.5%	3,565	41	4,032	1.6%	3,875	124
벨기에	5,308	1.3%	5,021	28	5,119	1.3%	4,980	74
불가리아	296	0.1%	296	0	938	0.4%	938	0
사이프러스	211	1.0%	209	2	129	0.6%	122	0
체코	3,059	0.9%	2,812	28	5,079	1.5%	4,911	102
독일	17,878	0.8%	16,766	207	23,884	1.0%	22,728	819
덴마크	4,545	2.0%	4,278	125	1,587	0.7%	1,510	48
에스토니아	489	0.7%	460	9	527	0.8%	505	8
스페인	27,464	1.5%	27,008	207	22,322	1.2%	21,920	378
핀란드	5,998	1.9%	5,860	19	3,773	1.2%	3,713	35
프랑스	20,673	0.9%	20,155	211	22,981	1.0%	22,425	417
그리스	1,841	0.3%	1,726	18	2,465	0.4%	2,414	32
헝가리	1,708	0.4%	1,569	16	3,028	0.7%	2,943	52
아일랜드	4,012	2.2%	3,972	31	1,524	0.8%	1,501	21
이탈리아	14,779	0.7%	14,319	92	17,195	0.8%	16,928	212
리투아니아	808	0.4%	692	1	2,082	1.0%	1,971	64
룩셈부르크	24	0.9%	24	0	170	6.3%	166	4
라트비아	373	0.3%	330	20	807	0.6%	773	26
몰타	331	3.7%	325	2	125	1.4%	125	0
네덜란드	6,914	1.2%	6,446	115	4,502	0.8%	4,209	155
폴란드(PO)	3,730	0.2%	3,274	22	11,219	0.5%	10,860	168
포르투갈	4,787	1.3%	4,586	33	4,424	1.2%	4,343	42
루마니아	792	0.1%	792	0	3,350	0.4%	3,350	0
스웨덴	7,359	1.7%	7,194	32	2,532	0.6%	2,475	25
슬로베니아	752	0.7%	700	6	972	0.8%	949	10
슬로바키아	655	0.3%	610	0	1,346	0.7%	1,319	11
영국	16,508	0.7%	16,153	225	7,235	0.3%	7,115	106
EU 27개국	155,070	0.8%	149,142	1490	153,347	0.8%	149,068	2,933
아이슬란드			327(2.1%)				189(1.2%)	
리히텐슈타인			31(4.9%)				44(6.9%)	
노르웨이(NW)			2,575(1.2%)				1,257(0.6%)	
터키(TU)			1,321(0.1%)				4,438(0.2%)	

주 : 백분율은 주어진 국가에서 전체 학생 수에 비례하는 교환 학생 수를 기반으로 한다.
출처: 전체 학생 수 유로스탯(2008b); 유럽연합 집행기관(2008).

폴란드, 그리스, 아일랜드와 슬로바키아에서 가장 두드러진다.

3장에서 우리는 사회가 대학에 요구하는 바가 수준 높은 교육을 받은 노동력이나 국가적 지도자를 양성하는 데에 그치지 않고, 국제적 혹은 세계적인 리더십을 양성하는 것이라고 주장한 바 있다. 유럽에서 국제적인 리더십은 전 유럽의 리더십도 포함해서 이야기될 수 있다. 이는 효율적인 유럽고등교육공동구역(European Space for Higher Education)을 창설함으로써 가능할 수 있다. 여기서 효율이란 유럽에서 국경을 넘어서 공부함으로써 다른 유럽 국가의 문화를 배울 수 있는 학생의 비율

[표 4.5] 유럽 내에서 자국과 외국의 상위 10개 대학 교환 학생 수(1998)

		자국											
		그리스	독일	이탈리아	프랑스	아일랜드	스페인	영국	폴란드	오스트리아	포르투갈	전체	순위
외국	영국	25,267	12,915	5,196	12,574	16,359	6,852	–	611	1,045	1,985	**82,804**	1
	독일	8,491	–	6,818	6,341	646	5,223	2,820	6,827	6,776	1,675	**45,617**	2
	프랑스	2,716	5,187	3,608	–	578	3,408	3,411	1,461	356	3,468	**24,193**	3
	오스트리아	348	5,420	6,621	381	43	286	206	682	0	42	**14,029**	4
	스페인	258	3,221	2,886	3,894	262	0	2,347	85	492	760	**14,205**	5
	이탈리아	11,392	1,022	0	612	16	200	204	14	94	30	**13,584**	6
	스웨덴	164	695	153	227	49	116	433	402	130	37	**2,406**	7
	루마니아	4,623	286	18	12	–	2	5	6	17	–	**4,969**	8
	벨기에	4,926	22	2	1	0	0	2	10	1	0	**4,964**	9
	아일랜드	31	524	101	479	0	231	1,735	5	41	12	**3,159**	10
	전체	**58,216**	**29,292**	**25,403**	**24,521**	**17,953**	**16,318**	**11,163**	**10,103**	**8,952**	**8,009**		
	순위	1	2	3	4	5	6	7	8	9	10		

주: 전체는 같은 행/열에 있는 모든 항의 합이다. 하지만 순위는 EU 27 국가로 들어가고 나오는 모든 국제 학생 수를 의미한다. 예를 들어 스웨덴은 표에 나타나 있지 않은 유럽 국가로부터 많은 수의 학생을 유치한다. 그렇게 때문에 스웨덴이 유치한 국제 EU 27 학생 수의 총합은 2,406보다 훨씬 크다. 모든 EU 27 국가가 있는 표는 부록 4.1.1.에 있다.
출처: 유로스탯(2008b).

[표 4.6] 유럽 내에서 자국과 외국의 상위 10개 대학 교환 학생 수(2006)

		자국											
		독일	프랑스	그리스	이탈리아	폴란드	아일랜드	스페인	슬로바키아	벨기에	루마니아	전체	순위
외국	영국	16,031	14,842	17,989	8,933	6,817	25,997	8,628	1,166	998	944	**102,345**	1
	독일	:	6,346	6,268	7,582	16,106	440	5,355	1,700	12,853	4,468	**61,118**	2
	프랑스	6,565	:	2,014	4,455	3,427	498	3,664	415	2,876	4,332	**28,246**	3
	벨기에	553	17,680	500	2,349	470	66	1,087	65	204	400	**23,374**	4
	오스트리아	10,174	445	237	6,188	1,341	49	394	1,228	1,373	628	**22,057**	5
	네덜란드	11,898	754	464	521	880	119	795	105	377	211	**16,124**	6
	스웨덴	3,044	1,619	288	722	926	149	1,163	50	95	234	**8,290**	7
	체코	207	26	113	24	246	40	20	14,664	111	34	**15,485**	8
	이탈리아	1,638	915	5,473	:	1,332	33	502	178	677	1,874	**12,622**	9
	스페인	1,624	1,785	198	2,711	595	60	:	91	610	1,283	**8,957**	10
	전체	**51,734**	**44,412**	**33,544**	**33,485**	**32,140**	**27,451**	**21,608**	**19.662**	**20,174**	**14,408**	**298,618**	
	순위	1	2	3	4	5	6	7	8	9	10		

주: 위 표의 주를 참고하라.
출처: 유로스탯(2008b).

을 말하는데, 필자의 입장에서는 일단 10% 정도를 잠정적인 목표로 제안할 수 있을 것이라고 생각한다.

물론 다른 나라에서 학업을 마치는 경우만이 유럽 시민 정신과 대학 졸업생으로서의 리더십에 기여하는 것은 아니다. 학생 교환이나 나아

[표 4.7] EU 27개 회원국의 진출입 학생 수(2006, 단위: 천 명)

	진출 학생 수		진입 학생 수
폴란드	31.4	영국	127.0
그리스	25.4	독일	30.6
아일랜드	23.4	벨기에	21.1
슬로바키아	21.4	오스트리아	15.8
벨기에	20.0	체코	9.8
이탈리아	19.7	네덜란드	9.6
루마니아	17.3	스웨덴	7.6
키프로스	16.3	덴마크	1.2
포르투갈	10.6	헝가리	1.1
스페인	9.5		
핀란드	5.8		
룩셈부르크	5.6		
리투아니아	5.3		
프랑스	4.9		
슬로베니아	2.2		
라트비아	2.1		
에스토니아	2.0		
몰타	0.8		

주: 진출 학생 수의 결과는 자신의 시민권이 있는 국가가 아닌 다른 국가에서 공부하는 학생의 수가 다른 유럽 국가로부터 유치해 온 외국 학생의 수를 초과할 때 나타난다. 진입 학생 수의 결과는 해외로 가는 학생 수보다 더 많은 학생 수가 유치될 때 나타난다.
출처: 이 계산은 유로스탯(2008b)의 데이터를 기반으로 한다.

가 복수 학위제는 또 다른 좋은 방안이다. 4.4에서는 유럽 대학의 특수한 지위라는 개념과 국제화를 위한 지원 제도인 에라스무스 문두스[28] 프로그램에 대해서 알아보겠다.

학생들의 유럽 내 이동은 졸업생의 유럽 내 이동의 전초 단계라 볼 수 있다. 학생들은 대체로 졸업한 후에 모교 근처에서 일하기를 원한다. 이는 EU 내의 유학생도 마찬가지이다. EU 회원국 간 유학의 경우에는 학업을 마친 후에 비자 때문에 강제로 귀국해야 하는 경우도 없다. 유럽 내 유학생은 수가 적기도 적은데다가 (정확한 통계는 없지만) 공부를 마친 후에 귀국하는 비율이 아주 높다는 인상을 받았다. 유럽에서는 다른 나라의 학계에 자리를 잡는 데 장애가 많다. 사회복지 제도와 연금 제도 또한 무척이나 달라서 국경을 넘고자 하는 이들의 발목을 잡

28 에라스무스 문두스 프로그램은 에라스무스 프로그램과 다르다. '에라스무스 문두스 2009~2013은 고등교육 분야에서 제3의 국가와의 협력을 통해서, 유럽의 고등교육 수준을 제고하고 인간과 문화 간 대화와 이해를 진작시키기 위한 협력과 이동 프로그램이다(EC, 2009)'.

는다.

CHEERS 보고서(Career after Higher Education: European Research Study, 2005)의 조사를 보면 전반적인 대학 졸업생의 유럽 내 이동에 대해서 어렴풋하게나마 알 수 있다. 1994년 이전 졸업생들은 오직 3.8%만 외국에서 직장생활을 하였다(3.3에서 언급한 바와 같이, 이 수치는 최근에 더 높아지고 있다). EU 내의 다른 나라에서 취직할 가능성([표 3.1])이 EU 내에서 유학한 경험과 관련이 있다는 점에 주목할 필요가 있다(Borghans & Ritzen, 2006).

EU 내 이동에 관해서 받은 인상 중의 하나는, EU 회원국 가운데 빈곤국에서 경제대국으로의 이동이 조금 더 많다는 것이다. 대학 졸업생들이 어느 정도 시간이 흐른 후에는 더 앞선 경제적·기술적 환경에서의 직장 경험을 갖고 인적 자본으로서 귀국하는 경우도 있기 때문에 이것이 두뇌 유출인지 또는 두뇌 순환인지는 불분명하다.

4.3.3 유럽과 세계(1)

유럽과 세계 사이의 학생 이동은 [그림 4.8]에 나타나 있다. 그림에서 영국은 따로 분리되어 언급되고 있다. 그림을 보면, 유럽에는 모든 국가에서 학생이 들어오지만, 동시에 미국으로 더 많은 학생이 나가고 있다. 유럽에서 영국을 떼어놓고 생각하면, 영국은 학생을 가장 많이 끌어들이고 있고, 나머지 유럽국가들은 전체적으로 절대 다수의 학생을 잃고 있다는 것을 알 수 있다.

[그림 4.8]의 수를 기본으로 생각해 보면, 2006년에는 전 세계에서 대략 300만 명 정도가 외국에서 공부하고 있었다. 이 가운데 유럽 내 이동이 13% 정도인데, 유럽으로 들어온 학생은 22%, 유럽에서 나간 학생은 3% 정도이다.

[표 4.8]에서 보듯이, 외국에서 공부하는 학생의 수는 지난 30년 동

[그림 4.8] 학생 이동 추이: 유럽과 세계(2005)

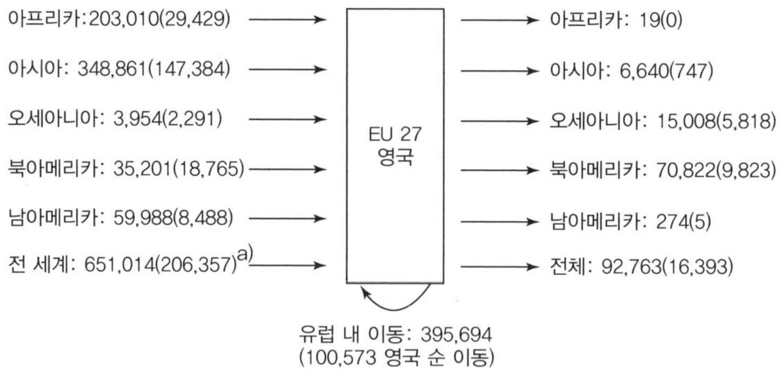

주: 괄호 안의 수는 영국으로 들어오거나 나간 학생의 수를 의미한다. 비교해 보면, 2005년 EU 27(영국)의 정규학생의 총 수는 15,198,728(1,391,503)명이다.
a) 불특정한 국가나 지역에서 유럽(영국)으로 온 67,130(7,520)명의 학생은 포함되지 않았다.
출처: 유로스탯(2008b)과 유네스코 통계 연구소(UNESCO Institute for Statistics, 2008a).

안 가파르게 상승해 왔다. 이제까지의 추세를 기반으로 그리고 유학의 소득 탄력성과 세계은행(2010)에서 예측한 전 세계적 소득 증가에 대한 자료 등에 입각해서 예측한 2020년 총 외국인 학생 수를 표의 마지막 칼럼에 제시하였다.

1990(1993)~2006년 기간 동안 외국인 학생의 수는 OECD 국가 전체의 총 학생 수보다 많이 증가하였다. 따라서 2020년에 외국인 학생이 450만이 될 것이라는 것은 매우 보수적인 예측치라고 할 수 있겠다.

유럽은 외국인 학생 분포 면에서 상당히 이질적이다. [그림 4.9]를 보면, 외국인 학생(유럽 학생 포함-[표 4.7] 참조)을 가장 많이 끌어들인

[표 4.8] 전 세계 고등교육 기관에 재학 중인 외국인 학생 수(단위: 백만)

	1975	1980	1985	1990	1995	2000	2006	2020 (예측치)[3]
외국인 학생 수 (백만명)[1]	0.6	0.8	0.9	1.2	1.3	1.9	2.9	4.5?
OECD 국가 학생 수 (백만 명)[2]				24.29 (1993년)	27.01	31.34	40.22	

출처: 1) OECD(2008a); 박스 C3.1. 2) OECD(2009). 3) 리츤(Ritzen, 2006b).

[그림 4.9] 유럽의 고등교육 인구에서 외국 학생 비율과 국가별 분포(2006)

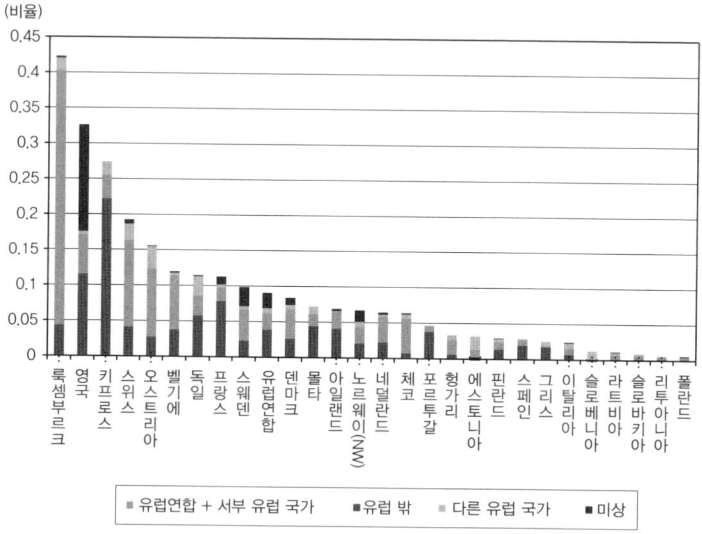

출처: 유로데이터(EURODATA, 2006).

나라는 오스트리아, 벨기에, 키프로스, 프랑스, 독일, 룩셈부르크, 스위스와 영국이고, 그 뒤로 북유럽 국가들과 아일랜드가 있다. EU 외부의 학생들 또한 더 좋은 대학(인구 규모에 따른 대학 순위는 [표 2.2] 참조)이 있는 나라로 가려는 추세임을 알 수 있다. 그러나 [그림 4.9]의 그래프를 잘 들여다보면, 유럽 학생들의 이동과 EU 외부에서 오는 학생들의 이동은 크게 관련이 없음을 보여준다. EU 내에서 오는 유학생은 많지만 EU 밖에서 오는 유학생이 적은 나라가 있는가 하면, EU 내에서 오는 유학생이 별로 없어서 자국인 학생과 다수의 EU 밖에서 온 유학생으로 구성된 대학도 있다.

[표 4.9]는 학생의 이동이라는 관점에서 기타 지역에 대한 유럽의 위상을 탐색해 본 것이다. 여기서도 영국과 유럽의 다른 나라를 분리해서 생각해 보았다. OECD(2005, 2008a)에 따르면, 영국은 고등교육 기관에 재학 중인 외국인 학생 수가 유럽에서 2위이다(2003년에는 오스트리아가

[표 4.9] 국가별 유학생 비율(1998/2003)

	1998[1)]	2003 (전체 학생 대비)[1)]	2006 시장 점유율[2)]	2006 시장 점유율 (유럽연합 내 이동 대비)
미국	3.2(17)	3.5(12)	20%	22%
영국	10.8(5)	11.2(5)	11%	12%
호주	12.6(1)	18.7(3)	6%	7%
유럽(영국 제외)	4.3(–)	5.6(–)	31%	25%

출처/주: 1) OECD(2005), 2) OECD(2008a), 3) 이 계산은 OECD(2008a)에 기반한다. 4) 20개 EU 국가(더 정확하게는 데이터가 수집된 기간에 EU에 속해 있는 모든 국가–영국, 키프로스, 라트비아, 리투아니아, 몰타를 제외한 EU 25)를 기반으로 한다. 몇몇 국가는 2003년의 가능한 데이터만을 사용하고 있다.

1위였고, 2006년에는 룩셈부르크가 1위였다). 영국 외에 유럽에서 유학생이 가장 많이 가는 5개국으로는 벨기에, 독일, 프랑스, 오스트리아, 룩셈부르크가 꼽힌다. 오스트리아와 룩셈부르크는 좀 특별한 경우이다. 오스트리아는 독일과 이탈리아에서 많은 유학생이 들어온다. 그런가 하면, 이민 2세와 3세도 외국인으로 간주하는 통계상의 문제도 있다. 룩셈부르크와 사이프러스는 워낙 학생 수가 적은데 구성은 매우 국제적이다.

유학생의 출신 국가를 보면 영국의 경우와 독일-프랑스의 경우가 각기 다르다. 영국에는 아시아 출신의 유학생이 절대 다수인 반면에 독일과 프랑스에는 아프리카나 라틴아메리카 출신의 학생이 더 많다. 시장 점유율(전 세계 유학생 중 자기 나라에 와 있는 유학생 비율)로 보면 영국이 유럽에서는 흔들리지 않는 1위이고, 전 세계에서는 미국 다음인 2위이다. EU 밖에서 EU 회원국으로 유학을 오는 학생들의 출신 국가는 과거 신민지 시대의 각국의 역사와 관련이 깊다. 영국에는 영연방 국가 출신이 많고, 프랑스에는 아프리카의 프랑스어권 국가 출신이 많다. 스페인에 남미 출신이 많다거나, 러시아에 과거 소련에 속해 있던 (여기서는 언급하지 않은 우즈베키스탄이나 카자흐스탄 같은) 나라 출신이 많은 것도 같은 맥락이다.

[표 4.10]은 학생들이 선호하는 순위가 가장 높은 국가로의 이동을

[표 4.10] 상위권 국가의 진출입 학생 수: 외국인 학생 수(2006)

	진입국													
진출국	미국	영국	독일	프랑스	오스트리아	캐나다	일본	러시아	뉴질랜드	스페인	이탈리아	벨기에	전체 상위 12개국	전체	순위
중국	93.7	50.8	27.4	17.1	42.0	30.9	86.4	M	18.8	0.6	1.0	1.302	369.9	451.5	1
인도	79.2	19.2	4.1	0.7	22.4	7.1	0.4	M	1.8	0.1	0.4	182	135.5	148.1	2
대한민국	61.1	4.0	5.2	2.4	4.5	0.7	22.3	M	0.0	0.4	0.3	61	101.1	103.8	3
독일	9.1	13.3	.	6.6	1.6	1.6	0.4	M	1.2	1.6	1.6	553	37.5	78.2	4
프랑스	6.8	12.5	6.3	.	0.7	7.9	0.4	M	0.3	1.8	0.9	17.680	55.3	65.8	5
일본	40.1	6.2	2.4	2.1	3.3	1.8	.	M	1.0	0.1	0.3	165	57.6	61.0	6
터키	12.0	2.1	25.3	2.4	0.2	0.8	0.2	M	0.9	0.0	0.3	319	43.6	57.0	7
마카오	1.6	0.2	8.4	29.3	0.0	4.1	0.1	M	M	4.7	0.8	3.031	52.2	55.2	8
미국	.	14.8	3.3	2.8	2.9	9.5	1.7	M	2.1	0.6	0.4	212	38.3	49.3	9
러시아	5.0	2.2	12.6	3.1	0.4	1.6	0.4	.	0.3	0.6	0.8	458	27.3	49.2	10
말레이시아	5.7	11.4	0.7	0.4	154	0.9	2.0	M	1.4	0.0	0.0	0.0	37.9	44.0	11
캐나다	29.2	4.6	0.6	1.3	3.8	.	0.3	M	0.4	0.1	129	0.1	40.6	43.6	12
전체 상위 12개국	343.6	141.2	96.3	68.1	97.2	66.7	114.5	M	27.3	10.7	6.980	24.1			
주요 지역															
아프리카	37.6	31.0	23.5	111.9	6.0	19.1	0.9	M	0.2	6.3	4.582	9.8	250.9	361.2	
아시아	372.2	152.0	95.8	45.8	145.3	75.4	122.5	31.3	27.1	2.4	6.429	3.8	1048.8	1416.3	
유럽	73.42	109.3	127.6	51.5	9.4	24.8	2.9	18.0	3.0	16.1	32.644	31.4	482.0	745.8	
북아메리카	29.7	19.6	4.0	4.1	6.7	10.0	2.0	M	2.5	0.7	531	0.3	80.2	94.4	
오세아니아	4.9	2.3	0.4	0.3	3.9	0.8	0.5	M	3.9	0.0	0.1	0.0	17.2	18.8	
남아메리카	67.1	8.4	8.2	10.8	2.0	11.3	1.3	M	0.3	2.5	4.2	1.1	140.1	182.3	
전체 국가(2006)	584.8	330.1	261.4	247.5	184.7	148.2	130.1	77.4	67.7	51.0	48.8	47.0	2101.3	2924.7	
전체 국가(2000)	475.2	222.9	187.0	137.1	105.8	94.4	66.6	41.2	8.2	25.5	24.9	38.8	1386.4	1894.8	
시장 점유율(2006)	20.0	11.3	8.9	8.5	6.3	5.1	4.4	2.6	2.3	1.7	1.7	1.6	72	100	
시장 점유율(2000)	25.1	11.8	9.9	7.2	5.6	5.0	3.5	2.2	0.4	1.3	1.3	2.0	73	100	
순위	1	2	3	4	5	6	7	8	9	10	11	12			

주: M은 누락된 데이터를 의미한다. '전체' 열의 수치는 누락된 수치를 0으로 취급하여 계산하였다. 진입국은 OECD(2008a)의 웹 버전에서 나타난 진입국가들 사이에서 진입 해외 학생 수가 가장 많은 상위 12개국이다.
출처: OECD(2008a), 웹 버전.

보여준다. 미국과 영국이 가장 많은 학생을 받아들이고 있고, 중국과 인도가 가장 많은 학생을 내보내고 있다(전 세계 유학생의 15%가 중국 출신이다). 대학의 수준도 중요한 역할을 한다. 예를 들면, 벨기에 같이 작은 나라에 이탈리아와 비슷한 수의 유학생이 들어가 있다. [표 2.2]의 대학 수준을 보면 설명이 가능하다.

미국은 유학생을 받아들인 역사가 길며 1960년에서 2000년 사이에 꾸준한 성장세를 유지하였다. 동시에 이렇게 들어와서 공부한 학생들이 미국에 남는 현상도 계속되었다. 유학생 수의 증가는 내국인 학생 수의 증가와 비례한다. 그러나 호주의 경우는 그렇지가 않다. 1980년만 해도 호주에는 유학생이 별로 없었다. 그러나 세계 인구나 호주 인구의 증가 속도와는 무관하게 호주의 유학생 수는 급속히 늘어났다. 그 결과 호주는 2003년에 유학생 비율이 가장 높은 나라가 되었다([표 4.9] 참조). 그러다가 2006년에는 뉴질랜드[29]의 유학생 비율이 오스트레일리아를 앞질렀다.

외국인 학생을 지속적으로 끌어들이면서 시장점유율에서 최고를 유지([표 4.9] 참조)하는 나라는 미국이다. 미국의 이러한 추세는 이른바 '창의적 계층의 부상(Florida, 2002)'과 들어맞는다. 외국인 학생들은 구직에 나서면서 미국에서 공부하였다는 것을 앞세웠다. 미국은 오랫동안 무역수지와 예산 그리고 인적 자본의 부족이라는 삼중고에 시달려왔다. 그런 미국에서 인적 자본의 부족은 이민을 통해서 '조달'할 수 있었다(Lahiri 2003에 미국의 인도 출신 최고 지성에 대한 연구에 관한 인간의 얼굴을 한 이민이라는 아름다운 이야기가 있다). 그러나 미국의 유학생 비율은 1985년에서 2005년 사이에 38%에서 22%로 떨어졌다. 경쟁이 심

29 OECD 측의 자료 수집 및 처리 방법의 변화로 2006년과 2003/1998년의 자료를 직접 비교하기 어려울 수도 있다.

[그림 4.10] 학생 이동 추이: 미국과 세계(2003)

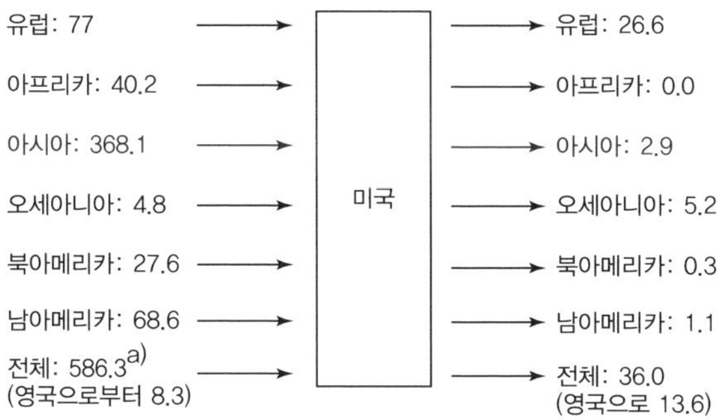

주: 모든 수는 천 자리로 표현되었다. 비교해 보면, 2003년 미국의 정규학생의 총 수는 9,946,359이다(유로스탯 2008b).
a) 불특정한 국가 혹은 지역에서 미국으로 온 33,000명의 학생은 포함되지 않았다.
출처: 유네스코 통계 연구소(2008a).

해지고 장학금을 제외한 학비가 상대적으로 올랐으며 9.11 사태 이후 합격 조건이 까다로워졌기 때문이다.

[그림 4.10]은 미국 시민권이 있는 학생이 미국 밖으로 나가는 경우와 미국 시민권이 없는 학생이 미국으로 들어가는 경우를 나타낸 표이다([그림 4.8] 참조). 유럽으로 들어오는 외국인 학생은 40%가 아프리카와 아시아 출신인 데 반해서, 미국은 60%가 아시아 출신 학생이다. 유럽과 북미 지역에서는 서로 활발한 교환이 이루어지고 있다. 미국에서 밖으로 나가는 학생의 1/3이 영국으로 간다는 것은 놀라운 일인데, 아마도 언어 문제 때문이 아닌가 한다. 마찬가지로, 유럽 학생의 80%가 북미로 가면서 전 세계 대학에 '순위'가 있음을 확인하게 해 준다.

미국에서 학생 전체에 대한 외국인 학생의 비율은 상대적으로 낮은 편이다. 그러나 자연과학과 공학 분야를 보면 이야기는 달라진다. [표 4.11]은 미국의 등록생과 학위 취득자 가운데 미국 출생이 아닌 경우를 상세하게 보여준다.

미국의 박사 후 과정을 보면 2002학년도에는 반 이상이 외국인 학생

[표 4.11] 미국의 학위 취득자 및 등록자 중 외국인 학생 비율

	1985	2002/3
학사	3.0	3.1
자연과학/공학 분야	6.5	6.8
석사	9.4	13.2
자연과학/공학 분야	22.8	36.4
박사	14.5	21.4
자연과학/공학 분야	22.4	37.5
전체 과학/공학 분야	18.3	32.2
박사 후 과정	39.6	57.7
대학원 등록생		
자연과학/공학 분야	21.3	31.7
전체 과학/공학 분야	18.7	27.2

출처: 프리먼(Freeman, 2008).

이었다. 이는 미국이 '두뇌 유입국'이라는 사실을 다시 한 번 증명해 준다. 외국 출신의 교수와 학자가 미국의 학계를 구성하고 연구 성과를 내는 원천인 것이다([표 4.12] 참조).

두뇌 유입과 관련해서 더 놀라운 것은 노벨상을 받을 것이라고 예상되는 인적 자원에 관한 부분이다. SCI를 관리하는 톰슨사의 인명록 2006년 판에는 노벨상을 받을 것으로 예상되는 27명의 명단이 있다. 이 가운데 18명은 미국에, 8명은 유럽에, 1명은 일본에 살고 있다. 여기서 유럽에 사는 후보자들은 모두 유럽에서 태어나서 자라났다. 미국에 있는 18명 중에서는 10명만이 미국에서 태어난 미국인이다. 나머지 8명 중에 6명은 유럽 출신이고 2명은 인도 태생이다. 달리 말하면 14명이 유럽에서 태어나서 자라났는데, 그 가운데 44%(6명)가 언젠가 미국으로 떠난 것이다. 다시 말해서, 유럽이 이들에게 좀 더 매력적인 연구 환경을 제공하였다면, 노벨상 수상자의 반 이상이 유럽인이고 미국은 37%에 지나지 않을 것이다(Ritzen, 2006a: 1~2).

미국(그리고 캐나다)에서는 유럽이 학생과 교직원을 끌어들이는 데에 대해서 우려하고 있다(Stewart et al., 2006: 9~11 또는 Freeman, 2008 등 참조). 볼로냐 프로세스(6.4 참조)는 미국에 대한 유럽의 입지를 강화시

키자는 것이었다. 미국의 입지를 강화시키는 방안(Freeman)은 유럽의 접근 방식과 매우 유사하다.

- 외국에 분교 설치하기
- 유학생의 이민을 쉽게 해 주기
- 질적 우위 유지하기
- 수준 낮은 미국 대학 육성하기

마지막 방법은 좀 놀랍기는 하지만 효과가 검증되었다. 미국의 명문 대학은 많은 학생을 수용하지 못한다. 총 학생의 1%가 타임지 평가에서 상위 200권에 드는 미국의 57개 명문 대학에서 공부한다.[30] 미국에서 외국인 학생 수를 늘리려면 '저변을 확대'하는 방법밖에 없다고 생각할 수 있다. 외국인 학생이 모두 수준 높은 학교를 선택한다면 어려운 이야기가 될지 모르나(Thissen & Ederveen, 2006), 성공적인 전략임이 판명되었다. 박사 과정에 다니는 외국인 유학생의 수가 상위 10개 대학 밖에서 집중적으로 증가하였다. 미국의 대학은 1960년대에 규모가 확장되어 1970년대에 본국 학생 수가 많아지면서 늘어난 수용 능력을 채워야 하게 되었다. 개발도상국에서 박사 학위를 받으러 미국에 온 학생들에게 미국에서는 대단하지 않은 수준의 대학이라도 고향에 있는 학교보다는 훨씬 우월하다.

프리만(Freeman, 2008)과 베팅어(Bettinger, 2007)에서는 (미국이) '선점우위효과'에 힘입어 넓은 의미의 과학, 기술, 문화 면에서 리더십을 유지함으로써, 미국과 외국 학자들을 잇는 네트워크의 대변자가 되고, 또 전 세계적으로 학생과 교수진을 조달할 수 있는가?'라는 질문을 던

30 자체적으로 계산함. Quacquarelli Sismonds(QS Ltd., 2009)에서 기관별 학생 수를 뽑고, UNESCO Institute for Statistics(2010)에서 총수를 집계함.

[그림 4.11] 대학생 이동 추이: 일본(2005)

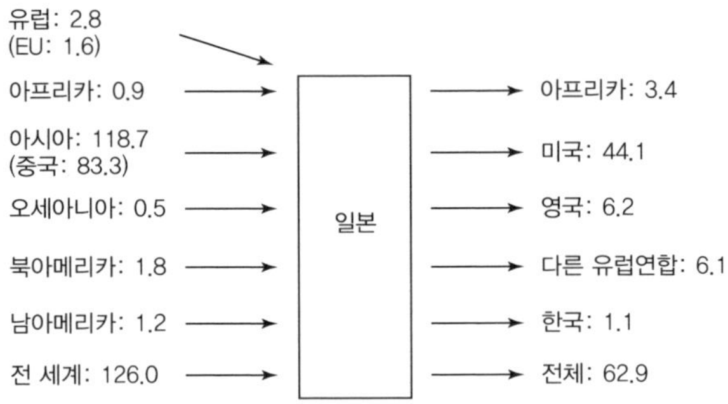

출처: OECD(2007a: 표 3.8).

졌다. 정답은 아직 나오지 않았다. 정답을 확인할 사람도 아직 없다. 정답을 확인하려면, 세계 최고 명문 20개교 중 15개교가 미국의 대학이고, 미국이 우위를 유지하면서 지출하는 학생 1인당 교육비가 다른 OECD 국가의 두 배가 넘는다는 사실을 참작해야 할 것이다.

그러면 OECD 회원국 가운데 경제 대국, 예를 들어 일본의 사정은 어떨까? 일본의 대학은 언어 장벽 때문에 외국인 학생이 접근하기 매우 어렵다. 일본에서는 정부가 '2000년대까지 외국인 학생을 10만 명으로 늘리자'는 정책을 1992년에 발표하였음에도 불구하고, 국제적으로 명성이 알려진 대학조차도 외국인 학생 수를 늘리기는 어렵다고 여기고 있다. 1990년대 초에는 5만 명에 불과하던 외국인 학생 수가 급격히 늘어나서 2005년에는 12만 명 수준에 다다르기는 하였다. 그러나 불과 5년 전인데도 일본에 있는 외국인 학생은 [그림 4.11]에서 보듯이 반 이상이 중국인이고, 전체적으로 90% 이상이 아시아 출신이었으며, 대부분이 일본어와 일본 문화를 배우러 일본에 갔다.

중국 역시 일본처럼 언어 문제로 어려움을 겪고 있다. 중국의 외국인 학생 수는 꾸준히 늘고 있다. 그러나 대부분의 유학생이 중국어와 중국 문화를 배우는 수준이어서 심한 불균형을 이루고 있다.

4.4 결론과 정책 제안

유럽의 대학은 유럽 내에서도 유럽 밖에서도, 외국인 학생을 많이 유인하지 못하고 있다. 외국인 학생의 큰 물결은 유럽을 지나쳐서 흘러가고 있다(다만 영국만은 예외이다). 이것은 유럽이 다른 선진국과 같이 인구가 고령화되면서 앞으로 수십 여 년간 열세에 놓이게 될 것이라는 것을 예고한다. 이러한 과정에서 대학 졸업생의 수가 줄고 이어서 노동시장에 대학 졸업생의 공급이 줄어들 것이다. 그러나 대학 졸업생 수요는 계속 증가할 것이다. 이러한 현상은 대학 졸업생의 과잉 공급이 예상되는 많은 개발도상국과 신흥국가의 노동 인력 역동성과는 대조적이다. 그러나 현재로서는 (영국을 제외한) 유럽이 일차적으로 학생들을 유인함으로써 이러한 과잉 공급분을 흡수할 수는 없을 것으로 보인다.

4.4.1 유럽 내 이동성(2): 유럽 학칙(European Statute)

유럽 내부에서의 이동은 매우 적어서 '유럽 시민' (최소한 두 나라 이상에서 상당한 교육을 받은 경험이 있는 청소년) 양성에 기여할 정도가 되지 못하는데, 이것은 '유럽의 대학'이 현실적으로 존재하지 않기 때문이다. 즉 유럽의 대학은 각각 어느 한 특정 국가의 대학이다. 유럽의 대학에 두루 적용되는 법령이 있다면 이는 유럽 내의 이동을 활성화시키고, 그렇게 함으로써 유럽 시민권과 리더십 양성에 기여할 수 있을 것이다. 이른바 유럽학칙(European Statute) 하에서 대학은 학생의 출신국으로부터 재정적 지원을 받을 수 있다. 이는 학생을 내보내는 경우에도 마찬가지이다. 이러한 대학의 관리는 유럽연합 사무국 하에 독립기관을 두면 된다. 운영 체계는 자율성과 끊임없는 혁신을 지향한다(7장 참조). 유럽 학생의 시장 가치가 떨어지지 않도록 이러한 학칙은 기존의 공공 교육기관에 한해서 적용시켜야 한다. 이러한 기관에 대해 국가는 기존에 배정된 교부금을 총액 지원해야 하며, 이를 독립적인 관리 기구에 이전하도록 해야 한다. 또한 유럽의 모든 국가가 (원칙적으로) 연구비 경쟁에 참여할 수 있어야 한다.

유럽 학칙이 성립되기 위해서는 현존하는 유럽의 대학 가운데 가능한 한 많은 (일단 10% 정도?) 대학이 2020년 이전에 이 학칙을 도입해야 한다. 이는 2020년까지 유럽 내 이동 증가폭이 같은 수준으로 늘어날 것이라는 가정하에 가능하다.

에라스무스 문두스 프로그램은 유럽 학칙이 성립되면 획기적으로 확대될 것이다. 에리스무스 문두스 프로그램은 유럽 대학 간 공동 학위제를 추진하고 있다. 이 프로그램대로라면 학생은 한 나라에서 대학에 다니지만 다른 유럽 국가의 잘 짜인 교육과정도 경험할 수 있게 된다. 이렇게 되면 90년대에 에라스무스 프로그램으로 시작되어 몇몇 대학에서 필수 과정으로 지정한 단기 해외 파견보다 EU 내의 이동에 더 인기가 있을 것이다. 그러나 이런 식의 해외 수학이 교육과정에 제대로 반영되지 않은 경우도 많다. 이런 경우에 학생에게 얼마나 도움이 될는지는 토론의 여지가 있다. 현재로서 내릴 수 있는 결론은 각각의 해외 수학 프로그램은 나름대로 의미가 있으며, 공동 학위제가 점차 자리를 잡아갈 것이라는 점이다.

유럽 학칙이나 공동 학위제로 가기 위해서 해외 수학 기간의 생활비 보조는 반드시 고려해야 할 부분이다. 학생의 이동에는 생활비가 증가한다는 문제가 수반되기 때문이다. 쉽게 생각해 보아도 부모가 비용을 대줄 만큼 넉넉하지 않은 학생에게는 외국 대학의 문턱이 높을 수밖에 없다. 외국에서 공부하는 것이 특별히 선발된 소수에게 해당되는 일이라고 생각하지 말고, 이로 인한 추가 비용을 제공하거나 융자해 주는 방안을 포함시켜서 생각해 보자.

7.3에서 유럽 학생이 많이 가는 나라에 대한 보상을 위한 재원으로

필요한 만큼 고등교육 재정 지원을 확보하는 방안에 대해서 다루겠다.

4.4.2 유럽과 세계(2)

유럽 외부에서 유럽으로의 학생 이동을 증가시키기 위해서 노력을 집중해야 한다. 유럽 외부의 학생들은 틀림없이 정신적인 편익과 비용을 포함해서 비용보다 편익이 큰 대학을 선택할 것이다. 편익은 대학의 명성과도 크게 관련이 있다. 비용에는 외국어를 배워야 한다는 점이 포함될 것이다. 영어를 배우는 것은 노동 시장에서 충분히 본전을 찾겠지만, 스페인어, 이탈리아어, 독일어 또는 프랑스어와 같은 경우는 영어만 못하고, 네덜란드어, 핀란드어 또는 스웨덴어와 같은 경우에는 유감스럽게도 거의 편익이 없다고 할 수 있다.

유럽 대륙의 대학이 유럽 외부에서 더 많은 학생을 학생을 데려오고 싶다면, 대학의 교육과 연구, 행정 그리고 학생 서비스를 영어 중심으로 해 나갈 것인지 생각해 보아야 한다. 동시에 어느 국가에서든 대다수의 대학에서 모국어를 유지하는 것도 중요하다. 더욱이 예를 들어, 독일어를 쓰는 대학에서 영어를 쓰는 대학으로 전환하기 위한 비용은 매우 크다. 이런 이유로, 이러한 변화는 모든 대학이 아니라 일부 대학에서 조심스럽게 추진하면 되겠다. 다만, 그렇지 않은 대학도 외국인 학생을 유치하려는 노력을 하지 않으면 안 된다.

또한 유럽의 각 대학에 대해서 차등 지원을 하도록 각국의 정부와 협조해 나가야 한다. 성과가 좋은 대학에 대해서 일괄 배분이 아닌 추가 지원 방식을 택해야 한다. 2009년도에 독일 정부가 상위권 대학을 특별 지원한 사례가 있고 스페인에서도 비슷한 제도를 도입하였다. 그런 식으로 더 많은 유럽 대학이 교통대 평가나 타임지 평가에서 상위 50위권에 진입할 수 있을 것이며, 이는 EU 외부의 학생들을 유인하는 데에도 효과를 발휘할 것이다.

[표 4.12] 미국의 노벨상 수상자 중에서 미국 태생이 아닌 수상자 비율(분야별, 연도별)

	물리학	화학	생리학/의학	문학	평화	경제학
2007	미국인 없음	미국인 없음	100%	미국인 없음	0%	33%
2006	0%	0%	0%	미국인 없음	미국인 없음	0%
2005	0%	50%	미국인 없음	미국인 없음	미국인 없음	50%
2004	0%	0%	0%	미국인 없음	미국인 없음	0%
2003	100%	0%	0%	미국인 없음	미국인 없음	0%
2002	50%	0%	0%	미국인 없음	0%	50%
2001	0%	0%	0%	미국인 없음	미국인 없음	0%
2000	0%	50%	50%	미국인 없음	미국인 없음	0%

출처: 이 계산은 노벨 재단(The Nobel Foundation, 2009)의 데이터를 참고로 하였다.

유럽에는 어느 모로 보나 좋은 대학이 많다. 그러나 지금처럼 경쟁이 심한 환경에서 뛰어난 인재들을 유인하기 위해서는 더 많은 노력이 필요하다. 현재의 인재 이동 패턴은 2020년대로 넘어가면서 두뇌 순환으로 윈-윈 상황이 될 가능성이 매우 높다.

학생들은 젊은 사람이 많은 국가에서 고령화된 국가로 이동한다. 그 이유는 교육 수준 때문이기도 하지만, 출신 국가에서의 제한 때문이기도 하다. 유학을 가고자 경향은 출신 국가의 소득 수준 증가와도 크게 관련이 있다. 소득 수준이 오르면서 유학생의 수가 몇 배나 많아진 나라도 많다.

정부와 대학의 관계와 마찬가지로, 대학과 기업이 장기적으로 유기적인 관계를 맺는다면, 외국인 학생들에게 더 매력적일 수 있다. '인구통계학적으로 나이가 든' 대학은 그동안 명성과 높은 순위에 도달하였던 '훌륭한 생산 비결'을 '인구통계학적으로 젊은' 대학의 교직원 연수 등을 통해서 공유할 수 있다. 기업이나 산업체와의 연계는 상호 협력 관계가 인적 자본 형성에 기여한다는 신뢰성을 바탕으로 형성되어야 한다.

사람에 따라서는 중등학교 졸업생의 수요와 공급에서의 세계화를 논하기도 한다(OECD, 2004b). 이는 유럽에 대한 도전이다. EU 출신이 아닌 학생과 젊은 전문직의 이동은 그들의 출신국과 EU 지역 모두에게 기여한다. 이런 맥락에서 다양한 문화의 경험이 교수법이나 학습전략으로 모든 EU 대학에 도입되어야 한다.

부록 4.1 EU 회원국 간의 유학생

[표 A 4.1.1] 1998년 EU 회원국 간 유학생: EU 27개 회원국 전체

		진출국(시민권이 있는 국가)													
		그리스	독일	이탈리아	프랑스	아일랜드	스페인	영국	폴란드	오스트리아	포르투갈	핀란드	네덜란드	스웨덴	벨기에
진입국	영국	25.267	12.915	5.196	12.574	16.359	6.852	–	611	1.045	1.985	2.433	2.533	2.982	2.125
	독일	8.491	–	6.818	997	3.408	5.223	2.820	6.827	6.776	1.675	1.124	2.345	1.049	997
	프랑스	2.716	5.187	3.608	578	43	3.408	3.411	1.461	356	3.468	289	585	825	1.796
	오스트리아	348	5.420	6.621	381	262	286	206	682	0	42	183	100	263	91
	스페인	258	3.221	2.886	3.894	16	0	2.347	85	492	760	240	793	403	927
	이탈리아	11.392	1.022	0	612	49	200	204	14	94	30	63	86	104	102
	스웨덴	164	695	153	227	–	116	433	402	130	37	2.357	156	0	21
	루마니아	4.623	286	18	12	2	2	5	6	17	–	–	3	49	4
	불가리아	4.926	22	2	1	0	0	2	10	1	0	1	0	3	0
	아일랜드	31	524	101	479	0	231	1.735	5	41	12	81	45	62	64
	헝가리	858	470	16	16	:	3	15	60	36	2	71	5	84	1
	덴마크	24	583	75	115	41	67	369	196	30	20	90	97	432	20
	체코	663	41	5	1	6	3	177	60	5	2	6	0	32	1
	핀란드	20	174	49	62	23	23	114	58	24	19	0	34	371	14
	폴란드	57	139	9	31	2	14	19	:	13	3	10	4	70	6
	에스토니아	0	3	0	0	0	0	2	0	0	0	293	1	9	0
	룩셈부르크	3	18	47	215	0	10	3	1	0	110	0	1	0	63
	라트비아	0	2	19	1	0	3	0	2	0	0	2	1	1	0
	슬로베니아	1	6	62	0	0	0	0	1	6	0	0	2	1	0
	리투아니아	:	4	2	1	:	:	1	28	:	:	2	:	:	:
	포르투갈	0	0	0	0	0	0	0	0	0	0	0	0	0	0
	벨기에	:	:	:	:	:	:	:	:	:	:	:	:	:	:
	그리스	:	:	:	:	:	:	:	:	:	:	:	:	:	:
	키프로스	:	:	:	:	:	:	:	:	:	:	:	:	:	:
	몰타	:	:	:	:	:	:	:	:	:	:	:	:	:	:
	네덜란드	:	:	:	:	:	:	:	:	:	:	:	:	:	:
	슬로바키아	:	:	:	:	:	:	:	:	:	:	:	:	:	:
	전체	59.842	30.732	25.687	24.962	18.025	16.441	11.863	10.509	9.066	8.165	7.191	6.791	6.740	6.232
	순위	1	2	3	4	5	6	7	8	9	10	11	12	13	14

진출국(시민권이 있는 국가)														
루마니아	불가리아	헝가리	키프로스	덴마크	룩셈부르크	슬로바키아	체코	리투아니아	슬롭니아	에스토니아	라트비아	몰타	전체	순위
320	263	688	3,276	1,734	503	74	250	71	89	57	64	315	100,581	1
1,407	1,782	2,046	195	651	1,302	476	1,082	452	486	213	281	31	61,536	2
1,837	1,093	358	63	312	1,097	139	207	67	26	24	53	13	32,977	3
318	1,066	900	55	64	297	573	223	31	419	15	13	4	18,644	4
91	64	20	3	289	13	5	17	1	4	78	0	50	17,203	5
3	7	112	76	57	17	52	87	9	259	5	12	3	14,638	6
132	60	115	2	658	2	13	13	45	8	109	52	0	6,149	7
–	245	52	37	3	2	3	–	2	–	–	–	–	5,369	8
112	0	12	65	0	0	3	0	2	4	0	0	0	5,166	9
15	0	2	0	22	14	0	3	3	0	0	0	3	3,473	10
1,008	31	:	152	4	1	529	17	1	21	2	2	3,351	3,351	11
69	31	20	0	0	1	1	5	30	1	11	13	1	2,342	12
5	30	14	23	9	0	1,038	0	8	18	8	6	0	2,161	13
51	37	70	2	37	0	6	10	30	1	386	16	0	1,631	14
37	107	66	5	11	1	76	250	531	5	11	50	1,527	1,527	15
1	2	0	0	3	0	0	0	130	0	–	112	0	556	16
2	0	0	0	0	0	0	0	0	0	0	0	0	473	17
0	1	0	0	1	0	0	1	38	0	41	0	0	113	18
0	3	7	0	0	0	1	0	0	0	0	0	0	90	19
:	:	1	:	:	:	:	:	:	:	11	49	20	49	20
0	0	0	0	0	0	0	0	0	0	0	0	0	0	21
:	:	:	:	:	:	:	:	:	:	:	:	:	:	22
:	:	:	:	:	:	:	:	:	:	:	:	:	:	23
:	:	:	:	:	:	:	:	:	:	:	:	:	:	24
:	:	:	:	:	:	:	:	:	:	:	:	:	:	25
:	:	:	:	:	:	:	:	:	:	:	:	:	:	26
:	:	:	:	:	:	:	:	:	:	:	:	:	:	27
5,048	4,822	4,482	3,954	3,855	3,250	2,989	2,165	1,451	1,341	961	685	420	278,029	
15	16	17	18	19	20	21	22	23	24	25	26	27		

[표 A 4.1.2] 2006년 EU 회원국 간 유학생: EU 27개 회원국 전체

		진출국(시민권이 있는 국가)													
		그리스	독일	이탈리아	프랑스	아일랜드	스페인	영국	폴란드	오스트리아	포르투갈	핀란드	네덜란드	스웨덴	벨기에
진입국	영국	16.031	14.842	17.989	8.933	6.817	25.997	8.628	1.166	998	944	6.340	4.848	3.984	1.722
	독일	:	6.346	6.268	7.582	16.106	440	5.355	1.700	12.853	4.468	218	1.612	1.607	6.351
	프랑스	6.565	:	2.014	4.455	3.427	498	3.664	415	2.876	4.332	206	2.593	603	419
	오스트리아	553	17.680	500	2.349	470	66	1.087	65	204	400	14	906	3.273	40
	스페인	10.174	445	237	6.188	1.341	49	394	1.228	1.373	628	24	59	127	:
	이탈리아	11.898	754	464	521	880	119	795	105	377	2ll	27	291	:	202
	스웨덴	3.044	l.619	288	722	926	149	1.163	50	95	234	2	199	708	486
	루마니아	207	26	113	24	246	40	20	14.664	lll	34	130	159	15	37
	불가리아	1.638	915	5.473	:	1.332	33	502	178	677	1.874	108	104	31	215
	아일랜드	1.624	1.785	198	2.711	595	60	:	91	610	1.283	66	2.356	289	146
	헝가리	341	35	:	71	85	0	11	10	506	244	8.966	4	10	7
	덴마크	1.408	40	158	23	64	48	32	2.324	44	3.334	280	10	15	54
	체코	1.072	229	49	158	651	60	149	30	116	229	2	47	184	43
	핀란드	713	800	61	226	173	:	388	15	38	71	10	18	79	59
	폴란드	323	158	52	133	155	36	121	21	68	122	4	25	80	33
	에스토니아	300	746	40	239	141	9	679	15	50	95	0	:	243	22
	룩셈부르크	344	77	24	41	:	14	36	160	96	62	9	35	10	33
	라트비아	27	7	799	9	9	0	4	3	:	75	527	4	1	4
	슬로베니아	265	41	606	100	4	–	8	–	200	:	21	12	6	13
	리투아니아	111	387	6	48	10	4	12	5	9	7	0	181	6	2
	포르투갈	18	6	98	4	28	1	3	:	13	66	21	0	0	7
	벨기에	13	5	0	6	1	1	5	0	4	2	0	0	0	2
	그리스	67	5	1	5	12	0	2	1	0	1	1	0	1	1
	키프로스	21	4	419	5	11	0	9	5	83	27	:	2	1	4
	몰타	100	56	3	35	175	2	32	3	7	0	0	29	7	13
	네덜란드	14	3	2	88	5	0	0	8	5	5	0	1	2	10
	슬로바키아	10	4	10	4	1	0	0	5	76	1	4	2	7	0
	전체	56.881	47.015	35.872	34.680	33.665	27.626	23.099	22.267	21.489	18.749	16.980	13.497	11.289	9.925
	순위	1	2	3	4	5	6	7	8	9	10	11	12	13	14

진출국(시민권이 있는 국가)														
루마니아	불가리아	헝가리	키프로스	덴마크	룩셈부르크	슬로바키아	체코	리투아니아	슬롭니아	에스토니아	라트비아	몰타	전체	순위
:	4.494	1.716	2.391	1.192	397	1.364	1.555	2.294	691	455	321	762	136.871	1
1.871	697	978	927	2.746	2.307	2.309	1.788	591	941	800	592	37	87.490	2
2.570	546	2.725	302	660	1.659	694	235	247	153	123	101	19	42.101	3
210	46	:	52	94	1.612	59	37	49	114	23	123	6	30.032	4
194	187	64	185	1.134	428	508	66	70	39	31	550	2	25.725	5
772	180	2.176	172	352	41	116	86	136	74	52	53	5	20.859	6
761	:	247	3.880	179	5	221	323	979	155	258	54	6	16.753	7
363	63	9	6	33	0	:	8	3	9	6	23	1	16.350	8
280	129	204	87	231	38	165	142	54	61	62	397	45	14.975	9
618	194	368	108	43	9	113	60	71	20	81	54	20	13.573	10
85	14	37	13	16	1	9	6	6	10	18	0	1	10.506	11
53	222	7	27	:	0	17	6	3	7	10	23	3	8.212	12
471	1.342	19	187	68	3	42	345	:	144	116	8	2	5.766	13
1.196	80	79	77	15	12	35	32	25	23	14	7	3	4.249	14
189	567	24	:	91	5	61	111	47	41	629	8	2	3.106	15
86	18	77	12	16	45	31	10	5	5	3	19	0	2.906	16
45	322	8	9	66	0	262	485	14	72	13	9	0	2.246	17
5	7	1	1	2	0	3	2	0	1	0	19	0	1.510	18
10	47	7	2	65	2	–	–	4	–	–	2	–	1.415	19
4	2	160	2	2	:	4	0	2	1	0	0	0	965	20
12	10	5	2	36	0	481	3	0	0	0	3	2	819	21
3	13	2	398	5	0	0	84	3	198	:	0	0	745	22
15	4	0	3	0	0	6	526	3	:	61	0	0	715	23
50	3	1	6	2	0	7	6	0	5	1	0	0	672	24
8	9	10	22	2	0	16	:	6	67	5	9	0	616	25
0	2	2	0	17	0	3	0	1	2	2	:	0	172	26
16	4	2	1	2	0	1	1	2	1	4	0	:	158	27
9.887	9.202	8.928	8.872	7.069	6.654	6.527	5.917	4.615	2.834	2.767	2.375	916	449.507	
15	16	17	18	19	20	21	22	23	24	25	26	27		

부록 4.2 UN 인구분과위원회에 따른 지역의 정의

부유한 국가에 대한 정의는 더 발달된 지역의 정의와 같다. 부유한 국가는 유럽의 모든 지역과 북아메리카, 호주/뉴질랜드, 일본으로 구성된다.

가난한 국가에 대한 정의는 덜 발달된 지역의 정의와 같다. 가난한 국가는 아프리카와 아시아(일본을 제외한), 라틴아메리카, 카리브 해의 모든 지역 그리고 멜라네시아, 미크로네시아, 폴리네시아로 구성된다.

[유럽 지역의 정의]

동유럽:
벨라루시, 불가리아, 체코, 헝가리, 폴란드, 몰도바, 루마니아, 러시아, 슬로바키아, 우크라이나

북유럽:
채널군도, 덴마크, 에스토니아, 페로에제도*, 핀란드, 아일랜드, 아이슬란드, 맨섬*, 라트비아, 리투아니아, 노르웨이, 스웨덴, 영국

남유럽:
알바니아, 안도라*, 보스니아-헤르체고비나, 크로아티아, 지브롤터*, 그리스, 홀리씨[12]*, 이탈리아, 몰타, 몬테네그로, 포르투갈, 산마리노*, 세르비아, 슬로베니아, 에스파냐, 구 유고연방, 마케도니아

서유럽:
오스트리아, 벨기에, 프랑스, 독일, 리히텐슈타인*, 룩셈부르크, 모나코*, 네덜란드, 스위스

2007년 기준 인구가 100,000명 이하인 국가 혹은 지역은 별표(*)로 표시되었다.

출처: 유엔 인구분과(2008a).

5장

유럽 대학의 재정적 질식

◎

5.1 취약한 대학 재정

이번 장의 제목에서는 별로 기분 좋은 느낌이 들지 않는다. 좀 숨이 막히는 감이 있지만, 유럽이 최고 인재들을 유인하고 역량을 계발하는 대학 경쟁력의 바탕을 잃어 가고 있다는 사실을 깨달아야 한다. 대학의 재정적 능력(학생 1인당 예산)은 때에 따라 약간 상승한 적도 있기는 하나, 70년대 이래로 지난 40년간 계속적으로 내리막길을 걸어왔다. 이는 다음 5.2의 주제이다.

유럽 대학의 재정 부족은 대학의 공공성을 빌미로 기화(奇貨) 균등이라는 건전한 원칙을 대학에 적용시킨 결과로서, 대학 재정이 공공 재정이라는 점에서 조세율이 내려감에 따라 재정 압박을 받게 된다,

기회의 균등은 지금처럼 기회를 부여하는 측이 아니라 기회를 얻고자 하는 쪽에 재정 지원을 함으로써 보장해야 한다. 5.3에서는 기회 균등의 원칙을 유럽의 문화와 사회 그리고 기회 균등을 보장하는 데 공헌하는 각기 다른 지원금과 융자 제도를 중심으로 논의한다.

5.4에서는 대학의 '다른' 수입에 대해서 살펴본다. 여기에는 기부, 상

업성 교육 프로그램 운영, 연구 성과의 상품화 등이 포함된다. 미국에 비해서 유럽에는 대학에 기부하는 문화가 조성되어 있지 않다. 유럽에서 공공 자금을 넘어서 대학의 수입원을 다양화하는 것은 (영국을 앞세우더라도) 매우 어려운 일이다. 국공립 대학에 대한 국가의 재정 지원은 '포뮬라 펀딩 방식의 지원'이라는 제목이 붙은 5.5의 주제이다. 우리가 이전에 언급한 모든 지역에서 학생을 지원하기 위한 다음의 인센티브는 국공립 대학에 대한 재정 지원에 거의 포함하지 있지 않다.

- 대학에서의 학습에 대한 새로운 지식을 도입함으로써 학습 과정을 혁신한다.
- 세계화 과정을 혁신해서, 세계화된 세상에 대한 학생들의 준비도를 높인다.

이번 장의 마지막인 5.6은 요약과 결론이다.

5.2 공공 재정의 침식

질적 측면을 생각한다면, 재정 기반은 선제 조건이다. 어떠한 식으로든 학생 1인당 지출이 줄어든다는 것은 그만큼 질이 떨어짐을 의미한다. 예산이 없으면 학습량이 줄어들고, 세계화된 노동 시장을 위한 준비가 덜 되며, 문제 해결 능력이 낮아진다는 등의 문제가 연쇄반응을 일으킨다. 일정 한계를 넘으면 그렇다는 말이다. 기술과 능력이라는 대학의 산출물과 투입물 사이의 관계는 [그림 5.1]과 같이 점근적이다. 그림에서 모든 징후가 하향 곡선을 그리고 있는데 이는 유럽 대학이 경쟁에서 우위를 잃고 있다는 것을 의미한다. 제목에서 사용된 '질식'이라는 단어는 특정 기관이나 개인이 대학을 질식시켰다는 뜻이 아니다.

[그림 5.1] 대학의 산출물과 투입물 사이의 관계

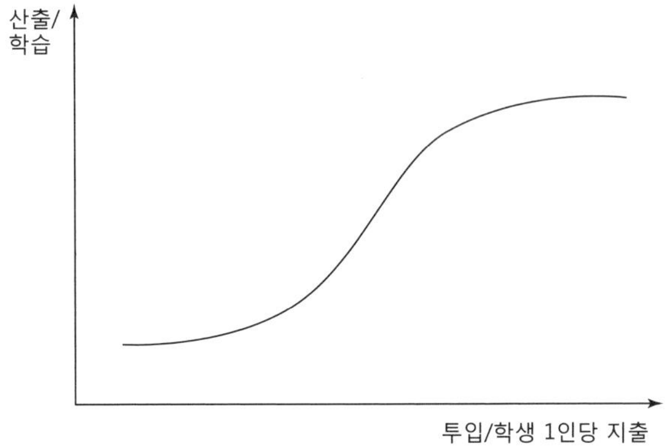

물론 누군가가 질식을 시킬 수 있다. 그러나 이 문제는 경우가 다르다. 제2차 세계대전이 일어나기 전부터, 대학은 정부의 일개 부서처럼 국가 재정만으로 운영되는 조직이었다. 그런데 제2차 세계대전 이후에 대학생이 갑자기 늘어나면서부터 대학에는 점차로 산소가 부족해져 갔다. 정부가 학생들의 학자금을 지급하고 장학금을 지급하는 방식은 국민이 대학을 국가가 운영하는 사회봉사 기구처럼 생각하게 하였다. 이러한 사회적 인식은 기회 균등을 보장하기 위해서 정부가 학생들의 학비를 전적으로 지원하는 제도와도 결부되어 있다. 국가 예산으로 대학에서 무상교육을 하는 한편 학생들의 생활비까지 지원하는 방식은 '유럽의 전통'이 되었다. 이러한 전통은 다음과 같은 상황에서 대학이 숨을 쉬기 어렵게 하는 원인이 되었다.

- 대학생 수가 늘어서 정부의 지원 규모가 커져야 하는 경우
- 학생 1인당 예산은 늘어야 하는데, 교수에 관한 비용은 올려주지 않는 경우
- 납세 의욕이 감소해서 국가가 GDP 대비 관련 예산을 줄이고자 하는 경우

대학을 국가재정만으로 운영한다는 틀에 박힌 사고를 하는 한, 학생 1인당 예산을 줄여나가는 방법 외에는 다른 대안이 없었다. 이런 틀에 박힌 사고에서 벗어나서 대학 교육을 받는 이들에게 돈을 받는다는 것은 정치적으로 불가능에 가까운 일이다.

고등교육을 포함한 모든 수준의 교육이 국가재정으로 운영되고, 누구나 입학할 수 있어야 한다는 이상적인 생각은 제2차 세계대전 이후의 유럽에 널리 퍼져 있었다. UNESCO는 (세계인권선언의 26조에 따라) '누구든지 소정의 자격만 갖추면 평등하게 고등교육을 받을 수 있어야 한다'는 것을 기본적인 원칙의 하나로서 채택하였고, 이 구절은 ('제대로 된' 중등학교 졸업 자격만 갖추었다면) 등록금을 내지 않고 누구든지 어디에 있는 대학이든지, 갈 수 있어야 한다는 주장의 근거로 유럽의 정치가들이 자주 인용하였다.

독일은 이 상황에 딱 들어맞는 사례이다. 헌법 12조(1956년 3월 19일에 개정되어서, 직업 선택의 권리와 강제 노동의 금지를 명시)는 국공립 교육기관이 등록금을 받지 못하도록 할 때 자주 인용되었다. '모든 독일인들은 업종과 직업, 직장 그리고 교육에 대해서 자유로이 선택할 권리가 있다'는 항목이다. 그러나 2005년 1월, 독일연방헌법재판소(Bundesverfassungsgericht)가 이 조항에 근거하였던 등록금 부과 금지에 대한 판결을 뒤집었다. 현재 독일에서는 모든 주에서 대학이 등록금을 부과할 것인지 얼마나 부과할 것인지 자치적으로 정할 수 있게 되었다.

예산 전액을 국가가 제공하는 것은 균등한 기회를 최대한 보장하기 위한 방안이었다. UNESCO 웹 사이트에는 이 점에 대해서 분명히 하고 있다. 그러나 여전히 유럽 대부분의 지역에서 널리 추구되고 있는 이러한 관념이 유럽의 대학을 질식시키고 있다. 이는 오로지 모두에게 최고 수준의 대학 교육을 제공하기에 충분한 국가재정을 확보할 수 없기 때문이다. 유럽의 문화적·사회적 그리고 경제적인 경쟁력을 제고하

[그림 5.2] 1950~2005년 네덜란드에서의 학생 1인당 지출 감소

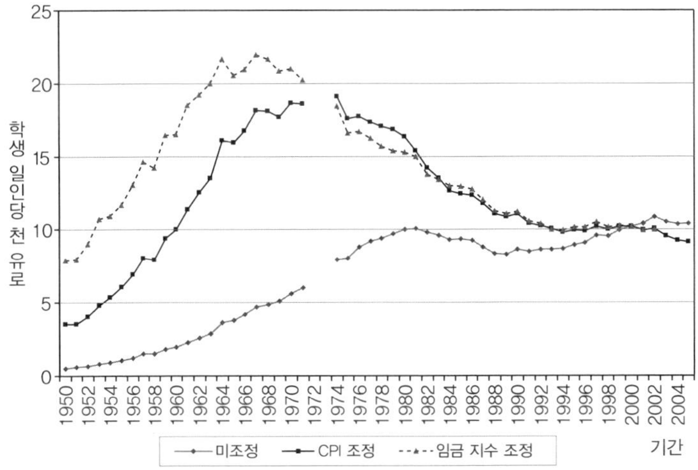

주: 지출은 학생의 수로 나누어지며 소비자 물가지수(CPI)와 임금지수 각각에 의해 수정된다(2000일 때=100이 기준 연도이다). 학생 수는 직업 훈련과 학문 고등교육에 속한 학생을 포함한다. 1972년과 1973년에는 학문 고등교육의 등록자 수에 대한 유효한 데이터가 존재하지 않아 제외되었다.
출처: 이러한 계산은 CBS StatLine에서 지출과 학생 수에 대한 자료(2008)와 소비자물가지수에 대한 자료(2009a) 그리고 임금지수에 대한 자료(2009b)를 기반으로 하고 있다.

는 데 대학이 중요한 역할을 해야 한다면, 국가재정이라는 올가미에서 벗어나야 한다. 기회 균등에 관해서는 국가재정도 장학금이나 학자금 융자와 같은 방법으로 유지·확대시킬 수 있다.

대학 교육의 규모와 수준에 대한 사회적 요구와 학생 1인당 지출의 감소를 결부시켜서 생각해 보면, 이러한 질식 상태가 가시화된다. [그림 5.2]에서는 네덜란드의 공사립 고등교육 기관에서 학생 1인당 지출이 감소하는 사례를 보여주고 있다. 다른 유럽 국가에서 이처럼 긴 시간에 걸친 자료를 찾는 것은 쉽지 않지만, 우리는 1980~2007년 기간의 프랑스 그리고 핀란드[31]에 대한 자료도 찾을 수 있었다. 자료에 따르면,

31 고등교육에 대한 지출과 학생 숫자에 대한 자료 중 프랑스에 대한 자료는 Institut National de la Statistique et des Études Économiques(Insee, 2010)에서, 핀란드에 대한 자료는 핀란드 교육부(Opetusministeriö, 2010)에서 찾았다.

학생 1인당 지출에서 프랑스의 경우에 실질 가치 상의 변화는 없었지만 소득 수준이 비슷한 다른 유럽 국가에 비해서 낮은 수준이었다. 핀란드는 '명망 있는' 국가답게 학생 1인당 지출이 약간 증가하였다. 카이저 등(Kaiser et al., 1992)은 그들이 연구하던 시기에 EU 회원국이던 12개국 중 7개국에서 1975년에서 1988년 사이에 고등교육에 대한 공공지출이 감소하였다고 지적한다. 이 7개국은 조사대상 국가들 중에서 학생 1인당 지출이 많은 편이었다.

[그림 5.2]을 보면 1950년에서 1970년 사이에는 학생 1인당 지출이 급격하게 증가한 것을 보여준다. 그런데 학생 숫자가 증가하면서, 학생 1인당 지출이 감소하기 시작하였다. 그림에서 1975년 이후 소비자물가지수와 임금지수의 상관성이 높다는 것을 보여준다(1973년 이후로 임금은 오직 물가상승률만큼만 증가하였다!). 조정된 소비자물가지수 또는 임금지수 역시 거의 같은 결과를 보여준다. 1975년과 2005년 사이 학생 1인당 실질 지출은 반감하였다. 네덜란드는 불행하게도 유럽 전역에서 실제적으로 이 경우에 해당하는 국가의 예로 사용되었다.

대학은 '사람'이라는 요소가 강력하게 작용하는 곳으로 지출의 대부분이 인건비성 경비이다. 따라서 학생과 교직원의 비율을 유지하면서 혁신하는 식으로는 '생산성'을 제고할 수 있는 여지가 없다. 이는 임금지수가 시간에 따라서 결정되어야 한다는 것을 의미한다. [그림 5.2]에서 시간에 따른 임금을 반영하여 조정된 지출의 규모는 크게 감소하고 있다.

1975년 이후 학생 1인당 지출이 감소한 네덜란드와는 다르게 미국에서는 1959년과 1969년 사이에 지출이 고등교육 가격지수[32]에 맞추어 조정되면서 학생 1인당 지출이 늘었다([그림 5.3] 참조). 이렇게 조정된

32 HE 가격지수는 시간에 따른 학생 1인당 지출을 기준으로 한다. 이는 임금지수와 비슷하다.

[그림 5.3] 1960년, 1969~2007년 미국의 학생 1인당 고등교육 지출(고등교육 가격지수에 의한 현재 그리고 조정된 값 1982=100)

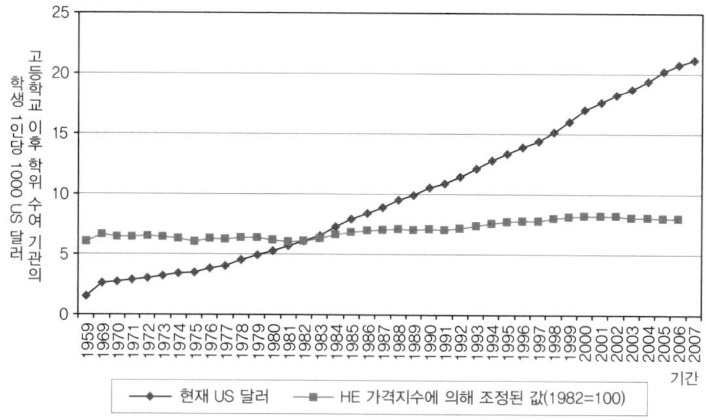

주: 1959년의 HE 가격지수는 1960년의 가치와 비슷하다. HE는 고등학교 이후 학위 수여 기관을 의미한다. (1995년의 데이터는 고등교육 기관의 것인 반면 이후 데이터는 학위 수여 기관의 데이터이다. 학위 수여 기관은 협회 혹은 고등 학위를 승인하고 타이틀 Ⅳ 연방 재정 지원 프로그램에 참여한다. 학위 수여 범주는 조기 고등교육 범주와 매우 비슷하다. 하지만 하지만 이것은 더 많은 2년제 대학을 포함하고 학위를 수여하지 않는 몇몇 고등교육 기관은 포함하지 않는다. Dillow 외, 2009: 46).
출처: Dillow et al., 2009. 표 3(등록 수): 25(교육에 대한 지출): 31(가격지수).

지출은 1970년대에 다소 감소하였다. 1982년이 되어서 고등교육 가격으로 조정된 학생 1인당 지출은 21세기 초반까지 증가하다가 최근에 들어서 다시 약간 감소하기 시작하였다. 이렇게 증가하는 학생 1인당 지출 추세는 네덜란드의 급격한 감소 추세와는 사뭇 다르다.

[그림 5.2]를 보는 외부 사람은 지출을 줄이면 교육의 질이 떨어질 줄 알면서도 사회가 고등교육에 대해서 별로 생각하지 않고 지출을 줄였다거나, 교육의 질은 유지하면서 학생 1인당 지출을 줄일 수 있도록 고등교육의 생산성이 향상되었다고 생각할 것이다. 여기서 첫 번째 경우는 확실하게 아니라고 할 수 있다. 요즈음 말하는 '지식 경제'란 1960년대 이래로 교육을 최고의 투자의 하나로 여기면서 형성된 개념이다. 두 번째 가설 또한 즉각 기각될 수밖에 없는데 바로 소위 '보몰의 병리(Baumol's disease)'때문이다. 보몰(1967)은 임금 증가가 제조업 부분에

서의 생산성 증가의 결과인 반면에, 그 일을 하는 사람이 전적으로 일의 질을 좌우하는 서비스(예를 들면, 발레, 드라마, 보육 또는 교육 등)의 상대적 가격은, 다른 부문에서 사람을 유인하기 위해서, 시간이 흐름에 따라서 임금이 올라가게 되어 있다는 것이다. 지구의 반대쪽에 있는 미국이나 일본에서는 일찍이 이러한 '보몰의 병리'를 이해하고 1960년대의 지출 수준을 유지하여 2000년에는 미국이나 일본의 대학생 1인당 지출이 유럽의 2배를 넘었다. 첫 번째와 두 번째 설명 사이에 있는 것이 교육에서 지출은 [그림 5.1]과 같은 점근 궤도상에 있어서 투입물의 감소가 산출물의 급격한 감소를 초래하지는 않을 것이라거나, 또는 대학 졸업생의 수준이라는 산출물이 사회적으로 그렇게까지 중요한 건 아니라는 입장이다. 두 가지 모두 교육의 중요성에 대한 정치적 입장 표명과는 뚜렷한 대조를 보이며 예산 삭감을 위한 정치적 논리로 동원되곤 하였다. 정치가(그리고 공무원)들 중에는 예산 삭감이 연구 생산성의 증가와 대학의 중도 포기자, 즉 중퇴생의 감소로 이어져 왔다고 주장할 것이다. 이들의 주장이 사실이 아니라는 것을 굳이 지적할 필요는 없을 것이다. 연구 생산선은 예산 삭감에 의하여 증가한 것이 아니라 연구 성과의 발표와 인용을 중시하게 되면서 증가한 것이다. 예산이 삭감되지 않았더라도 이러한 환경의 변화에 따라서 연구 생산성은 높아졌을 것이다. 대학 중퇴생의 비율은 예산 삭감으로 줄어들기보다는 오히려 예산 삭감 때문에 악화될 가능성이 크다. 대학이 중퇴생 비율을 투명하게 발표하게 되면서 대학은 학생들이 중퇴율이 높은 대학을 선택하고 싶어 하지 않는다는 사실을 알게 되었다.

학생 1인당 지출이 감소하게 된 진짜 이유는 높아지는 고등교육 참여율을 감당하지 못한 정치적 무능이었다. 1960년대에 대학 교육의 확대를 바람직하게 여기며 그렇게 되기를 기대하는 입장에서 수행한 연구에서는 한결 같이 대학 교육의 확대가 공공 자금만으로는 가능하지 않다는 결론을 내렸다(1997년 영국 Dearing Report 참조). 대학 교육의 확대를 위해서는 민간 재원이 필요하고, 유럽에서 재학 기간과 교육의 질적 수준을 구별해서 생각해야 한다는 것이다. 1960년대 대학생의 평균적인 재학 기간은 독일 또는 네덜란드의 경우에 7~8년이었다. 이는 1950년대 또는 1960년대에 선발된 소수 엘리트만이 대학에 다니던 시절에는 받아들여질 만하였다. 그러나 1970년대 이후의 대학 졸업생을 대상으로 하는 노동 시장의 수요와는 어울리지 않았다. 대학의 수학 내용에 대해서 노동 시장의 수요는 다양하였던 반면에 대학에서는 모든 경우에 두루 쓰일 단 한 가지 유형의 졸업생을 내보내고 있었다. 1990년대에 독일의 시사주간지 『슈피겔(Der Spiegel)』은 독일 대학 졸업생의 졸업 평균 나이와 예상되는 은퇴 나이를 생각해 볼 때, 독일에서는 대학을 졸업한 지 불과 이삼십 년만 일하면 은퇴할 수 있다는 풍자성 기사를 실은 바 있다.

대학의 수용 능력을 늘려야 한다는 요구는 대학이 인재를 배출하고 사회적 유동성을 촉진한다는 점에서 긍정적으로 받아들여졌다. 노동 시장에는 더 많은 대학 졸업생에 대한 수요가 있다. 그러나 엘리트 교육을 지향하면서 중퇴율이 높고, 모든 학생의 재학 기간이 길어도 대학 교육의 효율성에 별 관심이 없었던 유럽의 대학은 대규모 교육을 하기에 절적하지 않은 점이 많았다. 유럽 대륙에서는 국가마다 기존 대학을 정비하지 않은 상태에서 대학을 늘리면 안 된다는 경고가 담긴 공문서가 있다. 그러나 대부분의 경우에 중요한 변화를 이루기 위한 정치적인 지원이 부족하였다. 국가 경제가 호황이어서 재정적인 제약이 심각하게 여겨지지 않을 때나 변화를 생각해 보는 분위기였다.

1970년대 오일 쇼크과 그 이후의 스태그플레이션으로 인해 공공 자금만으로 운영되는 엘리트 교육 시스템이 대규모 교육에 취약하다는 사실이 드러났다. 정부는 대학의 학위 과정의 재학 연한을 줄이고 예산을 급격히 삭감하는 방법 이외에는 달리 선택의 여지가 별로 없었다. 후자로 인한 효과는 5.2에 잘 나타나 있다. 노동 시장에서 대학 졸업생에 대한 수요가 증가하고 사회적 수요는 이보다도 더욱 빠르게 증가함에 따라 학생 수를 제한하는 것은 불가능하였다. 대학의 유연성과 혁신을 증가시키기 위해서 대학 지배 구조의 변화를 시도한 국가도 있었지만, 이는 이례적인 경우였다.

유럽 대륙에서도 재학 기간에 대한 구조 조정을 시도하였지만, 고등교육 참여율이 높아짐으로 해서 대학의 총비용이 상승하는 것을 막기에는 불충분하였다. 예산 규모를 유지하기 위해서는 비용을 예산 범위 내로 낮추어야 하였다. 또한 예산을 삭감하라는 압박도 심하였다. 한편으로는 1980년대의 경제 침체 때문에 늘어만 가는 정부의 재정 적자를 줄여야 하였고, 다른 한 편으로는 세금을 낮추라는 압박이 거세졌다. 세금을 낮추는 것은 미국에서와 마찬가지로 유럽에서도 경제적인 논리였을 뿐 아니라, 신보수주의와 반정부 이데올로기에 기반을 둔 정치적 논쟁에서도 지배적인 논리였다. [그림 5.4]는 EU에서 GDP 대비 공공 지출의 감소를 보여주고 있다. 이 그림을 보면, 지난 15년 동안 공공 서비스가 현저히 감소하는 한편 건강이나 노인복지 쪽의 예산은 늘어났음을 나타내고 있다. 고등교육은 양적으로 증가하였지만 고등교육에 돌아가는 몫은 수입 감소와 공공 지출의 대안적 수요라는 일반적인 압박 아래서 상당한 감소를 보이고 있다. 프레스코트(Prescott, 2002)는 레이건 대통령의 정책을 유명하게 만들었던 '래퍼 곡선(Laffer curve)'과 매우 유사한 경제적 틀 안에서 과세 수준을 정하였다. 이에 따르면 국가의 세율을 낮출수록 경제 성장률은 높아지고 이에 따라 세금 수입은 많아진다는 것이다. 실제로 미국에서는 과세 수준을 낮추었을 때 예산 적자는 계속되었으나, 한편으로는 추가적인 경제 성장을 경험하였다. 독일 등 몇몇 유럽 국가에서도 경제를 활성화시키기 위한 방법으로 경기

[그림 5.4] 시간에 따른 세율(GDP당 공공 지출)

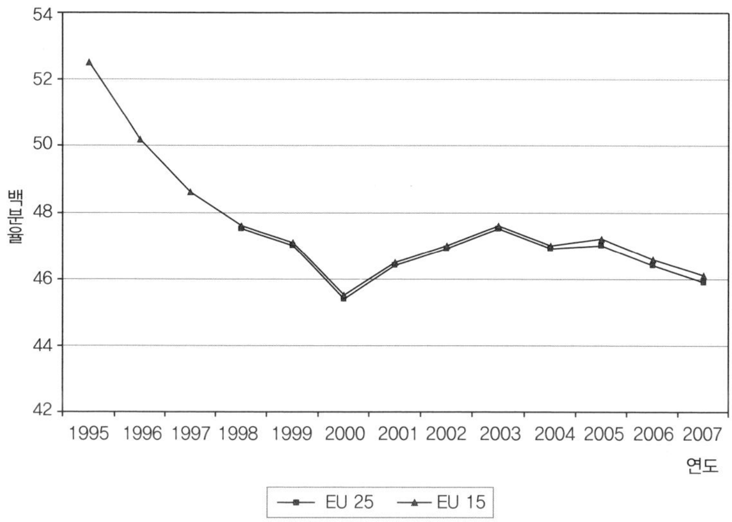

출처: 유로스탯(2008a).

침체 이후에 세금을 줄이는 방안을 계속적으로 추진해 온 점에 주목해 보라.

공공 자금이 감소하고 고등교육에 대한 사회적 수요가 증가할 때에는 오직 등록금이나 기인적인 기부금과 같은 민간 재원만이 대학을 질식 상태로부터 벗어나게 할 수 있다. 그러나 1960년대와 1970년대에는 정부가 등록금을 높이겠다는 엄두도 낼 수가 없었고 미국과 같이 대학을 상대로 한 자선 활동의 전통이 유럽에는 없었다(이번 장 후반부에서 더 자세히 다룸). 유럽에서 아주 드물게나마 등록금을 부과하거나 올리겠다는 시도를 하는 경우에는 학생과 대학이 격렬하게 반대하였고 때때로 시위나 폭동이 있기도 하였다. 이후에 경제가 위축되자 등록금 제도를 도입하거나 인상하는 것은 매우 어렵게 되었다. 고소득층 학부형들조차 '그동안 세금을 (심지어 누진세율로) 냈으니 아이들의 교육비는 다 낸 것'이라는 논리로 맞섰다.

1980년대 후반에 등록금을 위한 정치적 문이 약간 열릴 틈을 보이자, 네덜란드(1990), 포르투갈, 오스트리아, 폴란드와 영국(1995) 정부는 이 기회를 이용하였다. 이탈리아와 같은 몇몇 국가들에서는 국공립 대학의 궁핍화('Verelendung')에 따라 민간 재정이 이미 증가하고 있었다. 특히 사립대학의 재정은 전적으로 등록금으로 충당하게 되었고, 2005년에 이르자 OECD 국가에서는 [그림 5.5]에서 보여주는 수준으로 공공 재원과 민간 재원이 복합적으로 대학 재정에 기여하게 되었다. 고등교육을 위한 재정의 민간 재원으로는 다음 두 가지를 꼽을 수 있다.

- 국공립 대학의 등록금
- 사립대학의 재정을 (거의 전적으로) 충당하는 등록금

사립대학의 경우에 기부금이 충분하다면 비용 전부를 학생들에게 부과할 필요가 없다. 그러나 경제공황 이전에 5,000억 달러에 상당하는 기부금을 확보하였던 미국(Hammond, 2008)과는 달리 유럽에서 기부금은 대학 재정에 별다른 기여를 하지 못한다. 유럽 사립대학의 기부금을 다 합쳐 보아도 최대 몇 십억 유로 정도밖에 되지 않는다. 결과적으로 사립대학에 다니려면 학생이 모든 비용을 부담할 수밖에 없다. 국공립 대학은 기부금이 있는 경우가 더 드물어서, 국공립 대학은 공적 자금과 등록금으로 꾸려 나가야 한다(5.3 참조).

[그림 5.5]에서 민간 재원은 가계의 기여(등록금)와 기부나 기업과의 계약에 의한 소득으로 양분된다. 그림의 2005년도와 1995년도를 비교해 보면, 특히 1995년에 등록금이 사실상 무료였던 포르투갈, 스웨덴, 슬로바키아뿐만 아니라 1995년과 2005년 사이에 민간 재정 부분이 두 배로 증가한 일본, 미국과 칠레에서 민간 재정 비율이 상당히(5% 포인트) 증가한 것을 볼 수 있다.

EU에서 현재 영국은 등록금 액수 면에서 선두이고, 포르투갈이 그

[그림 5.5] 2005년(상위)과 1995년(하위) OECD 국가에서 고등교육에 대한 총지출을 퍼센트로 살펴본 공공 그리고 사적 지출

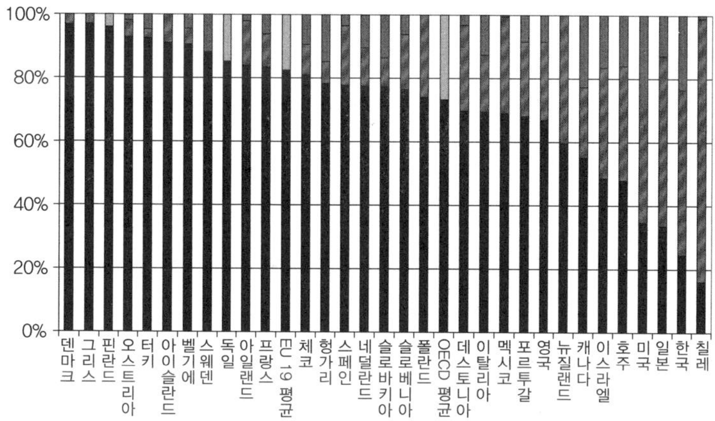

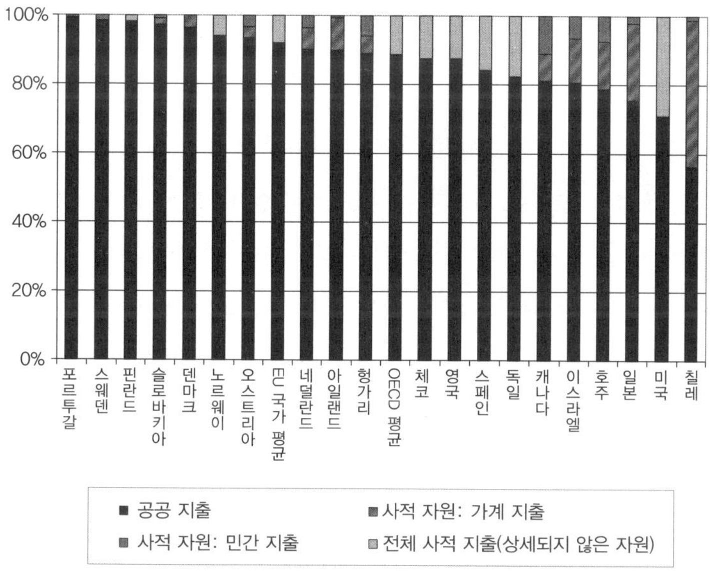

주: OECD는 가계와 다른 민간 영역에서 공공 보조금을 제외한 공적 지출의 데이터를 보고하였다. 대부분의 경우에서, OECD는 사적 지출에서 보조금을 분할하기 위해 보조금에 대한 충분한 정보를 제공하였다.
출처: OECD(2008a). 표 B3.2b(상단). 첫째 항의 캐나다와 터키의 데이터는 OECD(2007a)의 2004년 데이터이다. 표 B3.1(하단).

뒤를 따르고 있다. 등록금 인상에는 언제나 기회 균등 원칙에 어긋난다는 반론이 있었고, 그에 따라서 경제적으로 궁핍한 학생들을 위한 장학금과 학자금 융자의 추가적인 여지를 남겨 놓았다(다음 장 참조).

[그림 5.5]의 상반부를 보면, 유럽의 각국은 고등교육 비용에서 민간 재정 비율에 관한 한 세계적으로 불리한 위치에 있다. 반면에 비유럽 OECD 국가는 좀 더 여유 있는 민간 재정을 확보하고 있다. 터키는 예외적으로 유럽과 거의 비슷하다. 터키의 명문 대학은 대부분 사립대학(빌켄트대학, 코스대학, 사반키대학 등)인데, 그림에는 사립대학의 지출이 포함되지 않았다. 그런가 하면, 영국, 포르투갈, 이탈리아 그리고 폴란드는 비유럽 OECD 국가들과 비슷한 유형이라는 점에서 또 다른 예외라고 할 수 있다. 2005년에 칠레와 한국은 다른 어느 국가들보다 민간 재원 의존도(±80%)가 높았다. 다음으로는 일본이다. "일본의 고등교육은 주로 등록금을 부과하는 기관에 의해서 공급된다. 일본의 국공립대학은 선진국 중에서 등록금을 가장 많이 받는다."(Hahn, 2007: 6).

영리 목적의 교육은 믿을만한 자료를 구할 수 없으므로 통계에서 제외하였다. 이들은 OECD 회원국과 비회원국에서 성장세에 있는 것으로 보인다. OECD 외부에서, "중국은 1978년에 고등교육에 민간 재정을 사용할 수 있도록 여러 가지 개혁을 시행하였고, 이어서 1985년에는 대학이 산업체와 협력할 수 있도록 허가하였고, 1989년에는 등록금을 부과하는 것을 허용하였다[……]. 1990년부터 2001년까지 고등교육 지출에서 공공 재정의 몫이 99%에서 55%로 줄어들었다는 관측도 있다. 이것은 민간 재정이 눈에 띄게 증가되었음을 의미한다. [……] 이러한 증가는 고등교육에 등록하는 학생 수의 대량 증가로 인해서 시작되었고 유지되고 있다."(Hahn, 2007: 6). 한(2007)에 따르면, 중국이 거의 영리 목적의 고등교육 쪽으로 돌아섰다고 한다.

"인도에서는 20세기 후반에 중앙정부와 지방정부의 지원으로 대학 교육이 확대되었다. 1997년에 인도 정부가 종전 명목적으로 받던 등록금의 현실화를 종용하는 내용을 포함해서 인도 대학의 재정 자립을 촉구하면서 인도 대학의 재정 압박이 시작되었다. 인도에서는 1983년에서 2003년 사이에 1인당 교육 지출이 4배로 늘면서, 개인의 교육비 지출이 엄청나게 늘었다는 국가 보고서가 있다."(Hahn, 2007: 6~7).

"인도네시아에서는 1990년대 후반까지 중앙 정부가 대학의 등록금을 책정하다가 1998년에 몇몇 대학에 등록금을 책정할 수 있도록 하는 법안이 통과되었다. 2003년에는 실상 모든 대학이 등록금을 책정할 수 있게 되었다. 1970년대 후반에는 인도네시아 고등교육 기관 수입 중에서 등록금 수입이 10%도 안 되었으나 2004년에는 20%까지 상승하였다."(Hahn, 2007: 6).

2001년도의 고등교육 지출에서 공공 자금과 민간 재원의 총계를 내보았을 때, 애기언 등(2008)에 따르면, 총액에서 상위권은 미국에서 시작에서 북유럽 국가로 이어지는 경제 대국들이다. 미국과 북유럽 국가의 차이점이라면 미국은 민간 재원 비율이 가장 높았고, 북유럽은 공공 자금 비율이 가장 높았다는 점이다. 나아가, 미국에서는 "공공 자금만 해도 EU보다 상대적으로 많다(29쪽)." 놀라운 점은 영국이 고등교육에서 민간 재정을 상대적으로 적게 사용했다는 점이다.

한발 더 나아가서 민간 재정과 공적 재정 사이의 관계를 좀 더 일반적으로 살펴보자. 고등교육에서 민간 재정과 학생 1인당 지출은 어느 정도로 관련되어 있을까? 이는 [그림 5.6]에 나타나 있다. 국가의 재정 수준을 고려하기 위해서 우리는 국민 1인당 GDP 대비 학생 1인당 지출을 선택하였다. 물론 등록금을 많이 낸다고 해서 더 낸 만큼씩만 총지출이 늘어나는 것은 물론 아니다. 교육의 총비용은 다른 공공의 목적을 위해서 증가할 수도 있다. 공공 지출과 민간 지출의 합계인 총지출

[그림 5.6] 2005년 1인당 GDP로 살펴본 학생 1인당 사적 지출에 대한 학생 1인당 총지출

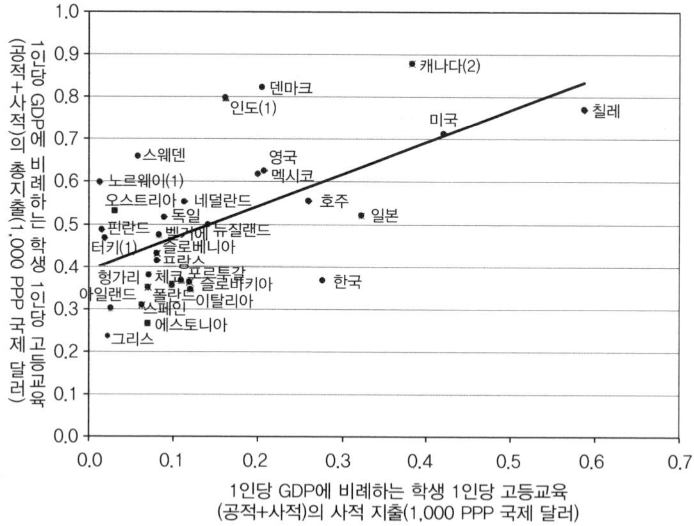

주: CHI=칠레; 터키 노르웨이 인도의 참고 연도는 2003년이다. 포르투갈과 캐나다는 2003년 2004년의 학생 수를 각각 참조하였다. 인도의 2003년 학생 수는 오자를 수정하여 적용하였다.
방법론: 정부와 사적 지출을 PPP 전환 요소로 1,000 PPP 국제 달러로 전환하고 이후 학생 수로 나누었다. GDP는 인구 수로 나눈 뒤 PPP 전환 요소로 1,000 PPP 국제 달러로 전환하였다. 그 후 학생 1인당 정부 지출과 사적 지출을 1인당 GDP로 나누었다.
출처: 백만 국가 통화와 학생 수의 정부 지출과 사적 지출: OECD(2009); GDP(LCU 통화=지역 통화 단위), 인구, PPP 전환 요소(국제 달러당 LCU): 세계은행(2009).

에서 민간 지출의 효과를 측정한 결과 다음과 같은 회귀방정식이 성립하였다. 괄호 안의 수치는 표준오차이고, R^2는 0.355이다.

$$\text{총지출} = \underset{(0.1897)}{0.757}(\text{민간 지출}) + \underset{(0.0374)}{0.392}$$

국제유효구매지수로 환산하였을 때, 교육비 총지출에서 민간 재정이 1달러 늘어나면 총지출은 0.75달러가 늘어난다. 이 효과는 1%(p값은 0.0004)수준에서 유의하다. 예상하였던 바와 같이, 민간 재정이 1달러 증가하는 경우에 총지출 증가는 1달러 미만이라는 것이다. 달리 말하

[그림 5.7] GDP의 비율로 본 고등교육 지출(2002)

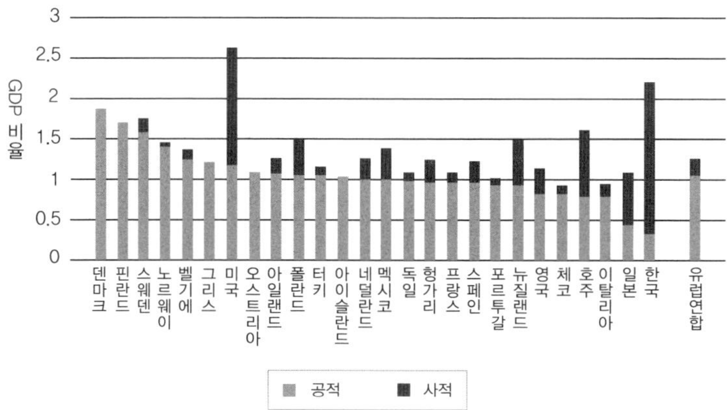

출처: 슐라이허(Schleicher, 2006: 10), 표 8.

면 민간 지출의 1/4 정도가 공공 재정에 먹혀들어 가거나 공공 자금 감소에 기여하고 있는 셈이다.

우리가 회귀분석으로 찾아낸 국제적인 경험과 같이 학생의 지출이 민간 재정과 관련되어 있다면, 정부는 총지출을 줄이는 데에 민간 재정의 1/4만을 사용하고 있는 셈이다. [그림 5.7]은 이에 더하여, 고등교육에 대한 GDP 대비 민간 지출이 늘면 공공 지출은 어느 정도 줄어드는데, 총지출은 올라가는 경향이 있다는 점을 보여준다. 이 그림에서는 미국과 한국을 선두로 해서 이런 경향이 심화될 수 있는 여지를 보여준다. 고등교육에 GDP의 2% 이상을 지출하는 나라는 이 두 나라뿐인데, 미국은 공공 재정과 민간 재정의 복합되어 있고, 한국은 거의 대부분을 고등교육의 민간 재정에 의존하고 있다. 이 부분에 관해서 EU 회원국은 (GNP를 고등교육에 할애할 생각도 없을 뿐더러) 욕심을 내는 정도라야 미국의 반도 안 되는 수준으로서 빅4(독일, 프랑스, 스페인, 이탈리아)마저도 매우 낮은 수준에서 제자리걸음을 하고 있다.

1995년에서 2005년에 이르는 10년 동안에는 학생의 지출 변화가 상

[그림 5.8] 1995년, 2000년 그리고 2005년 모든 서비스의 고정 가격으로 본 고등교육 기관 재학생 1인당 지출 변화. 교육 기관에의 1인당 학생 지출 변화(기준치 2000=100)

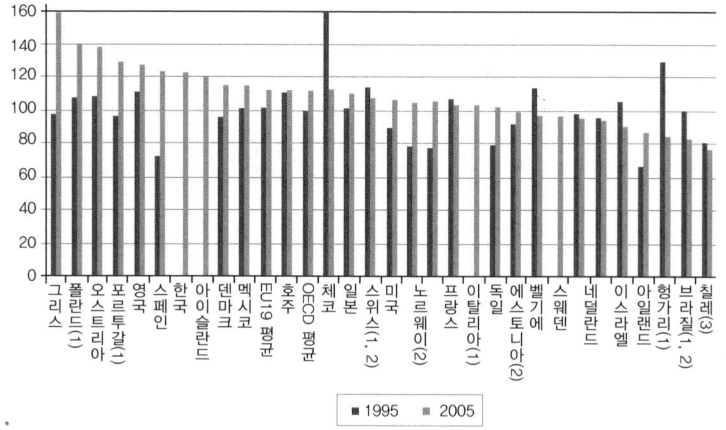

주: (1) 공공 기관만. (2) 공적 지출만. (3) 2005년 대신 2006년 문헌.
출처: OECD(2008a), 표 B1.5.

당히 들쭉날쭉이었다. [그림 5.8]은 기준 연도인 2000년을 100으로 해서 산출한 OECD 회원국의 학생 1인당 지출 지수를 보여준다. 평균적으로, OECD 회원국에서는, EU 19개국에서와 마찬가지로, 지출이 어느 정도 (대략 10% 정도) 증가하였는데, 이는 실질 임금 상승률에 미치지 못하는 수준이었다. 이 시기는 상대적으로 경제 성장률이 높았던 시기였음에도 불구하고, 체코와 헝가리 등에서는 지출이 대폭 감소하였으며, 네덜란드, 노르웨이, 슬로바키아, 스웨덴에서는 소폭 감소하였다. 그러나 오스트리아, 그리스, 폴란드, 포르투갈, 스페인, 스위스와 미국에서는 증가폭이 컸다. 이외의 국가에서는 학생 1인당 지출이 임금지수와 비슷하였다.

학생 1인당 지출에서 미국과 유럽이 2.6배나 차이가 난다는 사실은 미국과 유럽이 최고의 인재를 끌어들이는 힘에 차이가 나는 이유를 잘 설명해 주고 있다. 유럽이 최고의 인재가 모이는 곳이 되려면, 유럽은 고등교육의 지출을 차별화된 방법으로 급격히 증가시킬 필요가 있다.

공공 재정의 확충은 해결책일 수 없다, 세금 수준은 계속 내려갈 것이고, 걷힌 세금의 사용 부문(교육, 복지, 국방, 치안 등)에 대한 납세자의 견해차도 점점 더 벌어지고 있다.

해결책은 단 한 가지뿐이다. 민간 재정을 늘리는 것이다. 이는 불가피한 일이며 동시에 좀 더 발전적으로 자원을 분배하는 방법이 될 수도 있다.

경제 위기 여파로 이러한 노선을 더 시급히 보다 적극적으로 택해야 하게 되었다. GDP의 즉각적인 감소를 막기 위한 정부의 경기 부양책은 예산 적자와 정부 부채를 가중시켰다. 장기적으로 보았을 때, 적자는 줄어들 것이다(European Commission's Economic Forecast, Spring 2009). 그러나 언제부터 줄어들지는 분명하지 않다. 폴 크루그먼(Paul Krugman, 2009)에서는 1929년 세계 대공황기에 예산의 조기 삭감이 성장률 부활을 더디게 하였다는 점을 알아야 한다고 주장한다. 정부 부채로 인하여 다른 부문의 투자가 문제될 수도 있기 때문에 예산은 조기에 삭감해야 한다는 주장도 있다. 이런 견해는 저축률이 아주 조금만 증가하더라도 타당성이 없어진다. 정부 부채를 상환하기에 충분한 기금이 생기기 때문이다. 정부가 어떤 정책을 택하더라도 앞으로 수년 내에 대학으로 가는 국가 재정이 늘어날 가망은 없다. 대학에서 절실하게 필요한 예산 증가분은 민간 재정으로 충당하는 수밖에 없다. 대학을 질식시키는 것은 등록금을 받지 못하게 하거나 올릴 수 없게 하는 정부이다. 이런 정부의 정책은 정부가 보호해야 할 시민의 미래를 불안하게 만들고 있다. 실제로 유럽의 대학에는 등록금을 전혀 내지 않거나, 낸다 해도 아주 소액이다. 그리고 그 보상으로 너무나 수준이 낮은 대학 교육을 받고 있다.

5.3 기회 균등과 고액 등록금에 대한 경계

우리 사회에서 기회 균등은 매우 기본적인 원칙이다(3.4 참조). 각 개인은 누구든지 출신에 구애받지 않고 자신의 능력을 최대한 계발할 수 있어야 한다. 이는 일찍이 가난한 가정의 자녀에게 일정 수의 정원을 할당하였던 중세 대학의 철학에서 비롯되어 서방 세계에서 널리 받아들여지고 있다. 아시아의 전통은 좀 다르다. 한국과 터키의 왕립 교육기관에서는 사회 각 계층을 대상으로 개인의 능력에 따라 선발하였다. 중국에서도 고급 관리는 철저하게 능력 위주로 선발한다. 이렇듯이 정부 주도로 능력 위주의 선발을 하였음에도 불구하고 정부는 지원자들이 준비하는 과정에는 아무런 도움을 주지 않는다. 유럽의 경우에는 중등학교가 준비 과정에 도움을 주고 있다. 현재 인도에서는 정규 수업에 가난한 학생들을 위한 정원이 할당되어 있다.

기회 균등 이념은 유럽 사회에 깊이 뿌리 박고 있다는 점을 강조하고자 한다. 이는 유럽 사회의 결속을 이루고 유지하는 기본적인 요소로서 소중히 여기고 잘 보존해야 한다.

등록금은 자본 시장의 불완전성으로 인해 기회 균등에 장애가 될 수 있다. 자본 시장에서 학생들에게 학자금을 융자해 주지 않는 한 등록금이 없어서 대학에 못 가는 경우가 있을 수도 있다(4.3 참조). 그러나, 고등교육을 위한 민간 재정이 어느 정도 확보되어 있는 한국이나 미국, 영국 등에는 정부가 지원하는 학자금 융자 제도가 있다(5.5 참조). 융자만으로 불충분할 수도 있다. 여유가 있는 학생이라도 (나중에 소득이 올라갈 것 같지 않다는 등) 자신에게 돌아오는 이득이 없다고 생각하거나 위험 부담을 꺼리는 마음에서(4.4 참조) 진학을 회피할 수 있다. 융자금의 이자율은 대학 교육의 비용 편익 분석을 위한 직접 요소 중 하나이다. 대부분의 국가에서 정부가 지원하는 학자금 융자 제도의 이자율은 정부가 정하기 나름이다. 융자금 상환 이자율은 상환율 (혹은 상환 제도의 효율)에 달려 있다. 이는 그 나라의 일반적인 행정효율과 특정한 학자금 융자 제도의 운영 방법과 관련이 있다. 총이자율은 정부에 상환할 이자와 융자 제도 운영과 채무 불이행(사망, 위조, 중도이민 등)에 따른 비용을 합해서 산출할 수 있다. 네덜란드의 경우를 계산해 보니, 정부 이자율에 2%를 더한 수준이었다. 학생에게 부과하는 이자 부담을 경감하기 위한 정부의 보조금이 있는 나라도 많이 있다. 융자금 상환시 이자에 대한 보조금이라는 것이 학생 입장에서는 분명하지 않기 때문에 진학을 포기하는 경우도 있을 수 있다. 매우 유리한 조건임에도 학자금 융자 비율은 매우 낮다. 학생들에게 이런 제도에 대해서 알려주기만 해도 학생들이 설득되었을 것이라는 주장도 있다. 그러나 보오이, 레벤과 오스테벡(Booij, Leuven & Osterbeek, 2008)에서는 반드시 그렇지도 않음을 보여준다.

학생 지원 제도는 기본적으로 장학금과 학자금 융자를 병행하며 지원규모는 학부모(와 학생 자신)의 수입이나 성적을 기준으로 하는 경우가 많다.

사회보장 제도를 통해서 정부가 교육의 접근성을 높이는 방안도 있다. 자녀가 학교에 다니는 경우에 세금을 감면해 주거나 양육 수당을 올려주는 것이다. 학자금 융자나 장학금, 세금 보전과 사회보장 비용 등과 같은 보조금으로 정부가 지출하는 규모는 상당히 크다. 대강 계산을 해 보면, 대학 교육에 관련된 정부 지출의 50~100%가 이런 유의 지원금으로 쓰인다.

학생이 내야 하는 등록금이 오르면 정부의 교육비 총지출에서 지원금의 비율도 함께 증가하는 것이 일반적이다. 이렇게 보았을 때, 융자금과 장학금으로 인한 예산 증가분만큼 각 대학에 대한 정부의 지원은 감소할 수밖에 없다([그림 5.6] 참조).

정부는 학생 지원 제도를 위한 지출을 가능한 한 줄이고자 할 것이다. 한 가지 방법은 보조금 지원을 위한 기본적인 자본금을 대어 주면서 외부의 회사에 융자를 관리하도록 하는 것이다(미국의 Sallie Mae 사례 참조). 다른 방법으로는 '증권화'를 생각해 볼 수 있다. 영국에서 학자금 융자 제도를 비유동성 자산으로 '매각'한 사례가 있다.

학자금 융자 제도는 일정 수준의 수입이 있을 때 최대 수입과 연동시켜서 연간 상환액을 정하는 식으로 '사회화'될 수 있다(Barr, 2002). 학생의 성적과 재산 정도와 전공 분야에 따라서 상환의 조건을 다르게 정할 수도 있다. 이런 식으로 한다면 제도를 더 효율적으로 운영할 수도 있고, 융자와 사회보험을 결합시킬 수도 있다(Jacobs & van der Ploeg, 2006). 오스트리아는 1989년에 등록금을 대폭 인상하면서 사회 융자 시스템을 수립하였다.

영국의 블레어 정부는 2006년에 등록금을 차별화하면서 영국에 이러한 제도를 도입하였다. 학생들은 등록금(학사 학위 기준으로 최고 3,000파운드)을 융자받을 수 있었고, 융자받은 금액을 모두 상환할 때까지 15,000파운드에 9%의 세금을 더해서 갚아나가도록 하였다. 이것은 전적으로 공공 재정 지원을 통해 대학을 끝마친 사람들에게는 세금을 더 많이 내도록 해야 한다는 극우파의 일반적인 고등교육세와는 개념이 다르다. 그러한 제도는 시행이 불가능한 것은 아니지만 매우 비현실적이다(예를 들어, 고등교육세를 내야하는 나라에서 공부한 사람이 고등교육세를 내지 않는 나라에서 일을 하게 되는 경우에는 어떤 식으로 과세를 할 수 있을까? 반대로 고등교육세가 없는 나라에서 학위를 받은 사람이 고등교육세를 내는 나라에서 일하는 경우에도 이 세금을 부과할 것인가?). 이러한 제도는 졸업 후 취업 기간에만 상환이 가능하기 때문에 막대한 초기 투자를 필요로 한다.

영국 시스템의 큰 결점은 또한 그것이 오직 국경 내에서만 작동한다는 것이다. 과세 당국은 국경 밖에서 융자금을 되찾을 수 없으며 대학 졸업생들이 영국에 와서 갚아 주기를 바라는 수밖에 없다. 영국 시스템은 국경 내에서만 작동할 뿐 아니라 대출자들과 개인적인 계약을 맺게 된다. 이것은 영국 내에서, 영국 과세 제도를 통해서만 상환이 가능하다는 뜻이다. 그러나 영국 밖에 있다고 해도 여전히 상환의 의무는 남는다. 결과적으로 어느 정도의 누출이 있게 된다. 글로벌화된 세계에서는 보다 세계적인 해결책이 필요하다. 유럽식 사회 융자 시스템은 이미 더 훌륭한 대안이 되었다. 생계를 꾸려 나가는 학생들의 재정 지원 문제는 언제나 정치적인 토론의 대상이었다. 학생들이 효과적인 진로를 위해 준비하는 것보다 생계를 꾸려 나가기 위해서 더 많은 시간을 소비해야 하는 나라가 많다. 많은 대학에서 이러한 압박을 받아들일 수밖에 없다고 여기고 있다. 결과적으로, 공부시키는 시간, 즉 학생들과 만나고 체계적으로 가르치는 시간은 교육과정에 설정된 시간 수보다 적어진다. 풀타임으로 공부하는 학생들에 비해서 질적 저하가 불가피하다. 네덜란드에서 조사한 바로는 학생이 일정 시간 동안 일을 하면 성적이 오르는 효과가 있지만, 일주일에 10시간 이상 일을 해야 하는 경우에는 성적이 떨어진다는 증거가 있다. 대학에서는 학생들이 교육에 시간과 노력을 할애하는 방식이 다른 점을 반영하기 위해서, 성적 우수자를 표창한다든지 또 다른 방법으로 차별성이 드러나도록 하는 방안을 점차 도입하고 있다. 다시 말해서, 등록금이 액수가 너무 많지 않고 사회 제도 속에 잘 자리 잡고 있다면 고등교육 자금을 조달하는 데에 도움이 될 수 있다.

미국은 너무 높은 등록금을 부과하는 사례라고 볼 수 있다. 이민자 자녀와 같이 '새로운' 미국인과 사회 경제적으로 열등한 계층의 고등교육 참여율은 OECD 국가에 비해서 현저하게 낮다. 졸업생의 평균 부채가 19,200 US 달러에 달한다(The Project on the Student Loan, 2007)는 점과의 관련성도 무시할 수 없다. 미국에서 졸업생의 평균 부채는 1986~1987년에 약 12,000달러에서 꾸준히 상승하여 2007~2008년에는 약 두 배가 되었다(FinAid, 2009).

동시에 유럽은 등록금 공포증을 전문적으로 치료받을 필요가 있고, 등록금 부과 제도와 사회 융자 제도를 도입해야 할 필요가 있다. 이러한 방법으로 기회 균등의 원칙을 유지하고, 어쩌면 더 발전시키면서 고등교육을 위한 비용을 조달할 수 있을 것이다.

충분한 융자 기관이 없는 미국에서 등록금은 기회 균등을 저해하는 요인이 될 수도 있다. 그러나 미국보다 독일, 프랑스 그리고 이탈리아와 같은 국가에서는 사회적 배경이 학생들의 성취에 더 큰 역할을 한다. "독일에서는 부모의 교육 수준이 낮은 학생보다 부모의 교육 수준이 높은 학생이 대학에 들어갈 기회가 네 배나 많다."(Schleicher, 2006: 15). 슐라이허를 포함한 많은 사람들은 중등학교부터 철저하게 계열화된 독일의 교육 제도 하에서는 어린 나이에 선발이 이루어지므로, 부모의 사회경제적 지위가 낮은 아이들에게 대학에 입학할 기회가 충분히 주어지지 않는다고 여기고 있다. 2장과 4장에서 우리는 노동 시장의 수요 때문에 유럽의 고등교육 참여율을 올려야 할 필요가 있다고 말하였다. 고등교육 참여율을 올리려면, 사회경제적 수준이 낮은 계층의 아이들이 대학으로 몰려와야 한다. 이렇듯이 기회 균등은 단지 사회적 관점에서가 아니라 경제적인 이유에서 필요하게 되었다.

기회 균등을 측정하기는 쉽지 않다. 만약 대학생 연령대의 총 고등교육 참여율을 고려한다면 역설적인 결론이 나올 수도 있다. 즉, 등록금이 높을수록([그림 5.7] 참조) 고등교육 참여율이 높다는 것이다(고등교육 참여율에 대한 OECD, 2009 참조). 그러나 총 고등교육 참여율은 사회경제적 계층을 구별하지 않고 있다. 동시에 사회경제적 계층에 따른 고등교육 참여율의 차이가 능력의 차이라고 설명할 수도 없다. 국가별로

[그림 5.9] 세대 간 유동성과 소득 불평등

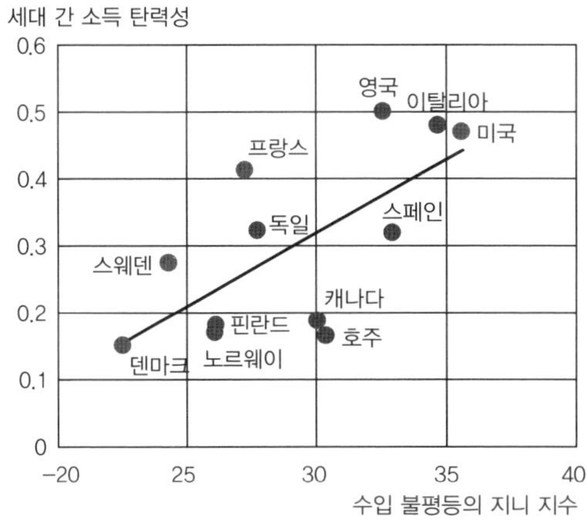

출처: OECD(2008b: 213), 그림 8.2.

세대 간 유동성에 대한 비교 조사를 하는 편이 더 나을 수도 있다. [그림 5.9]는 세대 간 연관(유동성의 반대)을 Y축으로 해서, 덴마크, 노르웨이 그리고 캐나다에서 청소년들이 부모와는 다른 사회 경제적 계층으로 옮겨갈 가능성이 더 많다는 점을 보여주고 있다. 세대 간 소득 탄력성은 평균적으로 부모에게서 자녀로 이어지는 소득의 비율로 정해진다. OECD(2008b)에서는 이러한 유동성이 소득 불평등과 높은 상관성이 있다고 말한다. [그림 5.9]는 이러한 가설을 지지한다.

전체적인 논지는 다음과 같은 사항들을 포함하는 복잡한 요인이 하나로 묶여 기회의 균등을 결정한다는 것이다.

- 국가적으로 공정한 소득 분배 개념이 있는지의 여부(소득의 불평등이 심할수록 기회 균등의 가능성은 낮아진다)
- 중등학교 진학을 위한 선발 제도의 강도
- 등록금과 특히 저소득층의 아이들을 위한 융자와 장학금 지원으로 '자본 시장 불완전성'을 줄일 수 있는 방법을 포함하는 고등교육

등록금 인상과 사회 융자 제도에 대한 풍부한 경험은 등록금 공포증을 치료하기 위한 하나의 지침이 된다. 오스트리아(1989), 네덜란드(1992) 그리고 영국(1996)의 경우에 사회경제적으로 열등한 계층의 고등교육 참여율을 보면, 등록금을 올리는 것이 기회의 균등에 별다른 영향이 없음을 알 수 있다.

미국에서는 '앞으로는' 예전 같지 않을 것'이라는 걱정을 많이 한다. 요즈음 아이들은 부모의 기대만큼 되지 못할 것이라는 생각이다(Pew Research Center, 2006). 확실하지는 않지만 아이들이 나중에 고소득층이 될 것이라는 생각보다 저소득층이 될 것이라는 비관적인 예측을 더 많이 한다(다만, 히스패닉계는 전적으로 낙관적이다). 이것은 미국에서 세대 간 소득 탄력성이 점차 낮아질 것이라고 생각한다는 의미로 해석된다.

논의의 핵심은 등록금이 지나치게 높지 않고 학자금 융자나 장학금 지원제도가 잘 되어 있다면, 유럽의 등록금 공포증이 기회 균등에 대한 걱정 때문이라는 것은 근거 없는 말이라는 점이다.

5.4 대학의 다른 수입

대학 재정은 기관과 학생의 지출을 포함하는 지출과 대학과 학생의 소득을 포함하는 소득 혹은 수익의 결합이다.

이는 [표 5.1]과 같다.

적정한 재정 상태에서는 다음과 같은 가능성이 보장된다.

- 질적으로 높은 수준의 교육을 받을 수 있는 가능성(유럽은 이 경우

[표 5.1] 실질 재정의 지출과 소득

<table>
<tr><th colspan="3" rowspan="3"></th><th colspan="4">지출 측면</th></tr>
<tr><th colspan="2">대학</th><th colspan="2">학생</th></tr>
<tr><th>임금</th><th>운영금 및 기타</th><th>생활 지출금</th><th>수업료</th></tr>
<tr><td rowspan="6">소득 측면</td><td rowspan="3">대학</td><td>공공 재정</td><td></td><td></td><td></td><td></td></tr>
<tr><td>수업료</td><td></td><td></td><td></td><td></td></tr>
<tr><td>기타 소득</td><td></td><td></td><td></td><td></td></tr>
<tr><td rowspan="3">학생</td><td>부모/저축</td><td></td><td></td><td></td><td></td></tr>
<tr><td>직업</td><td></td><td></td><td></td><td></td></tr>
<tr><td>대출/보조금/장학금</td><td></td><td></td><td></td><td></td></tr>
</table>

에 해당되지 않음을 지금까지 설명한 바 있다)

- 질적으로 높은 수준의 교육에 접근할 수 있는 가능성(유럽은 접근성의 측면에서는 대체로 잘 하고 있다)

수입의 측면에서 유럽은 독지가의 기부, 동문회, 상업성 교육 프로그램의 운영, 연구 성과의 상품화 등과 같이 민간 부문에서 수익을 올릴 길을 찾아야 한다. 미국의 대학 기부 활동은 역사가 깊어서 '강철왕' 카네기와 '석유재벌' 록펠러는 미화로 5억 달러가 넘는 놀라운 액수를 대학에 기부하였다. 카네기는 1915년에 기부단체에 기부금을 주면서 '부자로 죽는 것은 불명예스럽게 죽는 것이다'라는 유명한 말을 남겼다. 5,000억 달러에 달하는 기부금 총액이 말해 주듯이, 카네기의 좌우명은 미국에서 여전히 강력한 영향을 미치고 있다. 이런 유형의 미국 대학 재정에 경제 위기가 닥치면 어떻게 될지 생각해 보자. 경제 위기는 2008년과 2009년에 미국의 수많은 명문 대학을 뒤흔들었다. 2007년에 미국 대학 사업부 연합회(National Association of College와 University Business Offices)는 기부금을 매우 효율적으로 운영했음을 자랑스럽게 발표하였다(예를 들어 MIT와 Yale의 수익률은 23%였다). 그러나 다른 한

편으로는 고위험-고소득 전략으로 기금을 운영해 오던 많은 대학이 엄청난 손실을 보게 되었다. 동시에 국가적으로 공공 지출이 불안해짐에 따라, 기부금이 없거나 있더라도 규모가 작은 미국 대학에서는 많은 고통을 겪었다.

"미국식 기부 캠페인과 기금 관리 방식은 유럽에 전파되고 있다. 지금까지 가장 주목할 만한 사례는 옥스퍼드대학과 케임브리지대학이다 [……]."(Hahn, 2007: 14). 그러나 대체적으로 기부금은 유럽 대학 수입의 작은 부분에 불과하다.

또한 유럽 외부에서도 기부금의 전통이 퍼져 나가고 있다. 몇 가지 사례를 소개해 보면 다음과 같다(Hahn, 2007: 14~15).

- 부유한 동문이 인도 이공대학에 5억 달러를 기부한 사례
- 아랍에미리트의 총리가 아랍 세계 교육에 100억 달러를 기부한 사례
- 삼포에나재단(Sampoerna Foundation)의 사례: 인도네시아 국제 은행(Bank Internasional Indonesia)이 국제금융공사(IFC, International Finance Corporation)와 함께 보조금 형태로 학생들과 부모들에게 융자를 제공하는 위험 분산 기관 설립. 재단은 초기 손실을 만회할 현금을 일차적으로 제공하고, 은행은 융자금을 제공하고, IFC는 거래를 관리(Sampoerna Foundation, 2006)
- 코스대학, 예디테페대학 또는 빌켄트대학과 같은 터키의 '재단 대학'의 사례
- 아랍의 옥스퍼드-케임브리지대학 지원이나 일본의 런던정경대학 지원과 같이 국경을 초월하여 지원한 (놀라운) 사례

독지가의 기부, 동문회, 상업성 교육 프로그램 운영, 연구 성과의 상업화는 현재 많은 유럽 대학에서도 수익 다변화를 위한 중요한 전략의 일부분이다. 그러나 국가가 대학 교육을 위한 비용을 지불해야 한다는

분위기, 바깥 세계와의 대학의 친밀함이 기금 조성에 지장을 초래하고 있다. 많은 대학에서 동문회는 상대적으로 새로운 현상이라고 할 수 있다. 대학 교육에 대한 동문회의 피드백을 들어줄지 몰라도 대부분의 교직원은 시장에 '귀를 기울이는 것'에 익숙하지 않다. 독지가가 되고자 하더라도 교직원들의 폐쇄된 세계를 뚫고 들어가기란 쉽지 않을 것이다.

산학 협력 또는 연구 성과의 상업화는 또 다른 소득의 원천이 될 수 있다. 에코비츠(Etkowitz et al., 2000)의 말을 인용하자면, "메사추세츠공과대학과 버클리에 있는 캘리포니아대학은 특허 수입을 통해서 연구비를 자체 조달하는 자립형 모델의 개척자이다. [……] 많은 미국 대학이 지역 산업체의 파트너로서 그리고 세계적인 수준의 혁신자로서 중요한 역할을 상당히 발전시켜 왔다. 세계의 다른 부분, 특히 유럽과 일본의 대학은 미국 대학의 산학협력에 버금가는 성공을 거두기 위해서 노력하고 있다."

대학이 가외로 벌어들이는 파생 소득에 대해서 과대평가해서는 안 된다. 몇몇 대학은 (위스콘신대학은 단 하나의 특허로부터) 상당한 수준의 수입을 올리고 있지만, 유럽의 대학과는 다르게 지적 재산권의 보호와 상업화의 권리를 보장하는 1980년 베이-도일 법(Bay Doyle Act, 2장 참조)으로 강력한 지원을 받는 미국에서도 전체적으로는 미국 대학 수입의 7%에 미치지 못하는 수준이다. 그럼에도 불구하고 배경이 되는 충분한 경험을 바탕으로 지식의 상업화를 추구하는 것은 중요한 과제이다(Tang et al., 2004 참조). 또 다른 민간 소득은 상업성 교육 프로그램 운영에서도 나올 수 있다. 이런 프로그램은 평생 학습의 맥락에서 운영할 수도 있고 다른 맥락에서 운영할 수도 있다. 그러나 이러한 방식으로 (1%가 넘는) 중요한 소득을 내는 대학은 아주 드물다.

유럽의 대학은 다른 수입이 있어야 한다는 심각한 도전에 직면해 있다. 다른 수입을 올리기 위해서 이제는 마음을 열고, 민간 부문과 장기적 관계를 구축할 수 있는 상업적 마인드를 가진 사람들에게 기회를 주어야 한다.

5.5 포뮬러 펀딩 방식의 지원

유럽에서 대학은 국가 또는 주 정부로부터 전적인 재정 지원을 받고 있다. 사립대학은 예외인데 경영학이나 경제학과 같은 분야에 주로 집중되어 있다. 국가에 따라서는 국공립 대학이 대학별로 별도의 교육 활동 등을 통해 '돈을 버는 것'을 허용하기도 한다. 그러나 (경제적인 관점에서) 각 대학의 수입이기도 한 등록금에 대해서는 대부분의 국가에서 공공 재정이라고 인식하고 있는데, 이는 국가가 등록금을 책정한다는 다소 엉뚱한 이유에서이다.

정부가 대학에 재정 지원을 하는 형태는 다양하다. 영국 정부는 EU 학생 정원에 비례해서 예산을 지원한다. 정원을 채우지 못하거나 넘기는 경우에는 벌금을 물어야 한다. 독일에서는 학생 수와 관계없이 일정액을 주는 주가 많다. 어떤 나라에서는 학생 수를 기본으로 하고 일정액을 얹어 주는 이른바 포뮬러(공식)에 따라 지원을 한다. 대학을 공급의 측면에서 보고, 학생 수에 따라서 예산을 정하는 식의 지원 제도에서 벗어나고 있는 나라도 많다. 이런 제도는 대학을 수요 측면에서 바라보고 졸업률이나 우수 연구 업적 산출률에 따라서 지원을 하는 방식으로 변해가고 있다.

교육의 부가가치에 완벽한 투명성이 보장된 이상적인 세계에서 완벽한 소비자 주권은 최상의 사회적 산출물을 만들어 낼 수 있도록 생산자 주권이 보장되는 경우에만 확보될 수 있다. 완벽한 소비자 주권이란 소비자의 가격에 대한 정확한 이해와 자유로운 선택을 의미한다. 생산자 주권은 생산자가 가장 적절하다고 생각하는 방식으로 가격을 정하고 서비스를 조직하는 자유를 말한다. 공공 자금은 대학이 기회 균등을 가능하게 하고 (유럽의회 사무국이 2002년에 제안한 것처럼 STEM 분야 전공자의 경우와 같이) 학생의 선택을 장려하는 경우에만 필요한 것이다. 부가가치를 측정하기 어려울 것 같은 경우에 사회적으로 최적화된 상태를 모방하여 생산자가 무엇을 생산하는지(대학 교육의 경우에 학점 관리), 어떻게 생산하는지(교육 수준 및 대학 운영 규정 등)에 관한 제한을 두는 법적 장치를 마련하기도 한다. 이러한 규제에 대한 반대급부로 소비자의 지원금 일부를 생산자에게 넘겨주기도 한다. 물론 이런 일이 실제로 일어나는 것은 아니다. 정부가 생산자를 지원하기 시작한 것은 역사적인 발전이다. 현재로서 이론적으로는 생산자에 대한 지원을 중단할 이유가 없다. 규제를 하기 때문에 지원을 한다는 논리는 성립하지 않는다. 그러나 우리가 대학 등록금을 올릴 수 있는 여지가 생기기를 바란다고 해서 생산자 주권을 완전히 보장할 정치적인 대안이 나올 것 같지는 않다.

소비자 주권이 제한되는 경우에, 포퓰러 지원 방식은 소비자의 기호를 반영한 생산자의 인센티브를 최대한 반영해야 한다. 6.5는 같은 맥락을 잇고 있다.

5.6 결론

유럽의 우울한 이야기는 1960년대, 70년대, 80년대를 거치면서 학생 수가 급격히 늘어난 데에서 시작되었다. 이 시기에 대학의 예산이 실질적으로는 전혀 증가하지 않아서 1975년에서 2005년 사이에 학생 1인당 지출이 반감되어 버린 것이다. 대학에는 이런 현실을 타개하기 위한 다른 민간 자금도 없는데, 등록금을 받아서 해결하는 것은 허용되지 않는다.

학생 수가 늘어난 데 대한 정부 시책이 없는 것은 전적으로 정부의 과세에 관한 역할 축소 때문이다. 좋은 시절이건 나쁜 시절이건 세금은 결국 납세자에게 돌아간다. 좋은 시절에는 세금이란 납세자에게 돌아가는 것으로 되어 있기 때문이고, 나쁜 시절에는 경제를 활성화시키기 위해서이다. 1995년부터 2007년 사이에 EU 15에서는 담세율이 매년 0.5% 정도 감소하였다. 그러나 이런 경향은 경제 위기를 넘긴 2009년 현재도 바뀔 기미가 보이지 않는다.

1995년과 2005년 사이에 등록금에 관해서 자율권이 주어진 틈에 칠레, 미국, 일본, 호주, 한국 등에서는 등록금이 대폭적으로 인상되었다. 그런데 이런 나라들은 이미 상당액이 민간 재원으로부터 투입된 나라들이다. OECD 회원국에서도 고등교육 관련 예산 총액에 대한 민간 재정의 비율이 5% 상승하였다.

국제적으로 전 분야를 통틀어서 비교해 본 결과, 민간 재정이 공공 재정 지원을 축소하거나 대체하지는 못함을 알 수 있었다. 민간 재정 지원금의 1/4 정도만이 공적 자금 지원액을 줄이는 데 쓰였다.

기회의 균등을 위해서는 등록금의 수준이 상대적으로 높지 않은 경우에 넉넉한 학자금 융자와 장학금이 도움이 된다. 등록금이 너무 비싸면 융자 제도가 있다 하더라도 가난한 아이들이 대학에 진학하는 데 걸림돌이 된다. 영국의 사례를 보면 사회적 융자 제도가 발달되어 있어서 상대적으로 높지 않은 등록금(3,000파운드) 인상은 기회 균등에 문제가 되지 않았다.

대학 등록금 이외의 민간 재원은 유럽의 경우에 매우 제한적이다. 독지가가 나서서 대학에 지원하는 전통이 유럽에는 없다. 이는 "부자로 죽는 것은 불명예스럽게 죽는 것이다"라는 카네기의 말을 좌우명으로 삼아서 대학에 수억 달러를 쾌척하는 미국과는 대조적이다. 사립대학이 기업과의 계약이나 파생 소득으로 수입을 올리는 것은 예외적인 경우일 뿐, 유럽 대학의 재정에 기여하는 바가 없다.

6장

혁신을 통한 가능성

◎

6.1 대학의 환경

유럽 대학은 공립이든 사립이든 특정 국가의 법적 테두리 안에서 운영된다. 이런 맥락에서 대학은 학생에게 교육을 제공하고, 연구하고, 교육과 연구 외의 방법으로 사회에 공헌하는 기능에 대한 잠재력을 갖는다.

대부분의 국가는 대학을 교육 현장에서 멀리 끌어내어 관할 정부 부처에다 끼워 맞추었고 이러한 가운데 학교의 운영과 집행(인사, 시설관리 등)에 관련된 온갖 규정으로 대학을 옥죄어 놓았다. 2장에서 제시한 분석에서 대학의 자율성으로 대학이 더 나아질 수 있다는 것이 분명해졌고 또 재차 확인하였지만 자율성과 책임성으로 충분한 대학 환경을 만들 수 있었던 국가는 거의 없었다. 그래서 대부분의 유럽 대학은 여전히 관료적(필자의 낙관적 관점에서 아직도 애벌레 단계)이거나 전문성을 갖추어 가는 과정(번데기나 고치 단계)에 있다.

관료적 대학이라는 애벌레는 나비, 즉 교육과 연구에 대한 수요의 변화에 따라 더욱 세계화된 대학으로 끊임없이 변모하는 대학으로 발전할 수 있는 가능성이 있다(6.2 참조). 혁신적인 대학은 나름대로의 생산 과정을 만들고 나아가 생산의 효율을 높이기 위하여 교육에 대한 새로운 통찰력을 갖도록 끊임없이 탐색한다(6.5 참조).

볼로냐 협약은 대학의 수준 향상 나아가 국제적 경쟁력에 기여할 잠재력이 있는 많은 유럽 대학의 외부 환경에서 중요한 변화였다. 6.3은 유럽에서의 대학 교육에 공통된 체제를 제안한 EU의 볼로냐 협약에 대해서 개략적으로 설명하겠지만, 고등교육은 여전히 EU 전체의 문제가 아닌 개별 국가의 문제라고 생각하고 있다. EU의 비차별 조항에 의거하여 유럽 법원은 학생 유동성을 가로막아왔던 장벽을 허물었다. 볼로냐 협약은 일종의 연성법으로 유럽 내에서 시야를 가리던 요소를 제거하여 유럽 내 학생 유동성과 유럽 내 대학 간 경쟁을 촉진한다. 유동성에 대한 장벽을 허무는 것과 함께 볼로냐 협약은 학생들이 국경에 구애받지 않고 선택할 수 있는 가능성을 확대하는 것과 같이 고등교육에서 유럽을 하나의 공간으로 만드는 데도 상당한 자극이 되었다. 그러나 볼로냐 협약의 이행이 지나치게 국가별로 이루어지는 바람에 그 과정에서 이 협약으로 얻을 수 있는 많은 이득이 줄어들게 되었다.

학생 선발에서 정부의 규정과 규제는 유럽 대학의 외부 환경의 일부이다. 6.4에서는 유럽의 고등교육이 국제적으로 경쟁력을 갖추기 위해서는 학생을 선발할 수 있어야 한다고 주장한다.

6.5에서는 포뮬러 펀딩 방식이 최상의 교육을 하기 위한 인센티브를 제공할 수 있는 구조로 짜여야 한다는 논지로 포뮬러 파이낸싱에 대한 5.5의 논의를 이어간다. 6.6은 결론이다.

6.2 대학 체제의 변화

우리는 대학 개혁에 대해 낙관적일 수 있다. 대학이 밖으로부터의 요구에 구조와 본질면에서 적응할 수 있다는 것은 제2차 세계대전 이후의 사례에서도 알 수 있다. 여기서는 '밖으로부터의 요구'를 하나의 용어로 사용하고자 한다. 한편, 우리는 앞으로 차차 차차 살펴보겠지만, (1997년 영국의 데어링 보고서에 대한 대응을 제외하고 본다면) 대학 개혁이 '밖으로부터의 요구'를 이해하기보다는 경제와 인구 변동의 구조적 맥락에 바탕을 두고서 너무나 조금씩 너무나 느리게 진행되고 있다는 점에 대해서 상당히 실망할 수도 있다. 개혁은 외부의 위기 때문에 시작되었다. 위기는 대학이 혁신을 이행하다 말고 고슴도치처럼 몸을 도사리며 가시를 세우고 앉아서 한숨 돌리려 할 때 변화를 촉구한다. 현재(2009년과 2010년)의 경제 위기가 바라건대, 대학이 변화를 주도하는, 다시 한 번 변화의 중요한 촉매가 되었으면 한다.

다음 장에서는 버튼 클락(Burton Clark, 1983)의 분류 체계를 활용하여 국립대학 체계에서의 변화를 기술하였다. 그는 고등교육 체계에 영향을 미치는 힘에 대해서 기술하면서, 중요한 세 개의 축을 찾아냈다. 첫 번째는 학문적 세계 그 자체로서 그는 이를 학문적 과두제(oligarchy)라고 명명하였다. 두 번째는 국가로서 대학 운영의 법적 틀을 정하고 고등교육에서의 '소비자(학생)'와 '생산자(대학)'를 통제한다. 세 번째는 시장으로서, 여기서는 소비자와 생산자의 주권을 바탕으로 수요의 측면에서 접근한다. 이들 세 축을 연결하였을 때 나오는 삼각형이 대학의 운영 방식을 설명할 수 있는 장이 된다.

여기서부터는 네덜란드 대학이 변해 온 단계를 필자의 개인적인 경험에 따라서 기술하고자 한다. 그리고 이러한 네덜란드의 경험을 EU 회원국으로까지 일반화시켜 보겠다.

[그림 6.1] 네덜란드 경험에서 대학에 영향을 미치는 힘

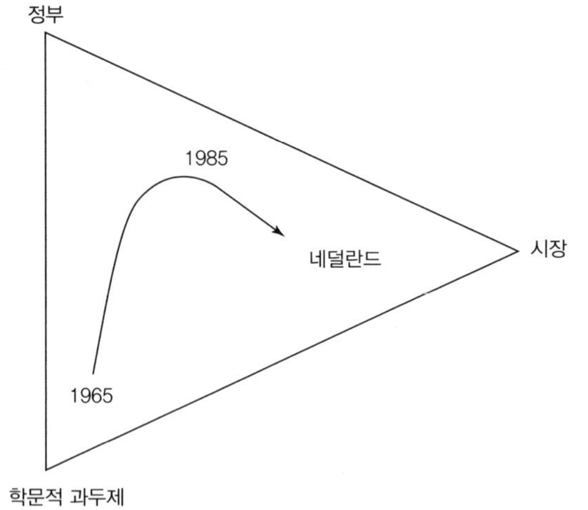

출처: 클락(Clark, 1983).

제2차 세계대전 이후, 네덜란드 대학 체계는 훔볼트식 학문적 과두제와 매우 흡사하였다. 이는 정부의 지원으로 '자체분석'을 시작한 1969년까지 25년간 지속되었다. 1990년대 중반부터 대학은 영미식 모델과 흡사한 체제로 변하여 갔다.

[그림 6.1]은 네덜란드가 클락이 찾아낸 세 개의 축, 즉 정부, 학계, 시장의 축으로 이루어진 삼각형 안에서 네덜란드 대학의 변화가 따라온 궤적을 보여준다. 네덜란드의 대학은 학계에서 멀어지면서 국가를 향해서 나아가다가 결국에 가서는 시장을 향하고 있다. 이러한 변화는, 비록 속도는 다르지만 볼로냐 협약 조인국에서도 쉽게 발견할 수 있다.

[그림 6.2]는 2005년도에 몇몇 볼로냐 협약 조인국이 삼각형 내에서 어떻게 위치하고 있는지 보여준다. '동쪽'으로 향하는 네덜란드 대학 체제의 변화는 21세기 초 덴마크, 프랑스, 독일에서도 찾아볼 수 있다.

[그림 6.1]에서 보여주는 삼각형 안에서의 네덜란드 대학 체제의 변

[그림 6.2] 삼각형에서 국가별 대학 체계의 위치(2005)

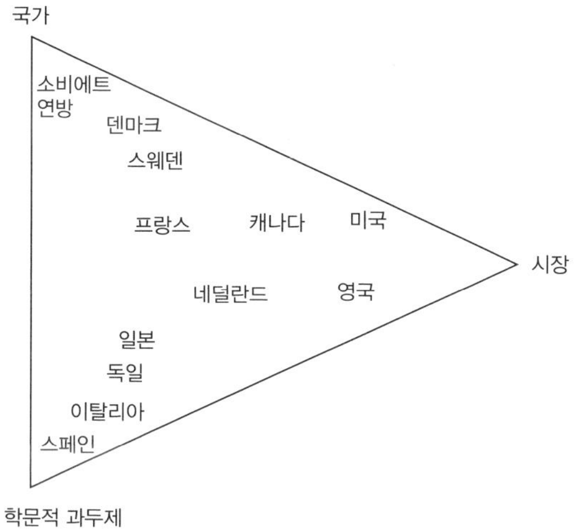

출처: 클락(Clark, 1983).

화는 다음의 네 단계로 구분할 수 있다.

1. 전통적인 대학 또는 과두적인 대학
2. 민주화된 대학
3. 관료적인 대학
4. 전문적인 대학

이러한 단계는 EU 회원국의 전반적인 대학 체제에서도 찾아볼 수 있다. 우리가 바라는 이 다음 단계는 '혁신적인 대학'일 것이다. 대부분의 유럽 국가는 이 단계까지 도달하지 못하였다. 대학이 공공 재정에 의존하고 있는 지금의 법적 환경과 체계로는 사회적 요구의 측면에서 대학이 도달했어야 하는 혁신적인 상태까지 갈 수가 없는 것이다. 대학의 변화는 인구통계학적 변화와 외부의 경제적 환경의 조합에 의하여 진행되었다. 가령 예측가능한 미래에도 경제 성장이 계속 이어질 전망이어서 고등교육 참여자의 수가 큰 폭으로 늘어나는 시기에 대학은 '민주화'의 방향으로 나아간다. 또 다른 사례로 관료적 대학은 1970년대 석유 파동으로 인하여 고등교육 참여율이 주춤할 때 생겨났다.

앞으로 우리는 대학 체제의 변천에 대하여 이러한 세 가지 축에서 조금 더 자세하게 알아볼 것이다.

6.2.1 과두적인 대학

제2차 세계대전부터 1960년대 하반기까지의 기간에 평균적인 네덜란드 대학의 학문적 특징은 다소 대륙적이고 독일적이었다. 대학은 1960년까지 1876에 제정된 고등교육법에 따라 운영되었다(Frijhoff, 1984). 과학과 의학 부문에서 매우 국제적 성향이 강하였음에도 불구하고 네덜란드의 대학은 바깥 세상에 등을 돌리고 있었다. 연구는 순수 학문의 영역에서 '지식의 축적을 위한 지식의 축적'을 지향하였다. 교육은 연구의 파생물로 여겨졌다. 가장 중요한 원칙은 교수 · 학습의 자유였고, 연구 지향적 태도를 함양하는 것을 목표로 하였다. 교육과 연구의 통합은 매우 중요한 특징이었다. 재정적인 장벽으로 인하여 중산층 이하 하위계층 출신의 학생은 매우 제한적이었다. 학생들은 스스로를 엘리트로 여기고 체제에 순응하였다.

대학은 학문의 상아탑이어서 교수 한 사람 한 사람이 교육과 연구의 핵심이었다. 평의원회는 국왕의 임명을 받은 정교수로 구성되었다. 평의원회의 (선출된) 의장의 직함은 'Rector Magnificus'[33]였다. 평의원회 의장과 평의원은 교육과 학문 활동에 따르는 일반적인 대학의 관심사를 다루었다. 이렇듯이 당시 대학의 구조는 진정한 과두제였다.

당시 대학의 큐라토리움(Curatorium)[34]은 기관장회의(Board of Gover-

33 굳이 번역하면 '대총장' 정도로, 최고의 권위를 상징한다.
34 이 역시 굳이 번역하자면 오늘날의 '교무위원회'와 비슷하나 조직과 구성, 기능면에서는 차이가 있다.

nors)라기보다는 관리위원회(Supervisory Council)에 가까웠는데, 실제로는 두 기관의 권한을 모두 행사하였다. 이들은 관리위원회의 기본적인 권한에 치중하여 예산과 대학 발전 계획을 승인할 뿐 아니라 국왕의 임명을 받을 교수의 후보군을 정하고, 학생들이 감염되거나 위험에 처하지 않도록 학생 건강 관리를 위한 대책을 수립하였다. 정부는 교육과 연구에 직접 관여하지 않고, 국왕이 임명하는 정교수와 보직교수의 임면 등 국가와 직접 관련되는 업무 정도만 관여하였다.

대학의 지배 구조는 대학의 행정 체계와 대조적이었다. 공무원 조직의 연장으로 총장과 학장이 행정 조직의 장이 되었고, 의사 결정을 할 때에는 정부에서 나온 지침서에 철저하게 따랐다. 사회과학이 융성하였으며, 아인트호벤과 트웬테에 새로이 기술 대학이 설립되었다. 크고 비싼 장비가 필요한 과학 연구 같은 경우에는 프로그램 조정 등에 관해서 정부 측과 협의를 하기도 하였다.

대학의 일반직은 일반적인 공무원 수준의 급여를 받는 공무원들로 구성되었다. 1968년에 네덜란드 정부는 처음으로 아더 리틀(Arthur D. Little)에게 대학 조직의 효율성에 관한 연구를 의뢰하였다. 아더 리틀은 보고서에서 대학 행정이 통제 불가능한 상태이며 결국에 가서는 분명한 업무 분장을 해야 할 것이라고 하였다.

과두적 대학은 고등교육 참여율이 낮고 인구 변동이 없던 엘리트 지배 사회에서 엘리트의 지지를 받으며 사회적으로 비교적 보호를 받는 지위에 있었기 때문에 상당히 오랫동안 살아남을 수 있었다. 그러나 과두적 대학 체제는 베이비붐의 결과로 20~24세 연령대 인구가 크게 늘면서 고등교육 참여율도 크게 올라 규모가 커져 버린 대학에 적합한 체제가 아니었다.

[그림 6.3] 네덜란드의 학생 수의 변화

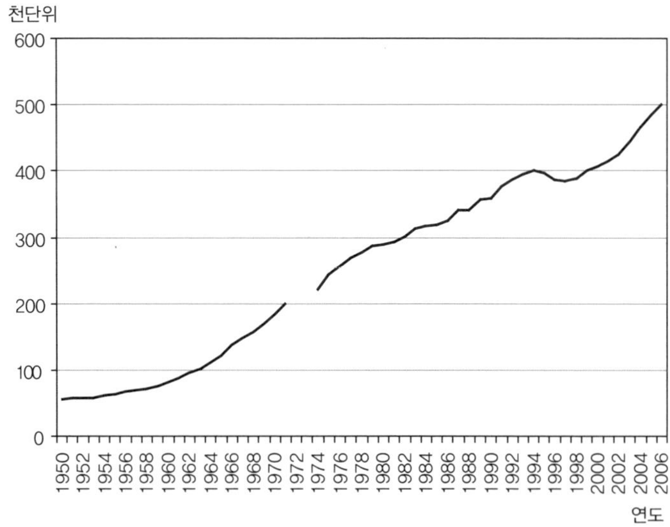

주: 학생 수는 직업 훈련과 학문 고등교육에 속한 학생을 포함한다. 1972년과 1973년에는 학문 고등교육의 등록자 수에 대한 유효한 데이터가 존재하지 않아 제외되었다.
출처: 이러한 계산은 CBS StatLine(2008) 자료를 기반으로 한다.

6.2.2 민주화된 대학

1945년 직후 태어난 베이비붐 세대가 1970년경에 대학에 입학하면서 (1950년과 비교하여) 대학의 학생 수가 세 배가 되었다. 20~24세 연령대의 인구가 증가한 것뿐 아니라, 기회 균등을 위한 노력으로 사회경제적으로 중산층 이하인 하류 계층에서까지 대학에 가게 됨으로써 고등교육 참여율 또한 높아졌기 때문이다. 이전에는 대부분의 선진국에서 그러하였듯이 대학 입학 여부는 학생의 능력보다 부모의 소득에 따라서 결정되는 것처럼 보였다. [그림 6.3]은 학생 수의 변화에 대한 것으로 네덜란드에서의 고등교육 참여율이 지속적으로 급격하게 증가하는 것을 볼 수 있다. 학생은 수가 늘어났을 뿐 아니라, 엘리트주의적 대학 관행과 달리 배경과 태도가 다양하였다. 이는 경제 성장률이 높아지면서 사회 변화의 무한한 가능성을 기대하던 시기에 생긴 일이었다.

1969년에 터져 나온 엘리트 위주의 과두적 상아탑에 대한 학생들의 불만은 유럽 전역에 충격파가 되었다. 학생 운동의 파고는 매우 높았다. 교직원의 상당수는 학생들과 연대하였고 그들의 집단적인 힘은 고등교육이 허용하는 범위 내에서 상당한 영향력을 미칠 수 있는 법적 수단을 갖기에 충분하였다. 대학 당국과 정부는 수많은 질문에 답해야 하였다. 1970년에 베린가(Veringa) 네덜란드 교육부 장관은 대학과 정부 재조직에 관한 법안(WUB-Wet Universitaire Bestuurshervorming)을 의회에 제출하였다.[35] 이는 틸부르헤와 암스테르담 등지에서 끊임없이 시위를 벌이는 대학생들과 이로 인해 팽배한 사회적 불만을 진정시키기 위한 시도였다. WUB법은 바로 폭넓은 지지를 받았다. 대학에서 큐라토리움, 평의원회, 학장과 사정관협의회가 여지없이 폐지되었다. WUB에 따른 대학 행정의 민주화는 선출된 위원으로 구성된 위원회에서 단위별로 의사 결정을 하면서 빠른 발전을 보였다. 행정의 정상에는 최고위원회와 교수-직원-학생들로부터 선출되어 의사 결정권을 위임받은 협의체가 있었다. 운영 면에서 WUB는 다수의 교수직이 설치된 분야를 묶어서 학과를 만들도록 하였다. 정년이 보장된 모든 교수는 자동적으로과 학과 협의체의 구성원이 되었다. 학과 협의체에는 이런 직급의 구성원이 50% 정도였고 나머지는 계약직 교수와 일반직 및 학생들로 채워졌다. 그러다 보니 학과나 실험실의 운영위원회를 대형 강의실에서 해야 할 정도였다. 이전에는 정부 부처에 분리되어 있던 행정 조직이 대학 내에 설치됨에 따라 대학의 운영과 행정을 구별하기 모호한 부분이 생겨났다. 시간이 흐른 후에 베린가는 학생들보다 앞서 나가려고 하

35 네덜란드에서 대학 관리(governance) 형성에 있어서 WUB의 역할 및 이 논문에 기술된 다른 법안들에 대한 종합적이고 포괄적인 기술은 De Boer(2003)을 참고.

였었다는 이야기를 하였다. 협의체를 만들겠다는 아이디어는 역설적이게도 '기업의 문제는 노동자 스스로 결정'을 해야 한다는 유고슬라비아의 그다지 성공적이 아니었던 모델로부터 온 것이다.

당시 국무위원이었던 포스트머스(Posthumus, 1968)는 대규모 대학에 대한 자신의 생각을 정리하여 대학의 새로운 지배 구조에 대해서 발표하였다. 그가 보기에 학위 제도는 재조직될 필요가 있었다. 학위 취득까지 걸리는 기간을 줄여서 평균적으로 학위 취득에 소요되는 시간과 제도적으로 허용된 시간의 차이를 최소한으로 줄이는 것이 대학 교육에 대한 사회적 수요에 부응할 수 있는 방법이라고 생각하였다. 이런 아이디어는 1970년대에 국가 시책으로 채택되었다. 그러나 대학을 대표하는 교수, 학생, 교직원과 고용주를 비롯한 사회적 엘리트층의 격렬한 반대에 부딪쳤다. 결국 이 제도를 시행하기까지는 20년이 걸렸다.

학생이 계속적으로 늘어가자 교육을 위한 조직을 강화해야 하게 되었다. 학생 지도와 교육 프로그램 관리를 위한 직종이 새로 도입되었다. 1972년에 에스콰이어 드 브라우(Esquire De Brauw)는 수익자 부담의 원칙을 의제로 삼아서 학비를 200길더에서 1,000길더로, 응시료를 10길더에서 100길더로 올렸다.

학생 수가 늘고, 네달란드 각 지역의 경제가 성장하는 데 발맞추어 탄광업과 섬유 산업에서 벗어나게 된 마스트리흐트에도 의과대학부터 시작해서 대학이 설립되었다.

학생들의 압력으로 새로운 교수법이 도입되었다. 때에 따라서 토론 수업에서는 토론의 방법을 배우는 데 그치지 않고 토론의 내용이 문제가 되었다. 이는 다우트(Daudt) 사건의 발단이 되었다.[36] 학생들은 더욱

36 암스테르담대학(University of Amsterdam)의 저명한 정치과학자인 다우트(Daudt) 교수는 학생들의 수행을 평가하는 방법들 중 지나치게 민주적인 몇몇 가지를 거부하였다. 그는 단호하게 그의 관점을 고수하였고, 오늘날까지 '마귀가 붙었다(demonization)'라는 식으로 일컬어지게 되었다(역자주:

'실사회와 관련 있는' 연구에 분명한 관심을 표하였고, 공식적인 학교 당국에 대한 존경심도 사라져갔다. 교수들은 대체로 ZWO(Nederlandse Organisatie voor Zuiver Wetenschappelijk Onderzoek-네덜란드 첨단 순수과학연구원)와 KNAW(Koninklijke Nederlandse Academie van Wetenschappen-왕립 네덜란드 예술과학학술원)로 활동 무대를 옮기며 학교에서 물러났다. 강사들과 강의전담교원은 대학 및 연구 기관 직원 협회(VAWO)를 조직하였다. 아직 박사 학위를 취득하지 못한 사람들이 교직원으로 대거 임용되었다.

네덜란드 대학의 변천 과정을 밖에서 보면 다른 EU 회원국들과 다음과 같은 유사점을 찾을 수 있다.

- 고등교육 참여율을 높이는 돌파구로서 엘리트 위주의 상아탑이나 위계적 권위를 문제 삼는 중산층과 하류 계층에서 대다수의 학생이 입학함
- '민주화'는 비전문가인 교직원과 학생들이 권한이 없는 위원회를 구성하여 추진함
- 입학생 수가 대폭 증가하였고, 교육 연한을 단축하는 데에는 저항함

이와 유사한 현상을 쿤츠(Küntze, 1982)에서도 볼 수 있는데, 여기서는 교수 중심 대학이 발상지인 독일에서 사라져 가는 과정을 기술하였다. 세 번째 점에서는 예외적으로 프랑스에서는 이 시기에 과학기술대학(Instituts Universitaires de Technologie)을 탄생시켰지만, 앞의 두 가지 점에서는 프랑스도 마찬가지였다(Boudon, 1977).

대학의 질은 1970년대에 타격을 입는다. 대학 행정과 의사 결정 과

democratization에 역행한다는 점에서 발음이 비슷하나 뜻은 좋지 않은 demonization이라는 단어로 부르며 조롱함). 이런 일이 있고 나서 다우트 교수는 University of Leiden으로 옮겼다.

정이 엉망이었다. 더욱이 1990년대 초 오일쇼크로 인해 대학의 자원은 무궁무진할 것이라는 기대가 무너져버렸다.

1970년대 하반기에 '민주화된 대학'이 한 척의 배로서 조직적, 재정적, 행정적 암초들에 부딪쳤을 때, 대학이 새로운 계획을 세우기 시작한 것은 전혀 놀라운 일이 아니었다.

6.2.3 관료적인 대학

1980년대를 열면서 고등교육 비용을 통제하려는 몇 가지 거대한 작전이 시작되었다. 오일 쇼크로 인한 스태그플래이션의 결과로 경제 성장률이 심각하게 저하되고 정부 세수가 감소하여 1970년대 수준의 지원이 지속불가능하게 되었다. 이러한 작전의 첫발은 대학 학위 과정을 2단계로 구분하고, 수학기한을 단축한 것인데, 이런 조치는 본의 아니게 전반적인 교육 프로그램과 인문 사회과학 분야의 교육을 이론 중심적이기보다 실용성이 강한 쪽으로 변하게 하였다. 둘째로 조건부 연구지원 제도가 도입됨으로써 교육과 연구 사이의 연계가 강화되었다는 점이다. 이는 책임성을 고취하고, 정부의 직접적인 연구 지원금이 이공계와 의학계의 연구비에 쓰이지 않고 인문학이나 사회과학 분야의 늘어난 교육 수요를 충족시키기 위해서 새나가는 것을 방지하기 위한 조치로서 성공적인 시도였다. 세 번째 악명 높은 선택과 집중 작전으로 정부 재정 부담을 경감시켰다.

선택과 집중 같은 유형의 두 번째 작전으로 선별적인 성장 억제 정책이 도입되면서 다시 한 번 재정을 감소시켰다. 재정 상황을 관리하기 위해 외부에서 회계사가 대학에 들어왔다. 1980년대 하반기에, 관리상의 편의를 들어서 운영과 행정을 확실하게 분리시켰다. 일상적인 행정 업무가 점차 중간층의 교수진에게 집중되었고, 학장이 이사회의 임명을 받아서 이전에는 별로 중시되지 않았던 행정 업무를 총괄하게 되었다. 그때까지 학장직은 재정 및 행정적인 권한과는 무관하였다. 학장은 일차적으로 교육과 연구에 책임이 있었다. 학장에게 대학에 대한 전적인 책임을 지우기는 고사하고, 학장이 행정적인 업무를 돌보리라는 기대도 전혀 하지 않았다.

고등교육 평가단이 구성되었다. 교육의 질과 연구 평가를 위한 체제가 VSNU(네덜란드대학협의회)를 통하여 도입되었다. VSNU는 1985년에 시작되어 장기간 영향을 끼쳤던 HOAK(Hoger Onderwijs, Autonomie en Kwaliteit-고등교육, 자율성과 질) 정책 문서에 기반하여 설립된 기구이다. 완전 경영, 정부 개입 축소, 추후 책임의 증가 등등은 모두 여기서 나온 이야기들이다.

연구 분야에서는 간접적인 정부 지원 연구비가 증가한 덕을 보게 되었다. ZWO가 NWO(Nederlandse Organisatie voor Wetenschappelijk Onderzoek-네덜란드 과학 연구원)으로 개편되고 기술과학재단(STW)이 출범하면서 연구비가 다시 한 번 증가하였다. 1980년대 하반기부터는 EU로부터 연구비를 받을 수 있게 되었다. 1980년에는 연구 분야에서 구조조정이 이루어지면서 '수월성의 중심'이라 할 박사 과정 네트워크에서도 연구비를 쓸 수 있게 되었다.

관료적인 대학의 특성([그림 6.1]의 클락의 삼각형에서 정부 측 규제 강화로 인해 북쪽으로 옮겨감. 그러나 HOAK 문서에서 자율성을 강화함으로써 동쪽으로 기울어짐)은 유럽의 다른 국가에서도 분명하게 나타난다.

- 학생 1인당 비용의 상당한 감축을 이끈 예산 삭감(5장 참조)
- 연구 재정에서 책임성 제고
- 내부적, 외부적으로 품질 관리 개념 도입(Goedegebuure 외, 1994)

그런데 '국제화'라는 단어는 대학이 과두적이거나 관료적이었던 1980년대 이전에는 정책 문서에 아직 등장하지 않았다.

6.2.4 전문적인 대학

1970년대가 고전적인 대학의 종말로 특징지어지는 반면 1980년대는 예산 삭감과 재구조화의 현장이었다고 할 수 있을 것이다. 이렇게 볼 때 1990년대와 그 이후는 발전과 혁신, 교육과 연구의 질적 향상, 그리고 행정과 운영 체체 면에서 새로운 시작을 한 시기라고 볼 수 있다.

이 과정의 일부로 교육은 더욱 전문적인 방식으로 조직되었고, 교육을 위주로 하는 대학이 대거 설립되었다. 이렇게 된 데에는 종래의 연구중심대학과 균형을 맞추어야 할 필요성도 있었고, 교육이 연구 기관에서 분리되어 나왔다는 이유도 있었다. 아울러 CROHO(고등교육 학위과정 등록센터)에 등록된 대학의 전공 과정 수가 약 400개(1998년만 약 200, 그리고 1999년에 100!)로 증가하였다.[37] 전공 과정 수의 급격한 증가는 심한 비판을 받았다. 이런 비판은 수가 너무 갑자기 많아졌다거나 분야별 차별화나 교육의 질에 관한 것이라기보다 교육의 효율에 대한 우려를 나타낸 것으로 보인다.

고등교육은 급속한 국제화 시대로 접어들었다. 이는 추후에 전 유럽을 대상으로 하는 볼로냐 협약에서 확인되었다. 유럽은 조심스럽게 그러나 나름대로의 방법으로 하나의 고등교육 구역이 되었다. 고등교육이 자유무역협정의 회의 석상에 등장한다는 것은 70년대나 80년대에는 생각할 수도 없는 일이었다. 90년대에 들어서면서 별로 인기를 끌지 못한 조치가 시행되었다. 진보와 연계된 지원 제도였다. 한 번 잘하면 다음 기회를 준다는 것인데 학생들에게서도 별다른 반대가 없었다(Ministerie van Onderwijs, Cultuur en Wetenschappen, 1997a 참조). 그런데 이로 인해 학생들의 장학금과 융자금이 잘려나갔다(이때 학생들의 대중교통 무임승차제도가 도입되었다). 뤼베르스-코크(Lubbers-Kok) 행정부

37 더 상세한 CROHO 요약은, IB-Groep(2008)을 보라.

(1989~1994)가 취한 조치에서는 일반직의 관리와 임면에 관한 권한을 대학에 넘겼다. 이는 특별히 예산을 절감하기 위해서라기보다 대학이 정부 측에 재정적 책임을 떠넘기지 못하게 하려는 조치였다(이는 지금도 내부적으로 행해지고 있다). 대학의 기반 시설에 대한 자율적 결정권과 자본 시장에서 융자를 받을 수 있는 자유와 함께 대학 건물에 관한 모든 책임도 대학으로 넘어갔다. 대학의 교육과 연구에 관한 예산이 대폭적으로 삭감된 것은 사회민주당과 자유당의 연합 세력이 집권하였던 시절(1994~1999)의 일이었다. 관용은 죄가 아니라는 말을 따랐으면 좋았으련만, 이 경우에는 그렇게 되지 않았다.

대학의 교육과 연구의 질을 보장하는 문제는 국제화와 함께 점차 더 많은 관심과 주목을 받았다(Ministerie van Onderwijs, Cultuur en Wetenschappen, 1997b 참조). 처음에는 별로 의욕적이지 않았던 라이든 대학(Leiden University)에서 학업 지속 여부에 관한 강제조치(BSA)가 실험적으로 시행되었다. BSA는 성적이 나쁜 학생을 일학년 때 내보낼 수 있는 대학의 법적 권리이다. BSA의 적용 여부는 대학이 결정할 수 있는데, 현재는 사실상 모든 대학이 BSA제도를 시행하고 있다. 이미 운영하고 있는 과정에 더하여 새로운 과정을 개설할 것인지 결정하기 위하여 정부 평가가 도입되었다. 이는 '거시적 효과' 검정이라고 불린다.

그러나 가장 중요한 결정적 변화는 고등교육 및 연구에 대한 법(WHW)의 도입일 것이다(Ministerie van Onderwijs, Cultuur en Wetenschappen, 1998 참조). 이 법은 대학에 책임성을 돌려주는 데 성공적이었다. 의사결정 과정에서 이사회(council)의 위상이 공동의 의사 결정 기구에서 자문기구로 축소됨으로써 행정적으로 전적인 책임이 대학에 주어졌다. 3인으로 구성된 최고 위원회가 행정적인 책임을 지게 되는데, 이 3인의 위원은 장관이 임명한 5인의 관리 위원 중에서 선정한다. 5인의 관리 위원은 현직 정치가이거나 (고위직)공무원이어서는 안 된다. 이들은 대체로 다국적 거대기업이나 병원의 CEO거나 법률가, 문화단체의 책임자인 경우가 많고, 대부분의 경우에 선도적 네덜란드인 200인 네트워크의 일원이다.

최고 위원회는 예산에 대한 전적인 권한이 있으며, 예산 배정에도 거의 제약이 없다. 이들은 단과대학에서 막강한 권한을 갖는 학장을 임명하는 권한도 갖고 있다. 그러나 공식적으로 어떠한 권한이 주어졌더라도, 교수들이 일정 수준 이상 동의하지 않으면 학장은 제대로 일을 할 수 없으며, 대학 본부 역시 학장들의 동의가 없으면 아무일도 추진할 수가 없다. 구스타프슨(Lars Gustafsson, 2003)은 철학적 스릴러라고 할 그의 작품 '학장(The Dean)'에서 대학본부가 학장의 말을 듣지 않을 경우에 학장이 대학 본부를 얼마나 골치 아프게 할 수 있는지 다음과 같이 재미있게 표현하였다. "학장이 행정관인 팔머를 한 번 혼내주기로 마음 먹었을 때, 나는 생전 처음으로 (감히 말하자면) 악마적인 힘이 그에게서 발산됨을 느꼈다."(독일어판 120쪽에서). 이러한 관점에서 본다면 (클락의 용어로) '학문적 과두제'는 대학의 구조가 어떻든 대학에서 사라지지 않을 것이다.

네덜란드 대학이 2장(타임지와 교통대 순위)에서 제시한 바와 같이 계속적으로 성공적인 이유는 각 대학이 '생산자 주권'과 비슷한 개념의 자율성을 기반으로 각 대학 조직에 적합하게 운영되기 때문이라고 설명할 수 있을 것이다. 다른 대학에도 이와 유사하게 발전한 사례가 있다. 2000년에 조인된 리스본 조약은 유럽이 지식 집약적 사회를 거쳐서 세계 최고의 경쟁력을 갖춘 지역으로 거듭나기 위한 전략적 목표로서 대학이 전적인 자율권을 갖고 발전할 수 있는 바탕이 되었다. 고등교육에서 데어링보고서(1997)는 또 다른 자극제였다. 비록 영국 정부를 위하여 쓰였지만, 이 보고서는 유럽 전역에서 광범위하게 논의되었고 정책 개혁을 촉진하는 데 도움이 되었다. 이 보고서의 핵심 요소는 평생 학습, 학습 사회에의 공헌, 지역 경제의 발전, 순수 학문 연구, 권위 있는 전문성, 기술 혁신, 사회 통합, 공적 책임성에 대한 것이다.

그동안 독일은(2007년 1월 현재) 대학에 더 많은 자율성을 허용하였고, 학문 공동체(Clark의 삼각형 참조)의 영향력을 줄여왔다. 프랑스에서는 사르코지 대통령이 이와 유사하게 저명한 프랑스 사상가들의 생각을 많이 반영하여 상당한 변화를 가져왔다(Davidenkoff와 Kahn, 2006). 덴마크는 2003년 OECD 보고서의 결과로 크게 변화하였다. 아일랜드는 변화를 채택하였으나 기존의 학문 공동체가 대학 행정에 강한 영향력을 유지하고 있다.

이러한 변화가 경제 발전 및 고등교육 인구 증가의 맥락에서 비롯되었다는 것은 주목할 만하다. 서유럽 대학의 학생 수는 안정적인데 인구 및 구성의 변화로 말미암아 앞으로는 오히려 떨어질지 모른다(4장 참조). 이러한 경향은 사회적 수요, 특히 세계화되는 노동 시장의 요구와 관련하여 질에 대한 문제에 새로이 주의를 집중하게 한다.

2008년의 커다란 경제 위기와 잇따른 경기 침체는 전문적 대학의 후속으로 '혁신적' 대학의 발달을 자극하는 데 도움이 될 수 있다. 전문적 대학은 '현재 진행 중'이다. 매일매일 기존의 교육과정과 교수법으로 수업을 한다, 그러나 어떤 식으로 표현하든, 혁신을 할 만큼 충분히 활용되거나 자극되거나 도전을 받지 못하고 있다. 혁신은 신지식, 새로운 시장, 혁신적 수행 모델과의 관련을 포함한다. 이것은 또한 충분한 견제와 균형 안에서 대학이 위험을 감수할 수도 있는 가능성을 포함한다.

대학의 혁신에 관해서 분명히 해 둘 점은 대학의 혁신을 국가나 정치권에 맡겨두어서는 안 된다는 점이다. 공적 자금이 재정의 주요 원천인 경우라도 그렇다([표 6.1]의 북쪽 지표). 마찬가지로 기존의 학문 공동체에 맡겨 두어서도 안 된다([표 6.1]의 남쪽 지표). 이들은 지나치게 현상 유지론자일 수 있기 때문이다. 한편, '시장'([표 6.1의 동쪽 지표)은 정상적인 상태일 때에만 주의를 기울일 만한다. 독립적인 고등교육 관련 공공 기관이 해결책이 될 수 있을 것이다.

대학 내에서는 발전 전략과 소요 예산 확보라는 두 가지 경우 모두에서 혁신이 주요 과제로 제시되어야 한다. 혁신에 대해서 진지하게 고민하는 대학이라면, 학교의 정책을 입안하고 시행하는 과정에서 전적으로 자율성이 확보된 가운데, 최소한 전체 예산의 10% 정도를 혁신에 할애해야 한다. 경제 위기를 겪으면서 준공공 부문(주택, 교통, 건강 등)에서 다양한 영역이 국가에서 시장으로 방향을 돌린 것이 과연 현명한 처사였는지 다시 돌아보게 되었다. 이에 대한 반동으로 대학은 더욱더 국가에 종속될 위험에 처해 있다. 이는 말할 필요도 없이 주객이 전도된 것이다.

6.3 볼로냐 프로세스

나비 이야기는 유럽의 각 개별 국가에 해당하는 것이다. 애벌레들은 각각의 EU 회원국에서 독립적으로 변태 과정에 돌입하였고, 다른 애벌레들의 변태에 대해서는 (비록 그들이 같은 종에 속한다 할지라도) 거의 알지 못하였다. 그러나 EU 또는 그 전신이었던 국제 기구는 대학의 구조의 발전을 위해서 아무런 역할을 하지 못하였다. 토론의 장을 마련한 적도 없었고 법적 조치를 취한 적도 없었다. 유럽연합 출현의 전 단계에서 예를 들면 유럽석탄철강공동체와 유럽경제공동체는 1958년 로마에서 설립이 되었지만, 교육과 문화는 정책적으로 협력 관계를 구축하는 데에서 상당히 멀리 떨어져 있었다. 교육이 국가적 수준에 머물러 있는 동안 경제, 사법, 국제 통상 그리고 농업과 같은 수많은 국가적 정책이 어떠한 이유에서 유럽의 공동 의제가 되었는지 물어보는 것은 (학문적으로나 정치적으로나) 좋은 질문이다. 그럼에도 불구하고 아무도 이런 질문을 한 적이 없다. 마치 (고등교육을 포함해서) 교육은 당연히 각 개별 국가의 문제라거나 또는 (EU 식으로 말하면) 보완의 원칙에 해당되는 것이 자명한 것처럼 되어 있다. 보완의 원칙은 "독점적인 권한의 범위 내에 놓이지 않는 지역에서 공동체는 보완의 원칙에 따라 행동을 취할 것이다. 이것은 그러한 행동의 목표가 회원국에 의해서 달성될 수 없는 경우와 행동의 규모나 효과 면에서 볼 때 공동체에 의해서 더욱 잘 수행되는 경우에 한한다."(EU & EU, 2002, ECT의 Art.5)라고 설명된다. 그러나 보완의 원칙이 공동 행동을 배제하지 않는다는 것에 주목해야 한다. '보완의 원칙'은 회원국들이 공동으로 '충분한 행동을 성취할 수 있는' 분야에 적용되는 원칙임이 분명하다. 다시 말해서, 보완의 원칙 때문에 고등교육이 제외되었다면, 이는 현재 상황에서 고등교육이 각국에서 충분히 잘 되고 있으므로 EU가 나설 필요가 없다는 의미가 된다. 이것은 유럽의 고등교육이 대단히 불충분하다는 점을 지적한 우리의 분석과는 대조적이다.

프랑스의 자끄 들로르(Jacques Delors)는 유럽의회 사무총장이었던 1985년에서 1995년에 '시민의 유럽'을 강력하게 추진하였다. 누구나 그 고매한 목표를 달성하기 위해서는 교육이 중요한 구성 요소라고 생각하였을 것이다. 그러나 필자가 거의 10년 가까이 네덜란드의 교육부 장관으로 재직하면서 지켜본 바로는, 교육부 장관이 느끼는 것과 시민이 느끼는 것은 상당히 달랐다. 대부분의 EU 회원국에는 '교육의 유럽화 프로그램'이 있었지만 교육을 EU의 품안으로 가지고 들어간다는 개념을 지지하는 정치적인 운동이나 NGO 또는 압력 단체는 없었다. 이것은 독일과 같이 교육이 각 주정부의 책임인지 또는 연방 정부의 책임인지에 대한 논의가 상당한 정도로 진행된 국가에서는 이해할만하다. 결론은 지금까지의 (고등교육에 대한 책임 또한 포함해서) 교육에 대해서 각 주정부에 책임이 있는 것으로 되어 있다. 교육 문제를 연방정부로 가져가서 공동의 노력을 기울이자는 식의 논의는 아주 예외적인 경우를 제외하고는 정치적으로 용납되지 않는다. 여기서 예외라면, 연방 정부가 선정된 대학에 상당한 추가지원을 하도록 되어 있는 '초일류 대학 육성 프로젝트' 정도이다(Huber, 2010). 또한 연구도 연방 정부 차원에서 다룬다. 그러나 여기서 더 나아가는 것을 시민들이 좋아할 것 같지는 않다. 스페인과 같은 다른 유럽 국가들 또한 교육에 대한 책임은 '시민들과 가깝게 있는' 각 지방의 책임이라고 여긴다. 그러나 수월성 제고를 위해서 2009년에 스페인이 추진한 국가적 사업을 보면, 중앙 정부가 고등교육에 대해서 결정적인 역할은 한다는 점은 충분히 인지되고 있음을 알 수 있다(El País, 2009년 9월 18일). 그러나 유럽에서는 전반적으로 고등교육이 각 개별 국가의 관심사가 아니라 공동의 문제라는 견해에 대해서 정치적으로 지지하지는 않는다.

이런 상황에서 유럽 4개국(프랑스, 이탈리아, 영국 그리고 독일)이 자발적으로 볼로냐 프로세스에 동의하고 다른 국가들 또한 빠르게 뒤따라온 것은 거의 기적에 가깝다. 그 결과로 2008년에는 총 46개의 국가가 학사 과정을 동일한 구조로 운영하기로 합의하였고, 뒤이어 석사 과정에 대해서도 합의를 이루어냈다. 기적이라는 용어를 사용한 이유는 참여 국가의 대학과 사회의 수요 (2장과 3장에서 기술되었듯) 사이의 연결에서 오는 잠재적이지만 긍정적인 효력을 강조하기 위해서이다. 이 부분에 대해서는 필자의 입장에 대한 설명이 좀 더 필요할 것이다.

논지는 대학 교육의 '국가성' 때문에 국제 경쟁을 제대로 보지 못하고 있다는 것이다. 국제 경쟁력은 혁신에서 나오고, 대학은 혁신을 통해서 수월성, 유럽적이고 세계적인 리더십 그리고 세계화된 노동 시장을 추구함으로써 사회에 기여할 수 있다. 그런데 다른 나라의 학위를 서로 인정하지 않기 때문에, 유럽 내에서의 이런 국제 경쟁을 유도할 수 있을 만한 개방적인 정책은 아예 존재하지도 않았다. 인적 자본을 다루는 전문가에 따르면, 예를 들어 독일의 경영자가 벨기에 또는 덴마크 학위의 가치를 평가하기 위해서는 시간이나 노력과 같은 비용이 너무 많이 필요하기 때문에 자기 회사에 그런 대학의 졸업생을 고용할 생각을 아예 하지 않는다는 것이다.

유럽에서 공무원은 국경을 초월한 이동성을 갖추고 혁신을 불러일으키고 생산성을 증대시킬 수준의 유럽 노동 시장의 이익을 늘리기 위해서는 유럽의 고등교육을 통일할 필요가 있다는 것을 일찍이 깨닫고 있었다. 그런데 1970년대와 1980년대에 EU와 그 전신인 국제기구에서는 유럽의 교육을 통일하기 위한 노력을 학위 인정 문제에 집중시켰다. 처음에는 직업과 관련된 학위에서 시작해서 일반 학위로 논의를 전개하였다.[38] 이러한 과정에서 회원국들은 유럽이 각국의 교육에 관여하는 것에 저항하면서, 일관성 있고 강력하게 그들의 교육 수준을 방어하였다. 필자는 당시에 교육부 장관으로서 이러한 행동 유형에 대해서 파악한 바 있다. EU를 탄생시킨 마스트리흐트 조약(1992)은 유럽연합이 공동의 노력을 기울여야 할 분야로 경제와 금융, 사법, 외교 분야를 선정하였다(고등교육과 같은). 다른 분야에 대해서는 모두 잠잠하였다. 유럽 각국의 교육부 장관이 비공식적으로 모이는 자리나 유럽 교육부 장관 협의회의 점심 모임 등에서 다른 나라의 장관들에게 고등교육에 대한 EU의 역량에 관한 이야기를 꺼내면 반응은 냉담하였다. '왜 우리가 그런 일을 해야 합니까?'라는 식이다. 대학은 모두 비슷비슷할 것이라는 생각이었을 것이다. 유럽의 대학에 어느 정도의 통일성이 생긴다면 세

38 Lenaerts(1994) 참조.

계적으로 유리한 입장이 되리라는 생각을 못하고 있었다. 1992년 ECT의 149조(원문은 부록B 참조) 마스트리흐트 조약에서 EU는 교육 분야의 화합을 위한 노력을 하지 않을 것이라는 점을 분명히 하였다. EU의 작은 역할은 1992년 유럽공동체의 정책에 머물렀고, 이는 즉 '수준 높은 교육과 훈련에 대한 기여'를 하겠다는 정도이다(EU & EC, 2002, ECT의 Art. 3(q)). 그 이후의 협정이나 조약도 이러한 선상에서 계속되었다. EU의 회원국에서는 학위를 대비시킨 것이 유동성에 대한 벽을 허무는 방법으로서 충분하다고 생각하며 보람을 느꼈다. 자기 나라의 학위나 언어 능력을 요구하는 것이 유동성을 제한한다는 사실을 알고 있었던 것이다. 이러한 장벽은 EU의 전신인 유럽경제공동체의 목표인 국내 시장에 도달하는 데 장애물로서 해석될 수 있었다. 그러나 현실적으로는 벨기에의 대학에서는 다른 EU 회원국의 학위조차도 인정하지 않는다는 점으로 보아 이러한 장벽이 완전히 철폐된 것은 아니다.

학위 인정은 1990년대 교육 행정이나 정책, 쟁송의 중요한 부분이 되었다. 학위 상호 인정의 기반으로서 교육 기간이나 교과목 등에서 공동 교육과정에 도달하자는 목표를 갖고, '투입 요소'의 관점에서 학위를 비교하는 업무를 전담하는 공무원이 유럽 여러 나라의 교육부에 상당수 확보되어 있었다. 애초부터 이들은 동질성을 추구하였고 차별화를 거부하였다. 그것은 어느 정도 정치색을 띠었으며 모든 국가가 자국의 교육과정이 표준이 되기를 바라며 밀고 나갈 뿐 자기 나라의 제도를 고치겠다는 생각은 절대로 없었던 것으로 보아 이러한 과정은 다분히 정치적이었다.

소송 사건도 상당수 있었는데, '국적이 다르다고 해서 벨기에에서 변호사직을 가질 수 없는가'에 관한 레이너스(Reyners) 대 벨기에 판례를 들 수 있다(Schneider & Clacssens, 2007: 3). 그것은 사실상의 소송이었고, 유럽사법재판소는 대학 졸업생의 채용에서 발생하는 문제 때문이 아니라 학생들의 유동성 제한의 문제를 해결하고자 이른바 유럽의 고등교육구역(EHEA: European Higher Education Area)을 설치하였다. 출발점은 언제나 교육에의 접근과 자유로운 이동에서 회원국 간 차별을 금지하는 비차별주의 원칙이었다. 이러한 원칙의 일관성 있는 적용으로 외국에서 공부하는 경우와 학위를 받은 나라 밖에서 취업하는 경우에 있었던 많은 장애물이 제거되었다.

이런 와중에 (볼로냐 협약의 근간이 되는) 소르본느 선언이 만나와 같이 하늘에서 떨어졌다. 여기에는 다음과 같은 리더들이 있었다

- 유럽에 대해서 별 관심이 없었지만 정치적으로 내세울 업적이 필요하였던 프랑스 장관,
- 예전에 유럽의회 사무국 교육 분과에서 근무한 적이 있는 이탈리아 장관,
- 대학 교수이자 친유럽적이고 유럽이 어차피 영국의 시스템에 맞춰 조정하였기 때문에 잃을 것이 없었던 영국 장관,

그리고

- 강력한 독일 장관[39]

소르본대학의 800주년 기념식에서 그들은 유럽의 고등교육에서 중요한 혁명을 일으킬 공동성명서를 작성하고 서명하여 '유럽 고등교육 시스템의 구축을 위한 협력에 대한 공동성명'으로 발표하였다. 그 무렵에 프랑스에서는 아딸리 보고서(Attali Report, 1998.5)가 막 발표되었고, 독일에서는 독일 대학 기본법(Hochschulrahmengesetz)이 개정(1998.8)되었다. 그 이후에 학사 및 석사 학위제가 도입되었다. 전통적인 독일 학위는 덜 알려지게 되었고 그래서 외국인 학생들에게 덜 매력적이게

---

39 과정에 대한 묘사를 위해서는 Racke(2007) 참조.

되었다. 아탈리 보고서에서 고등교육의 단일 유럽 모델의 존재 또는 출현이 제안되었고, 이는 일련의 학습과 3-5-8년의 학위제로서, 앵글로 색슨 시스템과 매우 유사한 학사-석사-박사 구조에 기반을 두었다.

소르본느 선언 이후인 1999년 6월에 29개 유럽 국가에서 온 교육부 장관들이 볼로냐에 모여서 볼로냐 선언(Bologna Declaration)이라 불리는 문서에 서명하였다. 서명을 하였던 국가들 중 대다수는 중부 유럽 또는 동유럽에 속해 있었고, 그 당시에는 유럽연합의 회원국이 아닌 나라도 많았다.

볼로냐 선언은 전형적인 '연성법'이었다. 유럽 또는 국가 수준에서 의회는 이를 확장시키거나 승인하는 과정에 관여하지 못하였다. 현재 볼로냐 프로세스에 참가하고 있는 46개 국가 중 대다수는 석사-학사 구조의 시스템을 적용하기 시작하였거나 곧 시작하기 위해서 준비 중이다. 북유럽 국가나 중부 유럽과 동유럽에서는 학사-석사 모형의 교육제도가 이미 시행되고 있다. 리이그워터(Leegwater, 2009)에서 볼로냐 프로세스의 이행에 대한 개관을 찾아볼 수 있다.

많은 국가가 좋은 의도를 가지고 볼로냐 선언을 강력하게 지지하였다는 사실만으로는 선언을 이행하기에 충분하지 않았다. 이는 볼로냐 프로세스에 관련된 사람들이 이를 성공적으로 이끌기 위한 노력을 게을리 하였다는 것은 아니다. 그들은 노력을 할만큼 하였다. 선언한 바를 이행하기 위해서 매우 많은 시간과 에너지를 쏟아부었다. 그러나 여러 가지 점에서 애초의 의도와 목표와 목적에 부합하지 않았다. 볼로냐 프로세스라는 유리잔은 미처 반이 채워지지 못하였으며, 이 과정을 어떻게 수정해야 이제까지의 노력과 앞으로의 노력이 헛되지 않을지 한시바삐 심사숙고해야 한다.

볼로냐 선언의 성공 (어쩌면 아직은 절반의 성공) 여부를 알아보려면 볼로냐 선언이 제공하는 공간 내에서 학생 유동성을 증가시키고, 지역 내에서 취업하는 경우에 학위의 가치 높이도록 채용자 측의 판별 비용을 줄이고, 차별화를 증대하기 위한 의도를 측정해야 한다. 그런데, 이러한 모든 좋은 의도는 참여한 민족국가들이 볼로냐 정신을 공중으로 날려버림으로 해서, 적정 수준까지 이행되기는커녕 거의 추진된 바가 없다. 각각의 민족국가는 '볼로냐'를 미래가 아닌 과거의 국가 맥락을 출발점으로 삼아 이행하고자 하였다. 결과적으로 학사-석사 구조라는 것이 바다와 같아서, 물 위에서 보았을 때는 어디나 똑같이 보이지만, 속으로 들어가 보면 각기 다르고 비교가 불가능한 형형색색의 물고기가 가득 차 있는 것이다. 나라에 따라서는 제각기 학사 및 석사 학위 취득을 위한 재학 기간을 결정하기도 하였다. 국가마다 나름대로의 기준에 따라서 학위를 인증할 기관을 설립하였는데, 마치 플랑드르와 네덜란드 사이에 그런 기관이 하나만 있으면 된다는 식이었다. 나라에 따라서 품질 관리 시스템과 기준이 달랐다. 대부분의 국가에서 학사-석사 학위제 도입을 통한 혁신의 가능성은 묵살되었다. 각국 정부는 학위 간 비교 가능성을 높이기 위한 국제적인 프로젝트가 진행되고 있음에도 불구하고, 현존하는 학위가 새로운 구조에서도 받아들여진다는 것만으로 만족하고 있었다. 교육의 역량과 초국가적 학위 인정에 관한 프로젝트(CoRe: Competences in Education and Cross Border Recognition)는 볼로냐 선언에 서명한 모든 나라에서 공동으로 적용되는 표준적인 학사-석사 학위 제도를 구상하고 있다. 그러나 이 프로젝트의 첫 번째 단계 이후에 시행된 분석에 따르면 대학이 교육 성과를 분류할 수 있는 공통 기준을 개발하기는 아직 멀었다고 한다(Lokhoff, 2009).

각국에서 '볼로냐 선언'을 이행하려면 혁신이 필요한데, 이를 위한 비용은 무시되었다. 결국 변화를 위한 시간과 비용이 대학의 주머니에서 나올 수밖에 없게 되었다. 대학은 교육과 연구에의 투자를 줄일 수밖에 없었고, 이런 과정에서 일시적으로 대학이 질적으로 하락할 수밖에 없었다.

학생의 이질성에도 불구하고 고등교육에서 더 이상의 차별화를 어떤 국가에서도 추구하지 않았다. 그와 반대로 대부분의 EU 회원국에서는 고등교육의 동질화가 이전과 비슷한 속도로 계속되었다. 사정이 이렇다 보니, 유럽 내에서 학생과 대학 졸업생 유동성이 거의 변하지 않으리라는 예측에는 아무도 놀라지 않을 것이다.

위에서 말한 바와 같은 현상에 대한 반응에 귀 기울여보면, '조금만 참으세요', '볼로냐 프로세스가 자리를 잡을 때까지만 기다려 보세요'라는 소리가 들린다. 지금 같은 상황에서, 각국의 이행 정도가 지금 정도라도 유동성이 어느 정도 증가할 수는 있다. 그러나 유럽은 최고의 인재를 끌어들일 수 있도록 서둘러서 인구통계학적 변화로 인한 촉매 효과를 억제해야 한다.

그러므로 국가 간 신뢰를 진작시키기 위해서는 구조가 변해야 한다. 이를 위한 구체적인 절차는 다음과 같다.

- 볼로냐 선언 해당 지역 혹은 최소한 EU 지역 내에서 통용되도록 인증과 품질 관리를 세계화한다. 이를 위한 매우 간단한 방법은 X라는 학위를 Y라는 국가에서 취득하였을 때, 이 학위의 인증을 Z라는 국가의 인증 기관에서 담당하도록 허용(또는 요구)하는 것이다. 이는 인증 과정의 표준화와 인증 기관의 공식 인가에 의해서만이 가능하다. 실제로 몇몇 국가의 인증 기관은 업무량에 과부하가 걸려 있는가 하면, 다른 나라의 인증 기관은 업무량이 적은 경우가 있는데 이런 상태를 개선하기에도 좋은 방법이다.
- 두 번째 절차는 유럽 지역(그리고 가능한 '볼로냐' 해당 지역)을 총괄하는 국제전문기구에 인증 업무를 맡기는 것이다. 인증 업무를 담당할 만한 국제 기구가 이미 있는 영역은 다음 두 분야이다.

· 이미 다국적 협력의 역사가 긴 의약학 분야
· 이미 세 가지 전문인증기관(AACSB, Equis 그리고 AMBA)이 활발하게 활동 중인 경영학 분야
· 전문 기구에 인증 업무를 위탁하는 것은 2중, 3중으로 인증에 소요되는 비용을 피하기 위해서도 필요하다. 마르코니(Marconi, 2010)에서는 마스트리흐트대학의 경상대학 학생들 중에서 재학 중 해외 수학을 지망하는 학생들이 제출한 3,655개의 지원서를 확보하여 계량경제학적으로 분석한 결과, 전문 인증기관(EQUIS와 AACSB)에서 제공하는 정보가 매우 유용하였다고 한다.

- 세 번째 절차는 (최소한 유럽 지역 내에서) 학생과 기업주 측에서 학위의 질을 판별하기 위한 비용을 줄일 수 있도록 학위의 수준을 일관되게 관리해야 한다.

볼로냐 협약에 관한 루뱅 회의에서는 이런 전망에 다가가고 있다는 언론 보도가 있었다. 그러나 각 학교의 실무선에서는 2009년 말까지도 아무런 변화가 눈에 띄지 않았다. 대학의 차이를 인정하고 분류해야 한다는 논의는 있었지만, EU 내에서는 카네기 재단과 같은 방식이 적용되지 않았다. 1970년에 카네기 고등교육위원회(Carnegie Commission on Higher Education)는 대학에 대한 실증적 자료를 토대로 대학을 분류하였다. 처음에는 몇 가지 비슷비슷한 분류 체계가 있었으나, 2005년에 한 가지로 통일되었는데, 분류의 기준은 다음 세 가지 문항이었다.

첫째, 무엇을 가르치는가 — 학부와 대학원의 교육과정,

둘째, 누가 학생인가 — 등록 상황과 학부생의 구성,

셋째, 환경은 어떤가? — 규모와 시설(Carnegie Foundation for the Advancement Teaching, 2009).

2009년 말에 이르기까지 볼로냐 협약 조인국 사이에서는 대학에 차별화 개념을 도입하려는 어떠한 정책도 추진되지 않았다.

대학을 분류하는 것은 인증과 연결시켜서 생각해야 한다. 연구중심대학에서 받은 학사 학위와 지역사회대학(community college)이나 전문대학 등에서 받은 학위는 구별되어야 한다.

고등교육에서 차별화가 필요하다는 것은 널리 인정되고 있다. 학생이 다르고 노동 시장의 요구는 다양하다. 볼로냐 협약을 이행하면서 과거의 잘못을 되풀이하면 안 된다.

국내에서 교착 상태에 빠져 있는 문제를 볼로냐 협약이나 유럽연합이 해결할 수 있으리라고 기대하는 이유는 무엇인가? 그것은 유럽연합이 바로 이런 역할을 하고 있기 때문이다. 즉, 국가 수준에서 논쟁이 되고 있는 정책이 있을 때, 이를 밖에서 해결해 줌으로써 정치적 비용을 줄여 줄 수 있는 것이다. 이런 경우의 아주 좋은 사례가 '안정성 협약(Stability Pact)'이다. 이는 유로화를 받아들인 EU 회원국들이 협약을 통한 국제적 공조를 통해서 자국 내에서 처리할 수 있는 것보다 훨씬 낮은 수준까지 국가 부채를 낮추겠다는 협약이었다.

유럽연합만이 특정 국가에 걸려 있는 문제를 해결하는 데 도움을 주는 국제적인 조직은 아니다. 콜리어와 달러(Collier와 Dollar, 2002)에서는 자유무역협정도 같은 역할을 할 수 있다고 주장한다.

6.4 차별화, 선발 그리고 공정성

역사적으로 유럽에서는 대학 간에 차이가 거의 없었다. 유럽은 아주 오랫동안 고등교육에서 국가별 특성이 두드러지지 않았다. 꽁뻬이레(1893)는 볼로냐대학(1158), 파리대학(1200), 빨렌치아대학(1212), 케임브리지(1217), 파두아대학(1222), 나폴리대학(1224), 아비뇽대학(1227), 살라망카대학(1243), 프라하대학(1247) 등과 같은 유럽 대학 초창기 역사를 읽기 쉽고 재미있게 기술하였다. 그는 유럽 고등교육에 차이가 거의 없거나 또는 아예 없는 이유에 대해서 아주 훌륭한 근거를 내놓았다. 그는 서문에서, "내가 쓴 중에서 제일 덜 시원찮은 책이 영어로 번역되어서 미국에서 출판된 프랑스 사람"으로 기억되기를 바란다고 하였다. 그는 왜 이런 말을 하였을까? 유럽에서는 자기 책에 관심이 없는데 미국은 유럽의 역사로부터 배우고자 하였기 때문이었을까? 아무도 알 수 없는 노릇이다.

그 책을 읽어 보면, 유럽의 대학은 '엘리트' 대학에서 시작하였기 때문에 서로 차등을 둔다는 것 자체가 불필요하였다는 점을 알 수 있다. 유럽의 고등교육에서 차등을 둔다면 '대학이거나 대학이 아니거나'식의 이분법이 될 것이다. 그러니까, 극소수가 다니는 최고 명문 대학에서 공부하거나, 아예 대학에 안 가는 식이다. 오늘날의 대학은 이런 뿌리에서 자라난 나무에 비유할 수 있다. 유럽의 대학에 관해서 훔볼트와 뉴먼 등이 내놓은 새로운 주장 역시 이전에 비해서 더 이상의 차별화 가능성이 없었다.

그러나 유럽은 국가적으로나 유럽 전체에서나 생산 가능 곡선상에서 생산한계에 근접하기 위해서는 대학 교육을 차별화하는 제도가 필요하다. 3장에서 우리는 경제적인 측면에서 현재 갖고 있는 자원으로 최대 생산에 도달하기 위한 생산 가능 곡선에 대해서 논의하였었다. 같은 맥락에서 학생의 성취라는 관점으로 고등교육의 생산 함수에 대해서 생각해볼 수 있을 것이다. 고등교육에서의 성취를 비교한 자료는 아직 없다(OECD의 AHELO 프로젝트가 2010년대에는 이런 자료를 제공할 수 있을지 모른다). 분포 곡선상에서 경계가 어떻게 나올는지 예를 들어 보자. [그림 6.4]는 2008년에 PISA 평가에서 15세 학생들을 대상으로 측정한 과

[그림 6.4] 학문 성취 곡선(선별된 국가들)

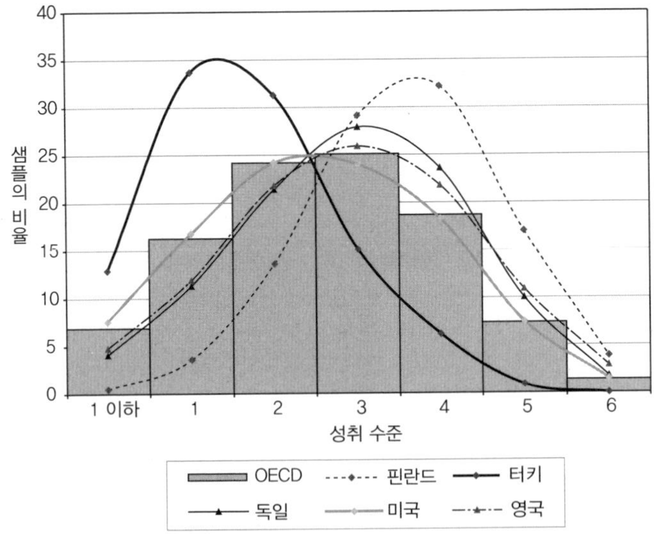

주: 성취 수준은 OECD 자료(2008a)에 따라 정해졌다. 그래프의 포인트 수치는 주어진 수준의 성취 곡선 아래에 있는 영역을 나타낸다(이런 점에서, OECD의 성취 수준을 나타낸 막대그래프로 나타내는 것이 더 적절해 보인다).
출처: OECD(2008a).

학 분야의 성취도 분포를 보여주고 있다. 여기서 우리는 국가적으로 '성적이 낮은 학생'의 높은 성취와 '성적이 높은 학생'의 높은 성취 사이의 통계적 상반 관계가 존재하고 이로 인해 서로 다른 종형 곡선이 나온다는 것을 알 수 있다. 그러나 대상이 같더라도 이러한 상반 관계에 대해서는 여러 층위에서 논의할 수 있다. [그림 6.4]를 보면, 영국이 독일에 비해서 성취 수준이 높은 학생도 많지만, 성취 수준이 아주 낮은 학생도 많다. 그러나 핀란드에서는 독일이나 영국과 학생 1인당 지출이 비슷한데도 '성적이 높은 학생'에서 '성적이 낮은 학생'에 이르기까지 모든 학생이 더 잘하고 있다. 핀란드는 교육 체제가 잘 되어 있어서, 성적이 높은 학생에서 낮은 학생까지 모두가 더 좋은 선생님들에게 더 효율적으로 배우고 있는 것이다.

교육의 체제는 매우 중요한 요소이다. 교육 기관의 차별화와 특수화를 통해서 고등교육은 최대 생산에 다가갈 수 있다. 더글라스(Douglas, 2007)는 캘리포니아에서 대학 간 차별화가 어떻게 진행되었는지 잘 보여주고 있다. 이는 미국의 일반적인 사례이기도 하다. 미국은 초창기부터 학생을 선발하는 대학과 학생을 선발하지 않고 널리 받아들이는 대학이 공존하였다. 초기에는 사립대학만이 학생을 선발하였다. 시간이 흐르면서 그때까지도 황량하기만 했던 서부에 캘리포니아대학과 같이 학생을 선발하는 대학이 생기기 시작하였다.

미국의 교육 체제가 이렇게 된 데에는 이민 초기부터 시작된 지방 자치 정신도 간접적인 원인이 되었다. 이러한 지방 자치 정신에 입각해서, 미국에서는 국가나 주 단위의 시험 제도를 만들려고 하지 않았고, 결과적으로 대학수학능력을 미리 예상할 수 있는 장치가 없었다. 이런 맥락에서 국공립 대학의 학생 선발도 용납되었다(추가 설명은 커니베일 2009 참조).

이와는 대조적으로, 유럽에서는 중등학교 입학 단계에서 이미 학생을 선발하는 전통이 있었다. 특히 대학 입학 준비 기관으로 여겨지던 김나지움은 지원자가 많았기 때문에 특히 선별적이었다. 훔볼트(1820)나 뉴먼(1854)과 같은 유럽 고등교육의 위대한 사상가들이 선발의 문제에 대해서 특히 언급하지 않는 것은 당시에 이미 (그리고 지금까지도) 유럽의 중등교육이 선별적이었기 때문일 것이다. 그런데 유럽과 같은 선발제도가 없는 미국에서는 '대학은 입학 기준을 낮추고 더 빠른 속도로 발전해야 한다'(더글라스, 2007: 35)는 캘리포니아 주의 요청과 같은 사회적 수요에 부응하기 위하여, 국공립 대학의 입학에 대해서 고민하지 않을 수 없었던 것이다.

유럽은 중등교육 참여율이 크게 증가하여 해당 연령대의 거의 100%에 근접하였다. 이에 비례하여 대학 진학률도 높아졌다. 그러나 영국과 아일랜드와 같이 예외적인 경우를 제외하면, 차별성보다는 동질성을 추구하는 정치적 풍토에서 직업 교육을 위한 전문대학과 연구중심대학을 구별하는 수준에 머물렀다. 이런 분위기에 따라 영국에서는 대다수의 전문대학이 대학으로 바뀌었다.

미국과 비교하였을 때, 유럽의 정치적 풍토에서 눈에 띄는 점은 차별성을 존중하려는 생각이 없었다는 것이다. 미국에서는 지역 사회대학과 일반대학 그리고 연구중심대학이 각기 다른 역할을 하는 것으로 인정하고 수평적인 시각으로 서로를 존중한다. 최근 버클리대학의 자랑거리 중 하나는 졸업생 중 절반이 2년 동안 지역 사회대학을 다니다가 버클리대학으로 온 학생들인데, 이들도 졸업할 때가 되면 신입생 시절부터 버클리대학을 다닌 학생들과 같아진다는 것이다. 유럽에서는 차별화를 수직적인 시각으로 바라보아서 사다리의 아래쪽에 있는 대학은 얕보았고, 위쪽에 있는 대학은 선망의 대상이었다.

실제로는 유럽의 고등교육 기관에서도 어느 정도 차이가 있다. 그러나 대학은 공공(연구)자금이 줄어들지도 모른다는 두려움 때문에 이 사실을 인정하려 들지 않는다. 이런 점이 차이를 인정하지도 않고 반영하지도 않는 포퓰러 파이낸싱의 기초가 되었다. 그러므로 대학 간 차이는 보이지 않았고, 선발 제도와 연계되지도 않았다.

차별화는 공정한 선발을 전제로 한다. 입학할 때 선택을 하지 않고서는 학생들의 특성에 맞춘 교육을 한다는 보장이 없다. 어이없는 예를 들자면 맹인 대학에도 입학 자격 제한이 없다.

공정한 선발을 하려면 학생의 사회·경제적 지위가 대학 합격과 등록 여부를 정하는 기준이 되어서는 안 된다. 미국에서는 제2차 세계대전 이후에 대학에서 학생의 사회·경제적 지위를 신입생 선발 기준으로 삼는 것을 우려하여 공정성을 제고하기 위해, ETS(교육평가원: Educational Testing Sevice)

의 초운시(H. Chauncey)[40] 원장을 중심으로 하여 SAT(Standardized Achievement Test)를 개발하였다. 그러나 유럽에서는 학생들이 이미 중등학교 시절부터 전국적인 시험을 거쳤기 때문에 선발 과정을 거친 것이나 다름이 없었으므로 모두 합격시키는 것이 당연하였다고 여겼다.

요즈음 유럽에서 학사 과정 입학의 차별화 논의는 대학 측의 공급(교육적 접근 방식, 학업의 난이도, 요구되는 노력의 수준 및 교수 대면 시간 등)과 학생 측의 요구를 맞추어 '배정'하는 데에 초점을 맞추고 있다. 이를 위하여 인터뷰를 하거나 지원 동기 등을 담은 지원서를 받기도 하고, 때로는 컴퓨터로 배정하기도 한다.

유럽에서 학사 과정 교육이 점차 한 덩어리로 움직이게 되자 선발의 문제가 중요한 과제로 떠오르게 되었다. 특정 국가의 대학에 들어가기 위한 국가 고사를 어떻게 국제적으로 비교할 수 있을까? 유럽 각국의 공무원들은 각국의 시험이 국제적으로 비교 가능하도록 하기 위해서 수년 간 많은 노력을 기울였다. 그러나 이는 시지푸스의 고난과도 같았다. 이러느니 외국인 학생이 많은 학교 측에서 자체적으로 선발이나 배정을 할 수 있는 제도를 도입하는 편이 나을 것이다.

선발 제도를 발전시키기 위해서는 미국의 SAT와 ACT(American College Testing's college admissions examination)의 경험으로부터 교훈을 얻는 편이 현명할 것이다. 최근 2008년 10월에 다음과 같은 기사가 뉴욕 타임즈에 실렸다(Staples, 2008).

> 이러한 문제를 주제로 괄목할 만한 보고서가 미국대학입학지원협회(National Association for College Admission Counseling)에서 발간되었다. 하버드대학교의 입학지원처장인 윌리엄 R. 피치먼스(William R.

40 Henry Chauncey는 ETS의 초대 원장이다.

Fitzsimmons) 회장은 입학 사정에서 SAT나 ACT 점수는 독립적인 요소가 될 수 없으며 내신 성적과 논술 성적과 같은 범위 내에서 보아야 한다는 점을 시의적절하게 상기시켰다.
[……] 보고서에서는 대학 입학 고사 성적의 중요성을 부풀리는 단체와 기관을 비난하였다. 그리고 대학 입학 안내서와 채권 평가단에서 학교의 질이나 재무 건전성을 나타내기 위하여 이런 시험의 점수를 사용하는 것을 중단해야 한다고 하였다. 또한, 각종 장학 제도에서 최소한 몇 점 이상을 받아야 한다는 식으로 제한하는 관행이 늘어나고 있는데, 한 시 바삐 중단할 것을 촉구하였다. 위원회는 시험 제도는 그런 목적으로 만든 게 아니며, 사소한 것을 하나쯤 놓쳤다 해서 지원자를 불합격시킬 수도 있다고 강조하였다.

동시에 더글라스 보고서(2007: 225)는 SAT 점수가 학생들의 1학년 평점(GPA)을 예측하는 데 매우 효과적이었음을 보여주었다. 캘리포니아대학의 경우에, SAT I에 의해서 12.8%, SAT II에 의해서 15.2% 그리고 SAT II 와 고등교육 GPA를 더한 것에 의해서 21.1%가 설명가능하였다(퍼센트는 SAT에서 GPA의 회귀분석에서의 r^2이다). 물론 이러한 수치는 대학에서의 성공 여부를 예측하기 위해서는 SAT 점수나 내신 성적 외에 더 많은 요소를 고려해야 한다는 점도 보여준다.

볼로냐 협정 조인국들은 다양한 학생들이 들어온다는 점에서 대학원 과정 입학 단계에서 선발이 필요함을 인정하였다. 학사 과정의 경우와 마찬가지로 대학원에서도 자기 나라에서 대학을 졸업한 학생들의 수준은 잘 알고 있었다. 그러나 다른 나라의 프로그램은 어떤지 질적 측면에 대해서는 전혀 알 수가 없었다. 학위 과정의 품질관리는 나라마다 달랐고, 학점 기준도 달랐다. 4,000여 개 유럽 대학 중 상당수(2015년까지 최소한 10%)의 대학에서 입학 사정을 위한 공통 기준 시험을 적용할 가능성이 크다. 현재 EU 전체적으로 석사 학위 과정 신입생의 수는 대략 70만~90만 명 정도이다. 이들 중 대다수는 같은 대학에서 학사 학위를 취득하여 '자동'으로 입학 자격이 주어지므로 특별히 선발하거나 배정할 필요가 없는 학생들이다. 그러나 이 단계에서 약 10% 정도는 외국 출신이거나 선별적인 대학(때로는 정부 지원을 받지 않는 소위 사립 대학)에 가고 싶어 하기 때문에 '자동'으로 해결되지 않는다. 이런 학생의 비율은 앞으로 5년쯤 지나면 상당히 (대략 30% 정도로 예상) 증가할 것으로 보이고, 이렇게 되면 연간 20만~30만 명이 입학 시험을 치러야 한다.

시험의 유형이나 실제 시험은 유효한 근거에 기초해야 한다. 컨슬과 헤즐렛(Kuncel & Hezlett, 2007: 1,080)에서는 입학시험의 여러 과목을 대상으로 메타분석을 하였다.

> 이들은 다음 네 가지 점을 찾아냈다. (i) 표준화된 시험으로 대학원 입학 후의 성과를 효과적으로 예측할 수 있다[……]. (ii) 입학 시험 점수와 학부 성적으로 대학원 성적 예측에서 나아가 어떤 학문적 성과를 낼 것인지도 예측할 수 있다. (iii) 학부 성적보다 표준화된 입학 시험 점수로 학생의 성공에 대해서 더 정확하게 예측할 수 있다[……]. (iv) 입학 시험 성적과 학점을 종합해서 보면, 학생의 성공에 대해서 가장 정확하게 예측할 수 있다[……].

> 이 보고서의 결론은 다음과 같다.

> (표준화된) 입학 시험은 많은 학문 분야에서 학생의 성과를 예측하는 데 유용한 정보를 제공한다. 그러나 대학원에 다니는 동안 꾸준히 노력하는 데 원동력이 되는 진학 동기와 관심에 대해서도 추천서, 자기

소개서 그리고 인터뷰를 포함한 다른 비표준화된 측정 방법을 동원하여 추정해야 한다. 이러한 주요 특성에 대해서 더욱 믿을 수 있는 정보를 제공하는 방법을 개발하기 위한 추가 연구가 필요하다 (Kuncel & Hezlett 2007: 1,081).

ETS가 2009년에 개인잠재력지수(PPI: Personal Potential Index)를 개발한 것도 동일선상에 있다.

요약해 보면, 유럽의 대학은 머지않아 급격하게 기능을 바꾸어야 할 수도 있다. 볼로냐 협약으로 국경을 넘는 유동성이 증가하고 학생을 선발할 필요성이 높아지면서, 선발 혹은 배정을 위한 시험은 상위 10~20% 권에 속하는 대학으로 급속히 번져 나갈 것이다. 이러한 경향은, 표준화된 시험 제도를 포함하여 신입생 선발 절차를 마련하고 선발을 위한 기본 정보를 확보하기 위한 노력에 박차를 가할 것이다. 이런 과정에서 기회 균등도 고취될 수 있다.

6.5 교육 연구에 대한 보상

3장에서는 유럽의 대학이 당면한 과제에 대해서 개략적으로 살펴보았다. 그러한 과제를 해결하기 위해서는 더 나은 지배구조(6.2)와 적정 수준의 재정(5)이 필요하다. 또한 학습을 최적화할 수 있도록 교수법을 개선하는 교육 혁신을 추진해야 한다. 단 한 가지 만병통치약이 아니라, 학생 각각의 각기 다른 학습 능력과 학습 방법에 따라 차별화된 접근 방법을 찾아야 한다.

학생들을 위한 부가가치라는 관점에서 학업의 효율과 수준을 향상시킬 수 있는 혁신의 목록을 꼽자면 다음과 같다.

- 문제 기반 학습: 놀라울 정도로 효과적이다(Schmidt et al., 2009 참조).
- 이러닝: 인터넷에 교육과정 내용을 공개한 MIT를 필두로 90년대를 풍미하면서 거창한 약속을 하였지만 별로 얻은 게 없었다. 이러닝은 원격교육기관에서 아주 제한적으로 효과적이거나, 원격교육기관 내에서조차 큰 효과가 없는 경우가 많다.
- 이중 학습 또는 병행 학습: 제도화된 교육과 연계된 적이 거의 없었다.
- 복수 학위제나 공동 학위제: 양쪽 학교에서 좋은 점만 취할 수 있고, 다른 나라의 학교로 가는 경우에는 다문화 학습도 할 수 있다.
- 교육과정 개정: 체계적이라고 하기 어렵다. 교육과정이 제자리를 잡으려면 좋은 선생님이 있어야 한다. 교육과정이 좋다고 해서 좋은 선생님이 되는 것은 아니다.
- 다문화 학습: 이제까지 살펴본 것 중에서 가장 큰 도전일 수 있다. 다문화 학습은 재학 기간 중에 의무적으로나 선택적으로 외국에서 일정 기간을 보낼 것을 교육과정에 반영하는 식으로 추진하기도 한다. 그러나 교육 목표로 간주하는 경우는 거의 없다.

교육계에서 배우기를 주저하는 것은 대학뿐이 아니다. 교육에서는 늘 그래왔다. 직무에 대한 새로운 통찰력을 배우고 익히려는 노력이 교육의 생산 과정에서는 상대적으로 결여되어 있다. 학생들이 학교에서 배워야 할 것도 많지만, 대학이 배워야 할 새로운 지식도 아주 많다! 사실 교육 그 자체도 연구의 주제이며, 학습의 과정을 더 잘 이해하기 위한 노력이 필요하다. 예를 들어 학생들의 교육적 성취('산출물')에 대한 교육적 '투입물'(교사의 자질, 학급의 규모 등)의 관계에 대한 연구물은 아주 많다. 교육에서는 인과 관계가 분명하지 않은 경우가 있기 때문에 통계 처리를 하였다고 해서 모두 다 설명이 되지 않을 수도 있으므로 연구 결과들이 서로 일치하지 않는 경우도 있지만, 교육에 관한 연구물은 매우 중요하다.

고등교육 분야에는 거의 만장일치로 새로운 방향을 가리키는 연구가 많이 있다. 예를 들어서, 전통적인 강의 기반 수업에 대한 문제 기반 학습의 우수성을 명확히 밝힌 조사연구가 있다(Dorchy et al., 2003). 이 연구를 통해 조사 대상 학생 17명 모두가 기술면에서 향상되었음을 확인하였다. 이 가운데 7명은 지식 면에서도 긍정적인 효과가 있었다. 통계적으로 이상치가 있어서 지식 습득에 대한 통계 처리 결과에 약간 부정적인 영향을 미쳤으나, 이들을 제외하면 부정적인 효과는 제로에 가까워진다. 또한 쾨넨과 보건스(Coenen & Borghans, 2009)의 새로운 연구는 네덜란드 대학 졸업생들이 초기 노동 시장에서 산출한 결과에 대한 다양한 교수법의 영향에 대해서 기술하고 있다. 그들은 고정 요인을 통해 학교의 내부 변화를 설명하고, 여러 다른 요소들을 통제한 이후에 문제 기반 학습이 젊은 대학 졸업생들의 총 시간당 임금에 주는 영향이 통계적으로 유의한 것을 밝혀내었다.

필자는 문제 기반 학습을 고등교육의 교수법 중에서 '배우는 것이 아닌' 사례로 들고 있다. 그러나 이 예는 일반적으로 지난 세기까지 무시되어 온 새로운 방법의 복합적인 영역을 보여준다. 사실, 20세기까지만 하더라도 꽁뻬이레(1893: 300~301)가 인용한 소르본느대학 창설자 "로베르 드 소르봉(Robert de Sorbon)이 강의가 유일한 교수법"이라고 한 말에 따르고 있었다고 해도 과언이 아니다.

1. 성 베르나르(St. Bernard)는 일찍이 "일정시간 이상 주어진 교재를 읽어라"라고 말하였다.

2. 방금 읽은 내용에 정신을 집중해서 놓치는 것이 없게 하라. 성베르나르는 "독서와 공부의 차이는 손님과 친구 사이의 차이와 같다. 거

리에서 지나가는 사람과 나누는 인사와 친밀하고 변함없는 사이에서 나누는 인사처럼 차이가 나는 것이다"라고 말하였다.

3. "그날그날의 독서에서 한두 가지 사상이나 진리를 찾아내서 특별히 잘 암기하고 있어야 한다"고 세네카가 말하였다.

4. 적어 두지 않은 말은 바람 앞의 먼지와도 같이 사라지므로 읽은 내용을 요약해서 적어 두어라.

5. 토론을 하든 일상 대화를 하든 동료 학생들과 생각을 나누어라. 이러한 연습은 의심스러운 점이나 모호한 점을 분명히 밝힐 수 있다는 점에서 독서보다 유익하다.

6. 마지막으로 성 베르나르에 따르면 기도야말로 가장 좋은 학습 방법이다.

기도에 관한 부분은 거의 받아들여지지 않았고, 토론도 별다른 관심을 끌지는 못하였으나, 소르봉의 학습에 대한 일반적인 접근법은 오늘날 많은 대학의 실정에 상당히 가까운 경우가 종종 있다.

교육 기관이 자체적으로 연구하는 데에는 거의 관심을 보이지 않았다는 것은 역설적이다. 공공 부문에서는 아무런 인센티브가 없어도 공부하고 혁신한다. 최신 이론을 반영하지 않는 화학 공장은, 열심히 공부해서 질 좋고 저렴한 제품을 내놓아 시장을 석권하는 경쟁자들에 의해 바로 밀려난다. 더욱이 교육의 '산출물'(학생이 습득한 지식과 기술)은 일반적으로 규모에 따른 측정이 불가능하기 때문에 대학을 서로 비교하기는 쉽지 않다. 결과적으로 대학 사이에서 벌어지는 경쟁은 학습 성취에 기반을 두지 않고 오히려 다른 지표들(때때로 시내에 붙여놓은 홍보물의 수, 연구중심대학에서는 연구 성과물의 양 등)에 기반을 두기도 한다. 이러한 모든 것들은, 15세 학생들에게 PISA가 그랬듯이, OECD가 고등교육을 대상으로 표준화된 성취 검사 도구를 개발하게 되면 바뀌게 될 것이다. PISA를 통한 국가 간 비교는 학교 현장의 교수법에 엄청난 영향을 미쳤다(Hoopkins, Pennock & Ritzen, 2008 참조).

관심을 더 많이 가져야 할 혁신적 교수법으로 이러닝과 이중학습 또는 병행학습이 있다. 이러닝은 독자적으로 사용하거나 다른 전통적인 교수법과 함께 사용하는 경우에 엄청난 가능성이 있다. 리엔티스(Rienties et al., 2009)에서는 IT가 평생 학습에 제공할 수 있는 수많은 가능성을 강조하였다. 여기서는 현행 온라인 과목 120개를 분석하여, 평생 학습의 전제 조건인 차별성과 유연성을 이러닝이 제공할 수 있는 가능성을 찾아내었다. 병행 학습 역시 매우 효과적일 수 있으나, 다수의 학생을 대상으로 적용된 적이 거의 없었다. 학생들에게 인턴십을 제공하고 조직하는 데에는 많은 비용이 필요하지만, 포뮬러 파이낸싱 제도하에서는 이런 추가적인 노력에 대한 고려가 없기 때문이다.

대부분의 대학이 혁신을 도외시하는 부분적 이유로 인센티브가 없다는 점을 들 수 있다. 전통적인 제도에서 새로운 제도로 전환하면서 새로운 교육과정을 구상하고 적용하는 비용은 크지만 그렇게 해서 교육효과가 나아진다고 해도 비용에 대한 보상이 없는 것이다.

교육을 위한 학습의 새로운 지평은 매우 빠르게 다가오고 있다. 교육신경과학은 초기 컴퓨터 모델과 컴퓨터를 적용하는 최적 학습을 시도하였던 1970년도 초기 인지 심리학에서 말하던 '상자'의 내부 모습을 보여 주었다(Atkinson, 1972 참조). 맞춤형 의료나 맞춤형 음식과 같이 맞춤형 학습이 바로 가까이에 있다. OECD는 교육신경과학이 이제까지 밝힌 바를 정리하기 위해 상당한 노력을 기울이고 있다(2007d).

하지만 학습에서의 이러한 모든 진보는 우리가 산출물(교육적 성취들)에 대한 투명성을 증대시키지 않는 한 그리고 포뮬러 파이낸싱에서 산출물의 부가가치를 인정하지 않는 한, 저 멀리 변두리에 머무르게 될 것이다.

스미스의 연구는 '자료의 공개와 개방' 또한 혁신의 동력이라고 주장한다(Smith, 2008). MIT는 2001년에 모든 과목의 코스웨어를 공개하기로 결정하였다. MIT의 코스웨어를 쓰고 싶으면 누구든지 쓸 수 있었다. 어떤 학교에서는 이를 활용하여 MIT의 코스웨어를 사용한다는 것으로 명성을 얻기도 하였다. 또 다른 학교에서는 사용 중인 코스웨어를 MIT와 비교해 보고 의사 결정을 하기도 하였다. 이러한 점에서 MIT의 코스웨어는 표준이 되었고 혁신에 기여하였다. 그러나 MIT가 코스웨어를 공개하는 효과와 일반 대학이 코스웨어를 공개하는 효과는 매우 다르다. 일반 대학으로서는 쓸데없는 짓이다. 누군들 관심을 가질 이유가 있는가? 일반인들이 그 학교의 코스웨어와 다른 대학의 코스웨어를 비교하는 데 관심이 있을까? 그러한 경우에는 비용이 큰 MIT식 공개보다 전문가들에게 질적 비교를 의뢰해야 할 것이다. 한편, 이러한 공개 방법은 무임승차를 유발한다는 면에서 혁신에 투자하고자 하는 인센티브를 빼앗을 수도 있다.

대학이 공부해야 하는 것은 새로운 (맞춤형) 교수법뿐만이 아니다. 졸업생을 통해서 드러나는 교육의 결과가, 노동 시장에서나 사회 전반적으로 학생들을 위해서 어떻게 작용하는지 뒤따라가 보아야 한다. 극소수의 대학만이 본교 졸업생과 비교 가능한 타교 졸업생에 대해서 심각하게 고려하고 있다(CHEERS 조사와 ROA 분석에 의한 몇몇의 예외를 포함하여야 한다. Borghans & Ritzen, 2006 참조).

동문과 고용주가 포함된 전문 위원회에서 대학의 교육과정을 정기적으로 갱신하는 것은 논리적으로 매우 다양한 일이다. 그러나 대학에서 실제로 그런 조치가 드문 것은 혁신의 문화가 없기 때문이다. 이는 데랙 보크(2006)에서 미국 대학의 학력 부진에 대한 불평을 하게 하였다. 이런 불평은 일찍이 전 세계로 일반화시켰어야 하였다. 이와 관련하여

2009년부터 새로운 전문 이학 계열 석사 학위 과정에 고용자 문단을 두도록 한 미국의 사례가 있다.

만약 소비자 주권이 만연하고 고등교육의 부가가치에 대한 투명성이 보장된다면, 가능한 한 최선의 방향으로 움직이는 대학에 인센티브가 주어질 것이 확실하다. 학생들은 발벗고 나서서 교육 수준이 가장 높고 비용은 저렴하면서 자신에게 꼭 맞는 학교를 찾아갈 것이다.

완전한 투명성이 없다면, 정부가 최소한의 기준을 법제화할 수도 있다. 포뮬러 펀딩의 공식에, 예를 들어 교사 연수 또는 STEM 강좌 개설과 같이 소비자와 사회가 원하는 서비스를 제공한 데 대한 인센티브를 도입할 수 있을 것이다.

6.6 결론

유럽 대학은 재정면에서 정당한 몫을 받지 못하였을 뿐 아니라, 운영 방식과 (책임성을 전제로 하는) 자율성의 면에서도 불리한 입장에 있다. 2009년의 경제 위기는 대학의 에너지와 자원에 대한 제약을 푸는 계기가 되어 교육과 연구의 질을 향상시킬 수 있는 좋은 기회였다.

전 유럽에 학사-석사 체계를 도입한 볼로냐 협약은 유럽 대학 경쟁력의 잠재적 동력이다. 그러나 지나치게 개별 국가 위주로 이행된 나머지, 유럽 대학 간 투명도가 기대만큼 증가하지는 않았다.

국제적인 명성을 원한다면 유럽의 대학은 학생을 선발할 수 있어야 한다. 고등교육에서 잘 만들어진 차별화 정책을 수립한다면, 이 부분은 (미국의 지역사회대학처럼) 더 개방적이고 접근 가능한 여지를 남기게 된다. 형평성과 선별성은 동시에 충족될 수 없는 것이 아니다. 오히려 그 반대이다.

유럽의 대학에서 교육 혁신에 대한 인센티브가 너무 약하다. 공공 재정을 분배하는 데에는 이러한 인센티브가 반영되어야 한다. 즉 학문적이고 추상적인 가치를 포기하지 않고 교육과정과 직업 세계를 더 잘 연계시키는 데 대한 보상과 더 낮다고 인정되는 지식과 태도의 변화를 촉진하는 혁신에 대한 보상을 해야 한다.

7장

유럽 대학의 미래: 액션 플랜

◎

7.1 일관적인 전망의 필요성

제2차 세계대전 이전과 같이 유럽 대학이 다시 발전의 원동력이 될 수 있는 좋은 기회가 있다. 그러나 쉽게 실현할 수 있는 기회는 아니다.

유럽의 대학에 먹구름이 드리워 있기 때문이다. 유럽의 대학은 역사가 깊고, 사회의 기대에 부응하기 위하여 과거 수십 년 동안 열심히 노력하였다. 그렇지만 제대로 인정받지 못하고, 우수한 인재를 끌어모으지 못하고 있다. 유럽의 대학은 사회의 취약한 계층에서 대학 교육을 받게 하는 데 크게 성공하지 못하였다. 또한 눈앞에 닥친 걱정, 즉 수지를 맞추는 일에 급급한 나머지 노동 시장과 사회적 요구와 연계시키는 데 대체적으로 실패하였다.

현재의 심각한 경제 위기에서는 예를 들어 프랑스 정부가 하였던 것처럼, 강력한 개혁을 위한 기반을 구축함으로써 고등교육에 더 많은 학생이 진학하게 하고 세계적인 리더가 되게 하는 데 필요한 개혁을 앞당기게 할 수 있을 것이다. 경제 위기를 개혁을 위해 활용할 수 있었던 기회는 고등교육의 혁신과 새로운 연구 기자재 구입 등에 내키지 않는 재정적 지원을 하는 정도로 넘겨 버렸다. 이럴 때에는 이른바 경제 활성화를 위한 3T(Larry Summers의 2009년 1월 제안), 즉, Timely(타이밍 맞추기), Targeted(정확하게 겨냥하기), Temporary(이번 한 번으로 끝내기) 전략을 썼어야 하였다. 대학이 잠시 일을 멈춘 연구자들을 다시 불러들여서, 연구를 못하고 있는 동안에도 연구자의 가치가 줄어들지 않도록 하였을 수도 있다. 그러나, 정치가들과 국제적인 지원 단체의 장들에게 대학이 경제 회복의 원동력임을 알려주기 위한 유럽대학연합회의 프라하 선언(Prague Declaration, 유럽 대학의 자신감 있는 미래 전망, 프라하, 2009년 3월)에도 불구하고, 그 기회를 잡은 유럽 국가는 거의 없다.

오늘날의 경제 위기에는 또 다른 위험이 있다. 이는 인구 문제에서 비롯되는 인재의 위기이다. 유럽의 인구가 줄어들고 있으므로 공급이 계속 줄어드는 데 비해 수요는 계속 늘어나고 있으므로, 유럽에서 대학 졸업생에 대한 수요는 공급을 훨씬 넘어서게 될 것이다. 오늘날의 위기에는 비교적 단기간 내에 대처해야 한다. 경제 침체로 지난 수십 년간 고등교육 예산이 삭감되었고, 전 세계적으로 고등교육을 위한 경제적 기반이 사실상 약화되었다. 이 경제 위기에 대처하기 위한 공적 조치는 장기적인 전망에 기초를 두는 것이 중요하다. 다가오는 위기에서 벗어나기 위해서는 단편적으로가 아니라 일관적으로 생각하고 행동하는 것이 필수적이다.

유럽 대학 교육의 미래에 대한 일관적인 관점이란 기본적으로 '유럽 플러스'라야지 OECD처럼 국가나 민족 중심이어서는 안 된다. '유럽 플러스'란 유럽을 기반으로 하지만 세계적 전망을 갖는 것이다. 이는 유럽 대학 졸업생을 위한 세계화된 노동 시장으로부터 출발한다. OECD가 개별 국가에 초점을 맞추고, 그럼으로써 어려운 질문을 피하려 했던 것은 이해할 수 있는 일이다. 대학 교육이 개별 국가 위주로 되어 있는

데, '유럽적'이란 무슨 의미인가? 우리의 대답은 개별 국가로는 풀지 못하는 문제 상황을 유럽의 이름으로 풀어 나감으로써 유럽의 힘을 보여 줄 수 있다는 것이다. '안정성 협약'은 1990년대의 국가 부채 위기를 EU가 나서서 해결한 사례이다. 대학 교육의 영역에서 각각의 민족국가가 해결 방법을 찾지 못할 때 혁신을 유도한 것은 볼로냐 협약이었다. 더욱이 공동의 조치 없이 혁신은 계속될 수 없다. 실제로, '유럽 플러스'라는 관점은 함께 움직이기로 함으로써 유럽 대학들이 공평한 경기장에서 경쟁과 협동에 힘을 쏟을 수 있게 해 준다.

오늘날 그 경기장은 사실상 공평함과는 거리가 멀다. 수준이 비슷한 대학에 주는 예산이 국가별로 다르고, 따라서 학생이 부담해야 하는 민간 비용도 국가별로 다르다. 실제로 국경을 넘어서 고등교육의 상대적인 질을 측정하는 것이 쉽지 않으므로 경기장은 사실상 안개에 싸여 있는 셈이다. 이는 공동 학위제와 같은 상호 협력을 어렵게 한다. 공동 학위는 그 학위에 관여하는 대학들이 상대측 대학이 어떤 조건으로 그 학위를 주는지 알아야 추진할 수 있다. 예를 들면, 어떤 국가에서는 석사과정을 수료하기 위해서 60학점을 이수해야 하는 나라도 있고 90학점 또는 120학점을 요구하는 나라도 있다. 그럼에도 불구하고 같은 이름의 학위를 받고 있다.

대학 역사상 지난 50년 동안은 정치적 영향력이 강하였다. 처음부터 끝까지 정치가들의 테이블에서 나온 볼로냐 협약이 대표적인 사례이다. 맥락이 어떻든, 대학은 이런 생각을 하지 않았던 것같이 보인다. 유감스럽게도 이 경우에는 보이는 것이 그대로 현실이었다. 대학은 교육, 연구, 사회봉사와 같이 늘 하는 일에 매달려서 하루하루 열심히 살고 있을 뿐이었다. 대학은 대체로 무기력해서 그들의 체제와 조직의 앞날을 어떻게 해 보려는 노력을 할 여력이 없었다. 정치가들이 대학의 미래에 대해 생각하는 역할을 맡아 개혁을 제안하면, 대학은 주도권을 포기한 채, 대체로 보수적인 입장에서 마지못해 반응을 한다.

유럽 대학의 미래에 대한 일관적인 안목은 무엇보다도 대학 스스로 앞으로 20년에서 30년 사이에 대학의 환경, 달리 말해서 시장에서 기대되는 변화를 탐색하면서 계발되어야 한다. 이 책을 통해서 대학에 호소하고자 하는 바는 대학이 그들의 미래를 생각하고, 가능하다면 미래에 대한 꿈을 가짐으로써 사회에서 널리 인정받고 사회에서 받아들여지며 사회에서 특권을 누리면서 그들의 역량을 충분히 발휘하라는 것이다.

이 책이 유럽 대학이 더 나은 미래에 대한 전망과 희망을 갖게 되고, 가장 밝은 미래를 가져오는 데 필요한 변화를 만들기 위한 공동의 노력을 촉구하게 된다면 성공한 것이다. 경기장의 선수는 대학이다. 경기장에 선수로 나서려면 단기적인 안목에서 자기네들끼리 싸우는 조건반사식 행동 양식이나, 정치가를 이끌어 주는 친구가 아닌 원수로 여기는 태도를 기꺼이 버릴 수 있어야 한다. 정치에 개입하되, 독선적이거나 선동하는 역할보다는 토론의 장을 마련하는 역할을 해야 한다. 고용을 하는 입장이건 고용을 당하는 입장이건, 경기장에서의 조직적인 노력은 매우 중요하다. 개혁에 대한 전망과 액션 플랜의 개요는 7.3에 제시하였다.

7.2 일관적인 전망의 요소

일관적인 전망의 요소는 앞의 장에서 제시하였고 [그림 7.1]에 요약되어 있다. 여기서는 대학과 사회가 두 가지 원동력을 중시한다는 것을 분명히 하고자 한다.

a. 리더십과 전문성 모두에 대한 유럽 노동 시장의 요구(블럭 1a)

b. 유럽 대학의 원동력으로써 전문성과 리더십에 대한 유럽의 요구와 밀접한 관련을 맺는 것이 외국 학생들을 끄는 매력임(블럭 1b)

c. 블럭 2는 기회 균등: 사회적 해방을 위한 지속적인 요구(블럭 2)

다시 말해서, 노동 시장의 요구를 고려하면, 고등교육에서 차별화가 이루어져야 함을 바로 알 수 있다. 고등교육을 받은 인력에 대한 수요는 매우 이질적이다. 대학을 충분히 활용하지 못하고 있다는 점에서 보면, 대학은 (충분히 활용하기만 하면) 인지적 능력 그리고 리더로서의 태도와 능력을 갖춘 졸업생을 요구하는 노동 시장 수요의 분배 곡선에서 최고점에 다가갈 수 있고 또 다가가야 한다. 대학 졸업생의 공급과 관련해서는 분배의 양 극점 모두에서 충분하지 않다. 탈락자에게는 너무나 주의를 기울이지 않고, 그렇다고 해서 최고의 인재에게 초점을 맞추고 있는 것도 전혀 아니다. 대학이 아이스크림 장사라면, 대학은 지리적 위치와 아이스크림의 종류에 따라서 잘 팔릴 만한 곳을 찾아 나서는 것이 아니라, 늘 같은 바닷가에서 늘 같은 아이스크림을 들고 서 있는 셈이다. 이는 불충분한 활용일 뿐 아니라, 대학이 시장에 유연하게 반응하지 못하는 것이다. 교육과정에 대한 피드백을 받기 위해서 동문이나 그 외 다른 사람들에게 그들의 경험을 체계적으로 묻는 대학은 거의 없다. 대학에 따라서는 체계적인 시장 조사를 하기보다 개별 교수의 관심과 에너지로 잡아낸 유행에 따라서 갑작스럽게 새로운 학위 과정을 만들기도 한다.

외국(비유럽)학생들을 유인하기 위한 독일학술교류처(DAAD: Deutscher Akademischer Austauschdienst) 프로그램이나 프랑스의 프로그램과 같이 국가별로 노력을 기울이고 있는 경우도 있지만, 현재 유럽 대학의 국제적 개방성과 매력은 (영국을 제외하면) 경제의 다른 부문에 훨씬 못 미치고 있고, 실제 대학이 갖고 있는 잠재력에도 못 미치고 있다. 두 가지 점이 중요하다. 첫째 명성(종종 순위로 표현된다)과 언어가 문제다. 영어는 학생들을 끌어들이는 언어이다. 영국 이외의 다른 유럽 국가들은 두 가지 모두에서 어려움을 겪는다. 대학이 스스로 시장에 나선 적이 없으므로 대학의 명성이 객관적인 질보다 떨어진다. 그리고 대학에서 자국어가 아닌 영어를 사용하는 것은 이데올로기적으로나 실용적으로나 심각한 문제를 낳는다. 이데올로기적인 문제이라 함은 '국립대학에 자국어가 아닌 언어를 끌어들여도 되는가?'라는 것이다. 실제로 부닥칠 문제는 교직원의 영어 교육이다. 영어로 가르치는 것이 쉽지 않은 교수도 있다. 대학이 진정으로 학생이 외국어를 배워야만 하는 장애를 없애 주고자 한다면, 업무의 특성상 영어를 완벽하게 구사해야 하는 일반직이 더욱 큰 문제이다. 투자에 필요한 경제적 규모를 보면 모든

[그림 7.1] 유럽 대학의 여러 측면

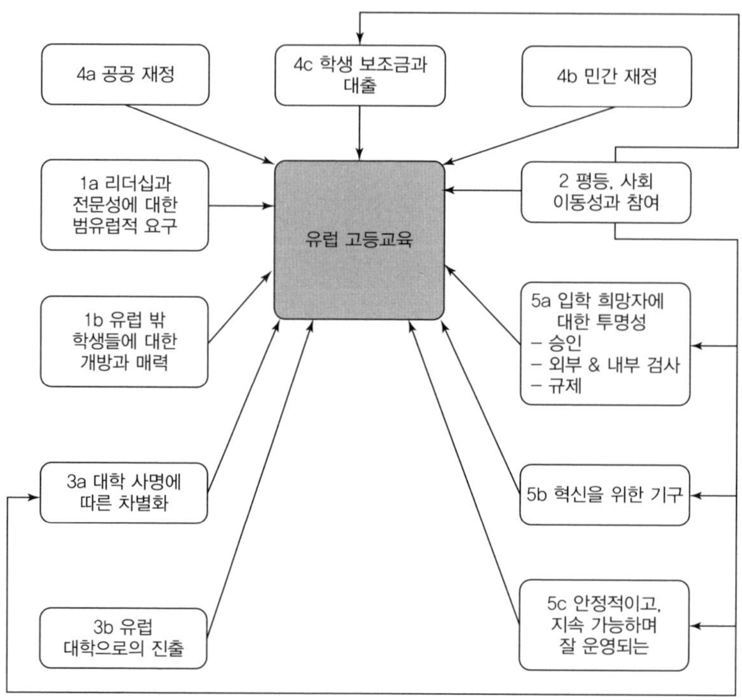

대학이 영어를 쓰는 쪽으로 가야 하는지 의구심이 생긴다. 수많은 4년제 대학에서 영어만 쓰는 학교로 만들지 않았어도 자국어만으로 잘 돌아가고 있으며, 교육과정과 해외수학프로그램 등을 도입하여 국제적인 노동 시장에 맞추어서 학생들을 잘 준비시키고 있다. 이런 대학에서는 예산의 일부만을 돌려서 일부 유학생의 기대를 저버리지 않을 정도로 영어를 사용하기도 한다(여러 학교에서 영어로 가르친다고 하지만 사실상 많은 부분들이 여전히 자국어 지향적인 경우가 많다).

대륙으로서의 유럽은 개인주의와 개인의 책임을 사회적 응집력과 신뢰를 연결시키는 퍼트남(2002)식 '사회적 자본의 연결'에 매우 유리하다. 신뢰 수준이 상대적으로 높으면, 노동 시장에서든 어떤 상품 시장에서든 경제적인 거래의 비용이 낮아진다. 사회적 응집력과 신뢰는 '너에게 일어나기를 바라지 않는 일을 다른 사람에게 하지 말라'라거나 '네가 그 사람의 입장에서 대접받고 싶은 대로 그 사람도 확실하게 대접해라' 등과 같은 암묵적 계약에 기초한다. 기회 균등은 이 계약의 속편이다. 부모의 경제적 지위가 아이의 재능을 개발하는 데 개입해서는 안 된다. 고등교육의 미래에 대한 어떤 관점도 기회 균등의 원칙에서 출발해야 한다. 기회 균등은 각 개별 국가와 유럽 전체에서 고려해야 한다. 이는 각 학교의 설립 취지가 분명하고 합의된 것이라면, 개별 대학 내에서는 이무런 역할도 할 수가 없다. 여기서 유럽의 각국 정부는 간혹 엇갈리는 요구를 할 때가 있다. 대학이 무언가 하기를 바라면서 재정 지원은 하지 않는 것이다. 일은 사명감으로 하고, 돈은 포퓰러 파이낸싱으로 받으라는 식이다.

세계화된 노동 시장이 그렇듯이 유럽 노동 시장도 차별화된 대학 체제를 요구한다. 블럭 3a는 거의 누구나 알고 있다. 즉, 블럭 3a는 블럭 1a와 1b의 필연적인 결과이다. 그러나 이는 현실에서 반영되지 않았는데, 대학의 차별화가 안전하지 않다고 여겼기 때문이다. 정부는 매사를 일원론으로 보는 태도를 취하며 모든 대학에 법적 제도와 포퓰러 파이낸싱이라는 꼭 끼는 재킷을 입혀서 하나의 우산 속으로 한꺼번에 쓸어 넣어 버렸다. 이런 상황에서 대학이 있을 수 있는 안전 지대는 중간쯤, 해변의 어중간한 곳이었다. 평등이란 이데올로기는 인증 제도나 조직 및 재정 면에서 모두가 '똑같아야' 하는 것으로 잘못 알려진 경우가 많다. 지금의 당면 과제는 지속 가능하고 유연한 차별화의 길을 모색하는 것이다. 인증 제도와 조직 등 대학 정책의 모든 측면이 차별화에 관련되는데, 특히 재정에서 그러하다. 아이스크림 장사가 돈을 벌어서 먹고 살 수 있게 되고 사업이 번창하기만 한다면, 특별하고 맛있는 아이스크림만을 팔 것이다. 지속 가능하고 유연한 차별화의 모든 요건 중에서 대학이 특별한 고객을 찾아 해변에서 멀리 돌아다니는 유연성은, 모든 대상을 공정하게 대하기는커녕 공정과는 거리가 먼 '획일성'으로 대하려는 정부에게는 골칫거리이다(Sen, 2009). 그 어떤 일탈도 의회나 법정에서 처벌을 받을 것이다. 유연한 차별화는 진정으로 곤혹스러운 것이다. 그러나 의지가 있고 급박한 상황이라는 것이 충분히 명백하고 같은 경기장 안에 있는 선수들이 동의한다면, 해결할 수 있는 과제이다.

평등과 차별화 간의 화살표에 주목하라. 요소 3a는 동력 2의 당연한 결과이다. 평등은 대학의 목적(그리고 부수적인 공공 자금)의 차별화에 의하여 가장 잘 실현된다. 앞에서 논의한 바와 같이 차별화된 유럽에서는 비영어권의 모든 대학에서 '조금씩' 영어를 사용하는 것이 아니라(이것은 효과적인 선택이 아니다), 일부 대학만이 (나는 앞에서 10%라고 제안하였다) 전적으로 영어를 사용하는 대학(EU 밖에서 학생을 유인할 수 있는 대학)으로 바뀔 것이라는 것을 예상할 수 있다. 유럽 대륙의 대학에서는, 일부 전공에서만 영어로 강의를 하도록 하거나 주로 자국어로 강의를 하고 다음으로 영어를 사용하게 하는 혼합형도 가능하다.

국제적으로 문호를 개방하는 방식으로 좀 더 차별화된 형태를 생각해 본다면, 유럽 대학이 분교 형식으로 확장되어 나가는 방안(branch out)도 있을 수 있다. 그러고 비유럽 대학도 (미국이 그렇듯이) 유럽에 분교를 설립(branch in)해서 들어올 수 있어야 한다. 보다 일반적인 경우에도 대학은 학생들에게 더 잘 해 줄 수 있도록 국내에서나 국제적으로 네트워크를 구성해야 한다.

또 다른 방법으로는, 유럽의 대학이 '서로를 통한 확장(branch through)'을 하는 방안이 있다. 이는 숲에서 서로 다른 나무의 가지들이 뒤엉켜서 자라는 식으로, 윈-윈이 가능한 경우에 협력하는 것이다. 공동 학위는 적은 수의 대학이 한 그룹이 되어서 지적 교수 능력을 모으고 학생들에게 다른 문화에서 공부하는 경험을 제공하기에 적절한데, 이는 석 · 박사 과정에서 예외가 아닌 규칙이 되어야 한다. 학사 과정에서는 제한된 숫자의 '잘 아는 친구'인 학교와의 구조적 협력을 강화하고, '막연히 알고 지내는 사이'인 학교와는 교류를 자제하는 편이 현명할 것이다. 교환학생제도는 학생의 지평을 넓히기 위한 수단으로 매우 효과적이다. 그 가치는 교환학생으로 공부하는 경험을 심화함으로써 더 높아질 수 있다. 2030년까지 유럽의 대학 중에서 5~10% 정도가 '서로를 통한 확장'을 한다면 유럽의 대학은 전반적으로 매우 안정될 수 있을 것이다.

네 번째 블럭은 재정이다. 유럽은 추가적인 재정 확충의 기회 없이 지속적으로 학생 1인당 예산을 삭감함으로써 대학 재정의 측면에서 시민들을 실망시켰다. 이는 미국이나 일본과는 정반대이다. 2008년 OECD 통계에 따르면, 미국의 학생 1인당 비용은 유럽의 2.6배에 달한다. 이는 유로에 대한 달러 가치 하락으로 다소 줄어들었을 수 있다. 재정의 문제는 유럽의 대학이 수준을 높이고 전 세계의 인재를 끌어들인다는 면에서 미국의 대학과 경쟁하는 데 매우 불리한 요소로 작용한다. 여기서 재정이라 함은 공적 재정과 민간 재정을 망라한다. 대학 재정에 대해서 말할 때에는 마치 유행인 것처럼 이탈리아나 독일의 경우를 예로 드는데, 여기서는 교육 내용이 같은데도 사립대학에서는 비용 전체를 학생이 부담하게 되어 있어서 상당한 등록금을 내지만 국공립 대학은 등록금을 전혀 내지 않는다는 것이다. 얼마 전부터 독일에서는 주에 따라서 아주 소액이지만 등록금을 내는 국공립 대학이 생기기 시작하였다. 보몰(Baumol, 1967)도 지적한 바와 같이 고등교육과 같은 서비스의 가격은 끊임없이 오르는데 공적 자금 지원은 지속적으로 감소하는 곳에서는, 재정 부문에 등록금 부과에 대한 전망과 공적 자금에 대한 대응 자금으로서 민간 소득이 포함되어야 한다(Birkeland & Prescott, 2006).

그러나 재정 요소가 완벽하려면 장학금이나 융자와 같이 평등에 기여할 수 있는 대안이 있어야 한다. 융자받은 금액을 취업 후에 일정 비율의 세금 형태로 상환하는 이른바 사회융자제도는 외국에서 공부하거나 거주, 취업하는 사례가 늘면서 크게 감소하였다. 소득이 있을 때 일정 기간에 걸쳐서 융자를 상환하는 것은 바람직하다(5.2 참조). 이때 최대 상환 기간 동안 상환하지 못한 금액은 장학금으로 처리된다. 유럽 전역에서 공정한 경쟁을 하려면, 장학금과 융자제도는 국가별, 국적별로 적용할 것이 아니라 유럽 전체에 적용되어야 한다. 중요한 점은 학생들이 대학에 다니기 위해서 학업에 지장을 받을 정도로 일을 하게 해서는 안 된다는 점이다.

다섯 번째 블록은 유럽 대학의 조직을 다루고 있다. 우선, 교육의 질을 투명하게 관리해야 한다. 학위 관리가 이에 해당하는데, 공통의 기준에 의한 자체평가도 해야 한다. 외부 기관의 평가 역시 대학 감사 수단으로써 중요하다. 투명성에는 대학의 학위 과정 평가도 포함된다. 개인적 차원을 넘어서는 투명성에 대한 보장은 전 유럽에 걸쳐 이루어져야 하고 차별화되어야 한다. 이는 국가적인 기준이 아니라 학생과 노동 시장의 다양한 요구를 바탕으로 한 범주에서 다루어야 한다. 유럽의 (차별화된) 교육, 유럽의 내외적 품질 관리 표준은, 사회적으로 충분히 활용되고 개발되는 유럽 대학에 대한 장기적 전망의 일부가 될 것이다. 학위 프로그램의 질을 여러 측면에서 평가하기 위해서 독일의 고등교육센터(Zentrum für Hochschulforschung)가 개발하여 현재 독일에서 사용되고 있는 평가 등급을 전 유럽에서 채택할 수도 있을 것이다.

다섯 번째 요소의 두 번째 항목은 '혁신'과 관련한 제도이다. 혁신과 교육의 측면에서, 데랙 보크(2002)에서 언급한 미국의 '뒤처지는 대학'보다 유럽 대학이 더 많이 성취한다거나 더 잘하고 있다고 보기는 어렵다. 이는 대학에 혁신적인 교직원이 없어서가 아니라, 혁신을 장려하지 않는 분위기와 제도 때문이다. 대부분의 대학은 사회적으로 굳게 자리를 잡고 있고 때로는 '전통적인 방식으로 일하는 것'을 스스로 자랑스러워 하기도 한다. 전례와 의식을 문제 삼고 있는 것이 아니다. 이러한 것은 어느 조직에서나 그렇듯이 몹시 소중하다. 그러나 교육과 교과 과정 내용은 다른 문제이다. 사회로부터의 피드백, 교육과 연구 및 기술의 발전에 근거하여 교육의 과정을 혁신하면, 이에 대한 인센티브가 주어져야 한다. 유럽의 입장에서 잘 조직된 대학이란 이러닝, 문제 기반 학습, 협동 학습 등을 포함하는 혁신의 개념을 담고 있어야 한다.

혁신적인 대학이 더 많은 위험을 감수하고, 교육 연구와 혁신에 더 많은 예산을 쓰는 것이 분명하다. 그렇지만 이러한 조치들이 잘 계획된다면 그 비용은 보상받을 것이고, 아무런 행동도 취하고 않고 있다가는 슘페터기 말한 '창조적 파괴'의 단계로 접어들 것이 자명하다. 이러한 점은 모두가 잘 생각해야 한다. 혁신을 하지 못해서 해마다 학위 과정의 5% 정도가 없어진다면, 전통적인 대학을 포함해서 모든 대학이 버틸 수가 없기 때문에, 머지않아 대학은 사라져 버릴지도 모른다. 대학의 지도자들과 교직원들이 대학에 대한 이런 전망에 대해서 들으면 떨릴 것이다. 이런 논의는 유럽이 인재 계발을 이끌어가는 대륙으로 남기 위해서 꼭 필요하다.

발전적인 유럽 대학은 많은 유럽 국가처럼 정치가나 관료가 대학의 일을 결정하는 관료적 대학과 같이 조직되어서는 안 된다. 그렇다고 해서 공공 의무에서 자유로운 완전한 사립대학도 아니다. 혁신을 이행하고 시장 사정에 밝은 '민간 요소'와 공적 책무성이 결합되어 있어야 한다. 여러 가지 점에서 네덜란드 대학의 구조를 예로 들 수 있겠다. '민간 요소'는 분명하다. '생산 과정'의 모든 구성 요소, 즉 사람, 기반 시설, 그 외 비용에 대해서 대학이 독립적으로 총괄한다. 공적 책무성은 투명성에 기초하는데, 인증에 따르는 규정 준수와 내적 · 외적 품질관리에 대한 것이다. 관리 위원회는 장관이 임명하고, 대학에 대한 정치권의 개입은 이것이 처음이자 마지막이다. 관리 위원회에서는 대학의 집행부를 임명하여 일상적인 행정업무를 일임한다.

그러나 비교적 앞서 나가는 네덜란드식 구조도, 최대한 활용되어야 할 유럽 대학에게 기대하는 만큼의 혁신을 이행하고 있는 것은 아니다. 이는 오로지 혁신에 대한 재정적 인센티브(등록금 인상이나 정부 비용의 증가 등)가 결여되어 있기 때문이다. 이와 같이 유럽 대학의 조직 문제는 본질적으로 재정과 연결되어 있다.

7.3 미래의 설계와 개혁을 위한 액션 플랜

이제까지의 분석에 동의하는 사람도 많을 것이고 지지 발언을 해 줄 사람들도 많을 것이다. 그런데 기꺼이 실제 행동으로 옮길 사람도 많을 것인가? 유럽은 햇살 좋은 테라스에서 카푸치노 한 잔 마시기에 참 좋은 곳이다. 그런데 지적이고 창의적이고 재주 있고 기업가 정신을 갖춘 인재가 넘쳐나는 야망의 대륙이 되기 위한 실천을 하려고 할 것인가? 사회적으로 결속적인 유럽에서, 지속 가능한 새로운 자원이 발견되고 계발되기를 바라는가? 이코노미스트지는 유럽을 2010년까지 세계에서 가장 경쟁력 있는 지역으로 만들고자 채택했던 리스본의 정서가 실패한 것을 들어, 이러한 가능성에 의구심을 표하였다(2010년 2월 6일, 34쪽). "리스본 조약은 세계에서 가장 역동적이고 경쟁력 있는 경제 상황에서 살기를 바라지 않는 유럽인이 너무 많아서 실패하였다." 그리고 "이론의 여지가 있기는 하겠지만, 문제는 유럽 자신이다. 유럽의 불평 많은 유권자와 비겁한 정치가들이 문제다." 다음으로는 야심찬 유럽 대학을 만들기 위해서 강력한 추진력을 갖고, 변화에 필요한 사회 각 부문의 모든 지원을 촉구하는 이들에게 꼭 필요한 계획을 개략적으로 살펴볼 것이다.

대학 개혁을 위한 액션 플랜은 미래의 대학 조직을 위한 '전체적인 틀'을 설계하는 데서 시작한다. 이제까지 논의한 바에 기초해서 바람직한 방향으로 나아가는 단계를 보여줄 수 있어야 한다.

최대의 관심사는 유럽 전역에 있는 대학을 법제적인 차원에서 서로 차이가 나지 않도록 조정하는 일이다. 이것이 안 된다면, 법규와 규정과 재정이 나라마다 제각각인 가운데 유럽고등교육공동구역(European Space for Higher Education)은 조각난 군도처럼 버려져 있을 것이다. 이런 모든 요소가 경쟁과 협력에서 부정적으로 작용한다. 전체적인 틀은 유럽 전체를 아울러서 만들어야 한다.

EU의 볼로냐 협약 조인국이 이러한 조치를 취할 수도 있을 것이라는 희망이 있었으나, 불행히도 그렇지 못하였다. 46개국의 장관이 모여서 발표한 2010 볼로냐-비엔나 선언은 매우 공허한 것이었으며 그 어떤 효력도 발생하지 못하였다. 선언서는 장관들의 손안에 남아 있을 뿐이다.

필자는 EU 회원국들의 법체계가 수렴적일 수 있도록 조정하는 회담을 6개월마다 한 번씩 정기적으로 개최할 것을 제안한다.

어디를 향한 수렴인가? 민영화의 어려움과 금융 위기의 결과로 우리에게는 시장에 대한 반감이 남아 있다. 그러나 고등교육을 위한 법제적인 틀을 최대한 '생산자'와 '소비자'의 주권이란 관점에서 바라보는 것은 중요하다. 대학은 여러 가지 법적 제한을 받는 공공 기관이지만, 소비자를 개별적이고 주권을 가진 존재로 여기며 운영된다는 점에서 민간 (그러나 비영리적인) 기관으로 보아야 한다.

오늘날의 반민영화 풍토에서 왜 민간 기관에 준하는 수렴적인 틀을 만들고자 하는가? 왜냐하면 그러한 대학 조직이 최고의 교육을 할 수 있도록 강력한 에너지를 창출할 수 있고, 교직원에게 가장 큰 힘을 실어주기 때문이다.

대학이 민영화된 것처럼 운영된다면,

- 관리 위원회를 자체 구성하여, 분명한 위기 시에만 정부가 관여할 수 있게 한다. 현역 정치가나 공무원, 소속 대학의 교직원과 학생은 관리위원이 될 수 없다.
- 관리 위원회에서 대학의 최고책임자를 임명하여 대학 운영의 모든 책임을 맡긴다.
- 대학의 최고 책임자가 학내 기관장을 임명한다.
- 독립 재정으로 예산 항목과 차감 항목에 관해서 전적인 권한을 갖는다(급여 수준과 채용 및 해고에 대한 결정권 포함).

대부분의 유럽 국가에서 국공립 대학은 법제상 별도의 비영리기관으로 되어 있다. 우리가 기대하는 수렴적 법체계 내에서는, 그러한 범주가 점차 사라지고, 비영리성에 대한 포괄적인 법률이 자리를 잡을 수 있을 것이다. 이러한 법체계 내에서는 대학이 관련 규정을 제정하여 자체적으로 조직해 나가도록 할 것이다.

정부의 역할은 사실 소비자, 즉 학생(그리고 그들을 재정적으로 뒷받침하는 부모)을 보호하는 것이다. 법은 교육 효과에 대한 인증과 투명성, 불만을 제기하고 환불을 요구할 수 있는 권리를 포함하여, 적절한 품질 관리 체제를 확립하여야 한다. 이는 수렴적 법체계에서 '편안한' 부분이다. 어느 국가에나 소비자 보호 제도가 있다. 볼로냐 협약은 이를 발전시키고자 하였다. 그러나 그 과정에서 상당한 불협화음이 있었다.

민간으로 조직된 서비스를 위해 공공 재정을 사용한다는 것은 좀 껄끄러운 가시와 같은 부분이다. 한 편으로는 돈을 내는 사람이 결정하는 것이 당연하다고 여긴 나머지, 정치가와 유권자가 대학을 자기들의 개인적인 정치 사상과 기호를 큰 소리로 외칠 수 있는 경기장쯤으로 생각한다. 다른 한 편으로는, 뚜렷하게 정부가 부담하는 것으로 되어 있는 서비스가 있으니, 그것은 바로 학생 교육이다. 이건 쉽게 제거할 수 있는 가시이다. 정부가 학생의 등록, 나아가 졸업에 관련되는 비용을 지출하는 것이다. 이 서비스를 '사는' 것과 이 서비스를 생산하는 것은 필연적인 관계가 없다. 그런데 이 부분이 쉽지 않다. 가시를 뽑으면 상처와 흉터가 남는다. 교육의 진정한 부가가치가 측정되지 않기 때문에 '교육 서비스'는 쉽게 정의될 수 없다. 그래서 이 서비스는 투입 조건에 더하여 산출물(학생 수 등)과 품질(노동 시장에서 졸업생의 위상)로 설명되어야 한다. 소비자 보호 규정을 충족시키는 새로운 대학을 정부가 기존의 대학과 똑같이 취급하도록 하는 것이 당연한 요청인지 묻는 질문을 생각해 보면 산출물의 측정이라는 가시가 분명히 보인다. (신)자유주의자들은 생산자 시장에의 접근 원칙을 신성하게 여긴 나머지 그것을 곧바로 대학에까지 적용하려고 한다. 현명하게도 GATT는 당분간 자유 무역에서 고등교육을 제외하였다. 고등교육 시장 개방에 관해서 조심스럽게 다루는 데에는 고등교육이라는 '서비스'를 정의하기 어렵기 때문이었다. 소비자를 보호하기 위해서는 좋은 대학 교육이 어때야 하는지, 예를 들어 (단일 학과 보다 더 많은 것을 요구하는) 학제 간 교육 또는 연구를 어느 정도나 해야 좋은 학교인지 기술할 수 있어야 하는 것이다.

유럽의 국가 간 차이를 완화시키기 위해서 제도적으로 개방해야 할 부분은 전 유럽에 적용될 입학 절차이다. 정부 지원금을 학생 개인이 받아서 들고 다닐 수 있는 바우처의 형태로 줄 것인지, 아니면 학교에 직접 지급할 것인지 정하는 것은 행정상의 편의와 사고 방식의 문제이다. 중요한 점은 장기적으로 보았을 때, 유럽의 학생이 자기 몫의 지원금을 바우처로 가지고 다니면서, 외국에서도 자기 나라에 있을 때와 같은 여건에서 공부할 수 있어야 한다는 점이다. 그러나 단기적으로 이 방안은 시행이 불가능하다. EU 각국이 재정적으로 너무 다르기 때문이다. 외국인 학생이 많은 대학으로서는 여러 나라에서 돈을 받아내야 하는 것이 큰 부담이 될 것이다. 학생에게 직접 주어서 갖고 다니며 쓰게 하는 방식도 나라마다 대학의 인건비와 소득 수준에 차이가 날 수밖에 없다는 점이 문제이다(특히 동유럽과 서유럽의 경우에 대해서 [표 2.1] 참조).

우리는 대학의 교육을 위한 정부 재정 역시 점진적으로 수렴해야 할 것을 제안한다. 각국이 현재와 같이 '닫힌 지갑' 체제를 유지하면서, 4.4.1에서 논의한 유럽 학칙에 따라서, EU 학생은 모든 EU 회원국에서 마치 그 나라 시민인 것처럼 그 나라 정부로부터 재정 지원을 받는 것이다. '닫힌 지갑'식의 접근은 사실상 서쪽에서 동쪽으로 그리고 조금 덜 하지만 북쪽에서 남쪽으로 정부 자금을 이동시키게 할 것이다([표 4.6]과 [표 4.7] 참조). 폴란드와 그리스는 엄청난 수(2006년 각각 31,000명과 25,000명)의 학생이 다른 EU 국가로 나가고, 엄청난 수의 학생이 영국(127,000명)과 독일(31,000명)로 들어간다. 이러한 학생 이동에 따른 재정의 이동이 인재 유입 효과로 상쇄된다고 생각할 수도 있고, 또는 그렇지 않으면 유럽의 구조 금융으로 보상해야 한다고 생각할 수도 있다. 후자와 같은 방법은 인재 유출이 많은 나라에서 자국의 교육의 질을 재고할 수 있는 인센티브와 같은 효과를 낼 수도 있다.

대학의 연구 면에서의 수렴성은 더욱 정교하게 설명할 필요가 있다. 이상적으로는 각국의 연구 기관이 점진적으로 유럽 연구 기관으로 단일 유럽구조프로그램화 되어야 한다. 그러나 ERC(유럽연구협의회, European Research Council)의 역할이 점점 커지고, EFP(European Framework Programmes)의 중요성이 부각되고, 각국의 연구 기관이 협력 연구를 하는 사례가 많아지고 있는 현 상태에서는 갈 길이 멀다.

대학에서 연구 기능을 분리하여 연구소를 국가 차원의 연구 체제에 편입시키는 것은 중요한 문제이다. 연구중심대학은 특정한 유형의 연구에서 각국의 혹은 유럽의 거점과 같은 역할을 할 수 있을 것이다. 교육 환경으로부터 연구를 분리시키는 것은 인재 양성에 대한 연구의 외부 효과를 낮추고, 연구원이 끊임없이 갓 들어온 박사 과정 학생으로 교체되는 현상을 완화시킬 수 있다.

그러나 유럽의 연구와 관련해서 가장 중요한 점은 공공 연구와 민간 연구 모두에서 연구의 규모를 늘려야 한다는 것이다. 여기서, 민간 부문의 연구에 대해서는 세제상 혜택을 주거나 직접 지원금을 지급하는 방안을 생각해 볼 수 있다.

대학 재정에서 정부의 역할은 유럽 학생을 위한 융자와 장학금 체제에서 국가 간 차이를 줄이는 것이다. 학생에게 지급되는 바우처는 사실상 장학금인 셈이다. 학생을 위한 융자와 장학금에 대해서도 대학의 교육 부문에 대한 정부 재정 지원과 같은 논리가 성립한다. 유럽의 학생이라면, 유럽 어디에서든지 공부할 수 있어야 한다. 특히 이 부분은 종종 각국의 세무 당국과 관련되기도 하므로 점진적으로 전 유럽을 하나로 하는 융자 및 장학금 체제로 나아가는 것이 현명할 것이다.

재정에서 정부의 역할은 관료주의를 배제한 신뢰성에 기초하여야 한다. 인증이나 품질 관리 및 책임성과 관련된 것을 제외하고는 대학 운영 방식에 규제가 거의 없어야 한다. 신뢰성을 바탕으로 하는 체제에서는 신뢰를 저버리는 경우에 대비해야 한다. 이러한 경우에는 (한 번쯤 경고를 한 후에) 지원을 중단하면 될 것이다. 별도의 감시 제도를 두는 것도 제도를 유지하는 데 도움이 될 것이다. 이런 조치는 1진 혹은 2진 아웃제를 도입하여 엄격하게 운영되어야 한다.

소비자 보호를 위해서 정부는 등록금 상한제를 실시해야 하는가? 임대료와 같은 다른 부문의 사례를 보면, 가격 통제를 하는 경우는 급격히 사라지고 있다. 별다른 대책도 없고, 재분배 효과 면에서도 (소득 순위 상위 10% 대에 유리한 경우가 생기는 등) 별다른 효과가 없기 때문이다. 고등교육에서 등록금 통제는 대학 재정을 어렵게 하는 이유 중 하나였고, 국가 간 차이로 인하여 경쟁이 왜곡되기도 한다. 이 부분에서는 지금과 같은 규제를 철폐하고, 등록금이 가장 비싼 나라(영국)의 경우를 상한으로 하고, 학자금 융자와 장학금을 그 수준에 맞추어 지급함으로써 기회 균등의 원칙이 훼손되지 않도록 하는 것이 바람직하다.

거의 모든 EU 회원국 정부에는 학생과 교수의 정원을 보장하기 위한 규정이 있다. 그런데 이러한 규정은 불필요하다. 생각이 있는 대학이라면 학생과 졸업생 및 교수의 적정 수가 어느 정도인지 알아낼 것이다. 그리고 그 결과에 대해서는 그런 책임을 지도록 임명된 이들이 전적으로 책임을 지면 된다.

유럽의 맥락에서 정부는 어느 정도까지 차별화를 지원해야 하는가? 이것은 쉽게 대답할 수 있다. 학생들을 어느 정도 지원할 수 있는가에 따라서 판단하면 된다. 그러나 선발에 있어서는 진지한 토론이 필요하다. 만약에 학생을 선발하고자 하는 대학이 있다면, 모든 학생에게 해당될 수 있도록 나머지 대학도 개방적인 태도를 견지해야 할 것이다.

고등교육은 전통적으로 관념적 수준, 응용가능한 이론과 연구, 구체성과 실용성에 따라서 인정을 받았다. 유럽에서도 이러한 차이점을 인정하고 교육기관과 교육 (및 연구) 관련 학위를 구분하는 공동 기준에 동의하여야 한다. 여기에 다음과 같은 미국식 분류가 도움이 될 수 있겠다.

- 지역사회대학(community colleges): 실용적이고 박사 학위가 없는 교수가 가르침. 약간의 응용 연구를 하며 전유럽교육과정(Europe-wide curriculum)으로 준학사 학위(associate Bachelor degree)를 수여한다. 학생에 대해서는 선별적이지 않다.
- 전문대학(professional colleges): 전문학사 학위(professional Bachelor degree)를 수여한다. 공기업이나 사업과 긴밀히 연계된 응용 연구를 한다. 교수 중 상당수는 박사 학위가 있다. 학생에 대해서는 어느 정도 선별적이다.
- 종합대학(university colleges): 여러 분야의 학사 학위를 수여하며, 본격적인 연구도 어느 정도 한다. 교수진은 모두 박사 학위 소지자이다. 학생에 대해서는 선별적이다.
- 연구중심대학(research universities): (학생 수가 적다!) 석사 및 박사 학위를 수여한다. 본격적인 연구를 대대적으로 하며, 학문적 · 추상적 학사 학위를 수여한다. 학생에 대해서는 지극히 선별적이어서 중도 탈락생은 거의 없다.

이 네 범주는 지위에 위계가 없이, 거칠게나마 노동 시장의 요구를 반영하고 있는 것으로 볼 수 있다. 학생은 서로 다른 유형의 학교로 전학 갈 수 있어야 한다.

이상은 액션 플랜의 초안이다. 모두가 희망하는 유럽, 인재들에게 더 좋은 유럽, 지속 가능한 성장의 상당한 수준에 도달한 활기찬 유럽이라는 목표를 달성할 방안이다.

참고문헌

Ackers, L. and Oliver, L. (2008). *Scientific Mobility and Pensions. Summary report prepared for the official Bologna seminar hosted by the German Rectors' conference: "Penalized for Being Mobile? National Pension Schemes as an Obstacle to Mobility for Researchers in the European Higher Education Area"*. Liverpool: University of Liverpool.

Aghion, P., Boustan, L., Hoxby, C. and Vandenbussche, J. (2009). The causal impact of education on economic growth: Evidence from U.S. *Brookings papers on economic activity: Spring* 2009.

Aghion, P. and Howitt, P. (2006). Joseph Schumpeter lecture: Appropriate growth policy: A unifying framework. *Journal of the European Economic Asscioation*, 4, pp.269-314.

Aghion, P., Dewatripont, M., Hoxby, C., Mas-Colell, S. and Sapir A. (2007), why reform Europe's Universities?, *Bruegel policy brief*, issue 2007/04.

Aghion, P., Dewatripont, M., Hoxby, C., M., Mas-Colell, A. and Sapir A. (2008). Higher aspirations: *An agenda for reforming European universities*. Brussels: BRUEGEL.

Aghion, P., Dewatripont, M., Hoxby, C. Mas-Colell, A. and Sapir A. (2009). The governance and performance of research universities: Evidence from Europe and the U.S. *NBER Working Paper Series*, no. 14851.

Akerlof, G. A. and Shiller, R. J. (2009). *Animal Spirits: How Human Psychology Drives the Economy, and Why It Matters for Global Capitalism*. Princeton: Princeton University Press.

Alesina, A. and Giavazzi, F. (2006). *The Future of Europe: Reform or Decline*. Cambridge, MA: MIT Press.

Association of American Colleges and Universities (2007). *College Learning for the New Global Century: A Report from the National Leadership*

Council for Liberal Education & America's Promise. Washington, D.C.: Association of American Collges and Universities.

Atkinson, R. C. (1972). Optimising the learning of a second-language vocabulary. *Journal of Experimental Psychology*, 96, pp.124-129.

Balderston, F. E. (1974). *Managing Today's university: Strategies for Viability, Change, and Excellence*. San Francisco, California: Jossey-Bass.

Barr, N. (2001). *The Welfare State as Piggy Bank: Information, Risk, Uncertainty and the Role of the State*. Oxford: Oxford University Press.

Barr, N. (2002), *Funding Higher Education: Policies for Access and Quality. Report to the Education and Skills Committee of the House of Commons*. House of the Commons, Sixth Report of Session 2001-2002, HC445, pp.19-35.

Bauman, Z. (2003). *Wasted Livers: Modernity and Its Outcasts*. Oxford: Blackwell.

Baumol, W. (1967). Macroeconomics of Unbalanced Growth: The anatomy of urban crisis. *The American Economic Review*, 57, pp.415-426.

Beck, U. (2006). *Cosmopolitan Vision*, Cambridge: Polity Press.

Beersen, E. (2004). *Global Opportunities and Institutional Embeddedness*. PhD Dissertation. Twente: University of Twente.

Berers, T. (2008). *Presentation at "Classfication in the Arts and Media"* Erasmus University Rotterdam.

Berkel, K. van (1990). *Amerika in Europese ogen. Facetten van de Europese beeldvorming van het moderne Amerika [America in European Eyes. Facets of European Perception of the Modern America]*. Den Haag: SDU.

Bettinger, E. (2007). *Falling off the Wagon: The Role of American Universities*. Presentation at the National Bureau of Economic Research Pre-Conference "American Universities in a Global Market", Cambridge, MA, September 28, 2007.

Birkeland, K. and Prescott, E. C. (2006). On the Needed Quantity of

Government Debt. *Federal Reserve Bank of Minneapolis Working Papers*, no. 648.

Blair, A. (2007). Asia threatens to knock British universities off the top table. *The Times*, 21 May, 2007.

Blaug, M. (Ed.) (1986). *Who's Who in Economics. A Biographical Dictionary of Major Economists 1700-1986* (2nd ed). Brighton: Wheatsheaf.

Blaug, M. and Vane, H. (Eds.) (2003). Who's who in Economics (4th ed.). Cheltenham(UK) and Northampton(MA): Edward Elgar Publishing.

Brandenburg, U. and Federkeil, G. (2007). How to measure internationality and internationalisation of higher education institutions: Indicators and key figures. *CHE Working Papers* 92/20007.

Booij, A., Leuven E. and Osterbeek H. (2008). The role of information in the take-up of student loans. *Tinbergen Institute Discussion Papers*. TI2008-039/3.

Bok, D. (2002). *The Cost of Talent: How Executives And Professionals Are Paid And How It Affects America*. New Work/Toronto: Free Press, Maxwell Macmlillan.

Bok, D. (2006). *Our Underachieving Colleges: A Candid Look ant How Much Students Learn and Why They Should Be Learning More*. Princeton: Princeton University Press.

Bonacconi, A. (2005). *University of Pisa: Frontier research and New Institutions for European Science*. Presentation at CRUI-University of Genua Conference, Genua, April 19, 2005.

Borghans, L. and Ritzen, J. M. M. (2006). *The international dimension of higher education and the work of graduates in Europe*, paper presented at the European Labour Market for Graduates Conference, October 2006. Maastricht.

Boudon, R. (1997). The French University Since 1968. *Comparative Politics*, Vol. 10, pp.89-119.

Boulton, G. and Lucas, C. (2008). *What are universities for?* Louvain:

League of European Research Universities (LERU).
Brons, R. (1989). Changing the Notional Funding System for Higher Education in Netherlands: a Challenge for Institutional Management. In Acherman, J. and Brons, R. (Eds), *Changing Financial Relations between Government and Higher Education*, Culemborg: Lemma.
Camara, W. and Kimmel, E. W. (Eds.) (2005). *Choosing Students Higher Education Admissions Tools for the 21st Century*. Mahwah, NJ: Lawrence Erlbaum Associates.
Cardinal Newman, J. H. (1858). *The Idea of a University. Newman Reader. Retrived on January 29*, 2009 from the World Wide Web: www. newmanreader.org.
Carnevale A. (2008). Gradute Education and the Knowledge Economy. In Council of Gradutate Schools, *Graduate Education 2020*. Washington: Council of Graduate Education.
Castells, M. and Himanen, P. (2002). *The Information Society and the Welfare State: The Finnish Model*. New York: Oxford University Press.
CBS StatLine (2008). *Historie Onderwijs [History education]*. Retrieved on November 27, 2008 from the World Wide Web: statline.cbs.nl.
CBS StatLine (2009a) *Consumer prices*. Retrieved on March 12, 2009 from the World Wide Web: statline.cbs.nl.
CBS StatLine (2009b) *Historie arbeid [History labour]*. Retrieved on March 18, 2009 from the World Wide Web: statline. cbs. nl. We thank Paul Voerman from Statistics Netherlands Infoservice for kindly providing these data.
Clark, B. R. (1983). *The Higher Education system: Academic Organization in Cross-National Perspective*. Berkeley: University of California Press.
Clark, B. R. (1998). Creating Entrepreneurial Universities: Organizational Pathways of Transformation. *Higher Education*, 38, 1999, pp.373-374.
Coenen, J. and Borghans, L. (2009). *Do activating educational methods improve early labour market outcomes?* Paper presented at the European Labour Market for Gradutes Conference, October 2009,

Maastricht.

Collier, P. and Dollar D. (2002). *Globalisation, Growth, and Poverty: Building an Inclusive World Economy, A world Bank Policy Research Report*. Washington, D.C.: The World Bank.

Compayré, G. (1893). *Abelard and the Origin and Early History of Universities*. Reprinted in 2001. London: Heinmann.

Corbett, A. (2005). *Universities and Eurpoe of Knowledge: Ideas, Institutions and Policy Entrepreneurship in European Union Higher Education Policy*, 1955-2003. Basingstoke: Palgrave Macmillan.

Cörvers, F. and Wilson, R. (2009). *Prospects for graduates at a Pan-European Level*. Paper presented at the European Labour Market for Graduates Conference, October 2009, Maastricht.

Council of Graduate Schools(2008). *Global Perspectives on Graduate Education: Proceedings of the Strategic Leaders Global Summit on Graduate Education* (2008). Washington, D.C.: Council of Graduate School Publications.

Coupé, T. (2003). Revealed Performances: Worldwide Rankings of Economics Departments1990-2000. *European Economic Association*, Ⅰ-6, pp.1309 -1345.

Crespi, G., Geuna, A. and Verspagen, B. (2006). University IPRs and Knowledge Tansfer. Is the IPR ownership model more efficient? *Science and Technology Policy Research Working Paper Series*, 154.

Damme, D. van (2001). Internationalisation and Quality Assurance: Towards Worldwide *Accreditation? European Journal for Education Law and Policy, 4*, pp.1-20.

Davidenkoff, D. and Kahn, S. (Eds.)(2006). *Les universités sont-elles solubles dans la mondialisation? [Are the universities removable during globalization?]* Paris: Hachette Littératures.

Dearing, R. (1997). *Reports of the National Committee of Inquiry into Higher Education*. London: The National Committee of Inquiry into Higher Education.

De boer, H. (2003). Thrust, the essence of governance? In Amaral, A., Jones, G. and Karseth, B. (Eds), *Governing Higher Education: National perspectives on Institutional Governance*, pp.43-71. Dordrecht: Kluwer Academic.

Deutsches Studentenwerk (DSW; National Association of German Student Services Organizations) and HIS Hochschulinformations-System (Higher Education Information System) (2007), 18th Social Survey. In: (BMBF; German Federal Ministry for Education and Research), *The Economic and Social Conditions of Students Life in the Federal Republic of Germany in 2006*. Bonn and Berlin: BMBF (German Federal Ministry for Education and Research).

Dillow, S. A. Hoffman, C. M., and Snyder, T. D. (2009). *Digest of Education Statistics* 2008. Washington: National Center for Education Statistics-Institute of Education Sciences, U. S. Department of Education

Dorchy, F., Segers, M., Bossche, P. van den and Gijbels, D. (2003). Effects of problem-based learning: *a meta analysis. Learning and Instruction*, 13, pp.533-568.

Douglas, J. A. (2007). *The Conditions for Admission: Access, Equity, and the Social Contract of Public Universities*. Bloomington, IN: Stanford University Press.

Drèze, J. and Estevan, F. (2006). Research and Higher Education in Economics: Can We Deliver the Lisbon Objectives? J*ournal of the European Economic Association*, 5, pp.271-304.

Eidgenössische Technische Hochschule Zürich [Swiss Federal Institute of technology Zurich] (ETH Zurich) (2008). KOF *Index of Globalization*. Zurich: KOF Swiss Economic Institute. Retrieved on May 24, 2009 from the World Wide Web: globalization.kof.ethz.ch.

Enders, J., file, J., Huisman, J. and Westerheijden, D. (Eds.) (2005). *The European Higher Educationand Research Landscape* 2020: *Scenarios and Strategic Debates*. Centrefor Higher Education Policy Studies (CHEPS), Twente. Retrieved on February 12, 2010 from the World

Wide Web: doc.utwente.nl.

Etkowiz, H., Webster, A., Gebhardt, C. and Cantisano Terra, B. R. (2000). The Future of the University and the University of the Future: Evolution of Ivory Tower to Entrepreneurial Paradigm. *Research Policy*, 29, pp.313-330.

European Commission (EC) (2001). *Eurobarometer 54-Public Opinion in the European Union*, Brussels: European Commission.

European Commission (EC) (2002). *Communication from the Commission-European benchmarks in education and training: follow-up to the Lisbon European Council.* Brussels: European Commission.

European Commission (EC) (2006). *Communication from the European Commission to the European council. Implementing the Renewed partnership for growth and jobs. Developing a knowledge flagship: the European Institute of Technology.* Brussels: European Commission.

European Commission (EC) (2007). *Eurobarometer 65-Public Opinion in the European Union. Standard Eurobarometer.* Brussels: European Commission.

European Commission (EC) (2008). *Education and Training, Erasmus-Statistics.* Retrieved on October 24, 2008 from the World Wide Web: ec.europa.eu/education/.

European Commission (EC) (2009). *Education and Training, Erasmus Mundus* (2009-2013). Retrieved on June 8. 2009 from the World Wide Web: ec.europa.eu/education.

European Commission and PRO INNO Europe-METRICS (2008). *European Innovation Scoreboard 2007-Comparative analysis of innovation performance.* Luxembourg: Office for Official Publications of the European Communities.

European Union and european Communities (2002). Treaty establishing the European Community (ECT),l consolidated text. *Official Journal of the European Communities*, C325, pp.33-184.

Eurostat (2008a). *Economy and Finance.* Retrieved on December 4, 2008 from the Wrold Wide Web: epp.eurostat.ec.europa.eu.

Eurostat (2008b). *Population and Social Conditions*. Retrieved on December 4, 2008 from the World Wide Web: epp.europa.eu.europa.eu.

Eurostat (2009). *Science and technology statistics*. Retrieved on May 2, 2009 from the World Wide Web: epp.eurostat.ec.europa.eu.

Eurostat (2010a). *Population, Activity and Inactivity-LFS Adjusted Series*. Retrieved on February 6, 2010 from the Eurostat Employment and Unemployment (LFS) database (epp.eurostat.ec.europa.eu/portal/page/portal/employment_unemployment_lfs/data/database)

Eurostat(2010b). *Education Indicators-Non Finance*. Retreived on February 6, 2010 from the Eurostat Education and Training database (epp.eurostat.ec.europa.eu/portal/page/portal/education/data/database.)

Eurostat(2010c). *Indicators on Education Finance*. Retreived on February 6, 2010 from the Eurostat Education and Training database (epp.eurostat.ec.europa.eu/portal/page/portal/education/data/database.)

Finaid (2009). *Growth in cumulative education debt at college graduation*. Retrieved on May 6, 2009 from the World Wide Web: www.finaid.org.

Flexner, A. (1930). *Universities: American -English- German*. Oxford: Oxford University Press.

Florida, R. L. (2002). *The rise of the creative class: And how it's transforming work, leisure, community and everyday life*. New York: Basic Books.

Freeman, R. B. (2008). *What Does Growth of Higher Education Overseas Mean for the US?* Lecture at the National Bureau of Economic Research Conference "American Universities in a Global Market", 2-4 October, 2008, Woodstock, Vermont.

Friedman, T. (2007). *The World is Flat: A Brief History of the Twenty-first Century* (3rd edition). New York: Farrar, Straus and Giroux.

Frijhoff. W. (1984). Netherlands, The. In Clark, B. and Neave, G. (Eds). *The Encyclopaedia of Higher Education (Vol. Ⅰ)*. Oxford: Pergamon

Press.

Gándara, P. (2005). *Fragile Futures: Risk and Vulnerability among Latino High Achievers*. Princeton: Educational Testing Service.

Goedegebuure, L., Kaiser, F., Maassen, P., Meek, L., van Vught, F. and de Weert, E. (1994). *Higher Education Policy: An International Comparative Perspective*. Oxford: Pergamon Press.

Goldin, C. and Katz, L. F. (2007). The Race between Education and Technology: The Evolution of U.S. Educational Wage Differentials, 1890 to 2005. *National Bureau of Economic Research Working Papers*, NO. 12984.

Goodhall, A. H. (2006). Should top universities be led by top researchers and are they? *Journal of documentation*, 62, pp.388-411.

Goodhall, A. H. (2009a). Highly cited leaders and the performance of top universities. *Research policy*, 38, pp.1079-1092.

Goodhall, A. H. (2009b). *Socrates in the boardroom: Why research universities should be led by top scholars*. Princeton: Princeton University Press.

Griffith, R., Huer, E., Mairesse, J. and Peters, B. (2006). Innovation and productivity across four European countries. *Oxford Review of Economic Policy*, 22, pp.483-498.

Groof, O. J. de (2009). European higher education in search of a new legal order. In Kehm B., Huisman J. and Stensaker B. (Eds.), *The European Higher Education Area: Perspective on a Moving Target*. Rotterdam, Boston, Taipei: Sense Publisher.

Gustaffson, L. (2004). *Der Dekan [The Dean]*. Munich: Carl Hanser 2004.

Hahn, R. (2007). *The Global State of Higher Education and the Rise of Private Finance*. Washington, D.C.: Global Center on Private Financing of Higher Education, Institute for Higher Education Policy (IHEP).

Hammond, B. (2008). *Endowment Study*. Washington: National Association of College and University Business Offices (NACUBO).

Hernes, G. and Martin, M. (2001). *Management of university-industry linkages. Results from the Policy Forum held at the IIEP, Paris, 1-2 June 2000 (Policy forum No. 11)*. Paris: International Institute for Educational Planning/UNESCO.

Hollanders, H., Leeuwen, T. van, Nederhof, A., and Tijssen, R. (2008). *Wetenschaps- en Technologie Indicatoren Rapport 2008 [Science and Technology Indicators Report 2008]*. The Hague, The Netherlands: In cooperation with Nederlands Observatorium van Wetenschap en Techonologie (NOWT) [Dutch Observatory of Science and Technology], Leiden University and Maastricht Economic and Social Research and Training Centre on Innovation and Technology (UNU-MERIT), on behalf of the Ministerie van Onderwijs, Cultuur en Wetenschap [Ministry of Education, Culture, and Science].

Hopkins, D., Pennock, D. and Ritzen, J. M. (2007). *Strategy for the Evaluation of the Policy Impact of PISA-24th meeting of the PISA Governing Borad*. Edinburgh: OECD Directorate for Education.

Humboldt, W. von (1810). *Über die Innere und Äussere Organisation der Höheren wissenschaftlichen Anstalten in Berlin [About the internal and external organization of the scientific institutions in Berlin]*. Reprinted in 1964 (pp.375-386). Modaultal-Neunkirchen (DE): Anrich.

Humboldt, W. von (1809). *Theorie der Bildung der Menschen [Theory of the Education of Humans]*. In Humboldt, W. von, Flietner, A. and Giel, K. (Eds.), *Werke in fünf Bänden, Vol.* Ⅰ *:Schriften zur Anthropologie und Geschichte [Opus in five Volumes. Vol.* Ⅰ *: Writings about Anthropology and History]*, pp.234-240. Darmstadt: Wissenschaftliche Buchgessellschaft.

IB-Groep (008). *Actuele CROHO-register (Current Central Register for Degree Courses in Higher Education-Register.* Retrived on November 14, 2008 from the World Wide Web: www.ibgrep.nl.

Insee (2010a). *Dépense intérieure d'éducation par niveau d'enseignement [Domestic Spending on education by level of education]*. Retrieved on

February 15, 2010 from the World Wide Web: www.insee.fr.

Insee (2010b). *Effectifs d'élèves et d'étudiants [Number of pupils and students]*. Retrieved on February 15, 2010 from the World Wide Web: www. insee.fr.

Institute of Higher Education, Shanghai Jial Tong University (2009). *2009 Academic Ranking of World Univesities*. Shanghai: Centre for World-Class Universities, Shanghai Jiao Tong University. Retrived on February 2, 2010 from the World Wide Web: www.arwu.org.

Institute of Higher Education, Shanghai Jial Tong University (2009b), *2009 Academic Ranking of World Universities. Ranking Methodology*. Shanghai: Centre for World-Class Universities, Shanghai Jiao Tong University. Retrived on February 2, 2010 from the World Wide Web: www.arwu.org.

Institute of International Education (2007). *Open Doors 2006: Report on International Educational Exchange*. New York: Institute of International Education.

Institute of International Education (2008). *Educational Exchange Between the United States and China. AN IIE Briefing Paper, July 2008*. New York: Institute of International Education.

Jacobs, B. and Van der Ploeg, F. (2006). Guide to reform of higher education: a European perspective. *Economic Policy*, Issue 47, pp.536-592.

Kaiser, F., Florax, R., Koelman, J. and van Vught, F. (1992). Public Expenditure on Higher Education. London: Jessica Kingsley.

Kelly, U., McLellan, D. and McNicoll, I. (2006). *The economic impact of UK higher education institution*. Universities UK and University of Strathclyde. Retrived on February 26, 2010 from World Wide Web: www.universitiesuk.ac.uk.

Kelo, M. (2006). *Support for International Students in Higher Education*. Brussels: ACA Papers on International Cooperation in Education.

Klitgaard, R. (1985). *Choosing Elites*. New York: Basic Books.

Koretz, D. (2008). *Measuring Up: What Educational Testing Really tells Us.* Cambridge, MA: Harvard University Press.

Krugman, P. (2009). *The return of depression economics and the crisis of 2008.* New York:W. W. Norton.

Kuhn, D. (2005). *Education for Thinking.* Cambridge, MA: Harvard University Press.

Kuncel, N. R. and Hezlett, S. A. (2007). Assessment: Standardized Tests Predict Graduate Students' Success. *Science* 315, 1080-1081.

Küntze, K. (1982). The State and Higher Education in the Federal Republic of Germany, *European Journal of Education*, Vol. 17, pp.243-257.

Kyllonen, P. C. (2005). *Listening. Learning. Leading. The Case for Noncognitive. Assessments.* Princeton: Educational Testing Service (ETS).

Lahiri, J. (2003). *The Namesake-A Nobel. Boston:* Houghton Mifflin.

Lambert, R. and Butler, N. (2006). *The Future of European Universities-Renaissance or Decay?* London: Centre for European Reform.

Lazear, E. P. (2005). Entrepreneurship. *Journal of Labor economics*, 23, pp.649-680.

Leegwater, M. (2007). *The Bologna process 2007-2009. London-Leuven/Louvain la Neuve.* Presentation at the conference "Education unites; common values-common future", Moskow, 17-18 October 2007.

Leeuwen, C. van, and Wilkinson, R. (Eds.) (2003). *Multilingual Approachers in University Education: Challenges and Practices.* Nijmegen/Maastrich: Valkhof Pers/Maastricht University.

Lenaerts, K. (1994). Education in European Community Law after Maastricht. *Common Market Law Review*, 31, pp.7-41.

Leonard, M. (2005). *Why Europe Will Run the 21st Centruy.* London: Fourth Estate Ltd.

Locke, J. (1690). The Second Treatise of Civil Government. Retrieved on March 4, 2010 form the World Wide Web: www.constitution.org.

Lokhoff, J. (2009). *Recognition, transparency and comparability of learning outcomes*. Paper presented at the European Labour Market for Graduates Conference, October 2009, Maastricht.

Lubrano, M., Bauwens, L., Kirman, A. and Protopopescu, C. (2003). Ranking Economics Departments in Europe: A statistical approach. *Journal of the European Economic Association*, I, pp.1367-1401.

Maag, K. (2004). The portrait of a difficult student: Marc Cuvat and the Genevan authorities. In Feingold, M. (Ed.), *History of Universities* Vol. 19, pp.102-118. Oxford: Oxford University Press.

Maassen, P. and van Vught, F. (1989). *Dutch Higher Education in Transition*. Culemborg: Lemma.

Mahbubani, K. (2008). *The New Asian Hemisphere: The Irresistible Shift of Power to the East*. New York: Public Affairs.

Mairesse, J. (2002). Corporate Innovation, Research and Productivity. In; Insee Méthodes (Ed.), *Innovation and Economic Performance* Vol. 7b, pp.75-86. Paris:Insee.

Malamud, O. (2007). *Europe: Graduate and Undergraduate Education*. Presentation at the National Bureau of Economic Research Pre-Conference "American Universities in a Global Market", Cambridge, MA, September 28, 2007.

Marconi, G. and Ritzen, J. M. M. (2010). Universities: No Money, No Top. *METEOR Working Papers*, Maastricht University.

Marconi, G. (2010). Rankings, Accreditations, and International Exchange Students. *Meteor Working Papers*, Maastricht University.

Marginson, S. and Wende, M. van der (2007). Globalisation and Higher Education, *OECD Education Working Paper*, No. 8.

Meadows, D. H., Meadows, D. I., Randers, J., and Behrens, W. W. (1972). *The Limits to Growth: A Report for the Club of Rome*. New York: Universe Books.

Michavila, F., García Delgado, J., and Rodriguez Pons-Esparver, R. (Eds.) (2001). *Innovaciones en la organización y gestión de las universidades [Innovations in university organization and*

management]. Mardrid: Cátedra UNESCO and Comunidad de Madrid.
Ministerie van Onderwijs Cultuur en Wetenschappen (1997a). *Overleg tussen Minister Ritzen en Studentenverenigingen Krijgt Vervolg [Discussion Between Minister Ritzen and Student Organizations to Be Continued]*. Press release of the Dutch Ministry for Education, Culture and Research, 25-09-1997.
Ministerie van Onderwijs Cultuur en Wetenschanppen (1997b). *Plannen voor hoger onderwijs uitgewerkt in wetsvoorstel [Plans for Higher Education Developed in Legislative Proposal]*. Press release of the Dutch Ministry for Education, Culture and Research, 26-05-1997.
Ministerie van Onderwijs Cultuur en Wetenschanppen (1998). *Modernisering Universitaire Bestuursstructuur Loopt Goed [University Management Structure Modernisation Ends Well]*. Press release of the Dutch Ministry for Education, Culture and Research, 02-03-1998.
Murre, J. (2008). Cognitive learning systems: a first step towrads personalised learning. In Keulen, I. (Eds.). *Brain Visions: how the brain sciences could change the way we eat, communicate, learn and judge*, Vol. 73, pp.284-291. The Hague: STT.
National Commission on the Future of Higher Education (2006). *A test of leadership: Charting the future of U.S. Higher Education*. Report for U.S. Department of Education, Washington: Education Publications Center, U.S. Department of Education.
Netherlands Organization for International Cooperation in Higher Education (Nuffic) (2007). *Internationalisering in het onderwijs in Nederland 2007 [Internationalization in education in the Netherlands in 2007]*. In cooperation with Europees Platform voor het Nederlandse Onderwijs (EP) [European Platform for Dutch Education] and Centrum voor Innovatie van Opleidingen (CINOP) [Centre for Innovation of Study Programmes]. Rotterdam: Prints & Proms.
Nusche, D. (2008). Assessment of Learning Outcomes in Higher Education: a comparative review of selected practices. *OECD Education Working*

Papers, No. 15.

Nuclear Age Peace Foundation (2010). the Oppenheimer Affair. Retrieved on April 12, 2010, from the World Wide Web: www.nuclearfiles.org.

OECD (1983). *Policies for Higher Education in the '80s*. Paris: OECD Publishing.

OECD (1987). *The Concept of Productivity in Higher Education*. Paris: OECD Publishing.

OECD (2001). *Education at a Glance 2001: OECD Indicators*. Paris: OECD Publishing.

OECD (2002). *Education at a Glance 2002: OECD Indicators*. Paris: OECD Publishing.

OECD (2003a). *Education at a Glance 2003: OECD Indicators*. Paris: OECD Publishing.

OECD (2003b). *Review of National Policies for Education: University Education in Denmark, Examiners' Report*. Paris: OECD Publishing.

OECD (2003c). *Where Immigrants Succeed-A comparative review of performance and engagement in PISA 2003*. Paris: OECD Publishing.

OECD (2004a). *Education at a Glance 2004: OECD Indicators*. Paris: OECD Publishing.

OECD (2004b). *Internationalisation and Trade in Higher Education: Opportunities and Challenges*. Paris: OECD Publishing.

OECD (2005). *Education at a Glance 2005: OECD Indicators*. Paris: OECD Publishing.

OECD (2006a). *Education at a Glance 2006: OECD Indicators*. Paris: OECD Publishing.

OECD (2006b). *Higher Education in Ireland*. Paris: OECD Publishing.

OECD (2007a). *Education at a Glance 2007: OECD Indicators*. Paris: OECD Publishing.

OECD (2007b). *OECD Employment Outlook 2007*. Paris: OECD Publishing.

OECD (2007c). *International Standard Classification in Education (ISCED)*. In OECD (Ed.), *Glossary of Statistical Terms*. Retrieved on

January 21, 2009 from the World Wide Web: stats.oecd.org/glossary.

OECD(2007d). *Understanding the Brain: The Birth of a Learning Science*. Paris: OECD Publishing.

OECD(2007e). PISA 2006: *Science competencies for Tomorrow's World-Executive Summary*. Paris: OECD Publishing.

OECD(2008a). *Education at a Glance 2008: OECD Indicators*. Paris: OECD Publishing.

OECD (2008b). *Growing Unequal? Income Distribution and Poverty in OECD Countries*. Figure 8.2 on P. 213. Paris: OECD Publishing.

OECD (2008c). *Tertiary Education for the Knowledge Society-OECD Thematic Review of Tertiary Education: Synthesis Report. Overview*. Paris: OECD Publishing.

OECD (2009). *Education at a Glance 2009: OECD Indicators*. Paris: OECD Publishing.

OECD (2010). *OECD. Stat Extracts. Retrieved on March 2*, 2010 from the OECD online database (stats.oecd.org).

Oosterbaan, W. (2008). *Brede overeenstemming over Europese Cultuur* [Broad agreement with European culture]. NRC *Handelsblad*, Thursday June 26, 2008, 7.

Opetusministeriö (Finnish Ministry of Education) (2010). *Annual Accounts (€1000), Students-All Fields of Education-All Years*. Retrieved on February 3, 2010 from KOTA online database (kotaplus.csc.fi/online/Etusivu.do?lng=en).

Pew Research Center (2006). Once again the Future ain't what is used to bel. *Pew social and demographic trends*, May 2, 2006.

Pink, D. H. (2005). *A whole new mind: moving from the information age to the conceptual age*. New York: Riverhead Books.

Posthumus, K. (1968). *De Universiteit, doelstellingen, functies, structueren [The University, Goals, Functions, Structures]*. The Hague: Ministry of Education, Arts and Sciences.

Prescott, E. C. (2002). *Prosperity and Depression. The American Economic*

Review, 92 Papers and Proceedings of the One Hundred Fourteenth Annual Meeting of the American Economic Association, May, 2002, pp.1-15.

Putnam (2002). *Democracies in Flux: The Evolution of Social Capital in Contemporary Society*. New York: Oxford University Press.

QS Ltd (2009). University Profiles. Retrieved on May 17, 2009 from the World Wide Web: www.topuniversities.com.

Quintin, O. (2006). *Education as the basic asset for knowledge-based economy*. Speech at the Eurodoc Conference in Bologna, March 10, 2006.

Racke, C. (2007). *The Emergence of the Bologna Process: Pan-European instead of EU Governance*. In De Bièvre, D. and Neuhold, C. (2007), Dynamics and Obstacles of European Governance. Cheltenam (UK), Northampton (MA): Edward Elgar.

Rander, R. and Miller, L. S. (170). Demand and Supply in U.S. Higher Education: A Progress Report. *The American Economic Review, 60, Papers and Proceedings of the Eighty-second Annual Meeting of the American Economic Association* (May, 1970), pp.326-334.

Rashdall, H. (1895). *The Universities of Europe in the Middle Ages*. Wotton-under-Edge (UK): The Clarendon Press.

Rawls, J. (1971) *A Theory of Justice*. Cambridge, MA: The Belknap Press of Harvard University Press.

Readings, B. (1997). *The University in Ruins*. Cambridge, MA: Harvard University Press.

Reid, T. R. (2004). *The United State of Europe-The New Superpower and the End of American Supremacy*. New York: Penguin Books.

Rienties, B., Tempelaar, T., Giesbersm B., Stuyven, K., van Gastel, L., Brouwer N., Kaper W., Jasinska, M. and Virgailaitė-Mečkauskaitė, E. (2009). *A cross-country comparison of 120 effective online courses to facilitate mobility of lifelong learners*. Paper presented at the European Labour Market for Graduates Conference, October 2009,

Maastricht.

Rifkin, J. (2004). *The European Dream-How Europe's Vision of the Future is Quietly Eclipsing the American Dream*. Cambridge (UK): Polity Press.

Ritzen, J. M. M. (2004). *A Chance for the World Bank*. London: Anthem Press.

Ritzen, J. M. M. (2006a). *Marie Curie Excellence Awards*. Presentation of the Grand Jury Report, November 2006, Lausanne.

Ritzen, J. M. M. (2006b). *Scenarios for Higher Education 2020 or When will China invade Iran?*. Lecture at the OECD Education Ministers Meeting, June 2006, Athens.

Ritzen, J. M. M. (2007a). *Higher Education's Perfect Storm*. Paper presented at UNU/UNESCO Conference, August 2007, Tokyo.

Ritzen, J. M. M. (2007b). *Why European Higher Education Fails or How It Could Fly By Its Tails*. Presentation to the royal Irish Academy, February 2007, Dublin.

Ritzen, J. M. M. (2008a). *A European View on "The Conditions for Admission; Access, equity and the Social Contract of Public Universities"*. Maastricht: Maastricht University.

Ritzen, J. M. M. (2008b). *EU Master Admission under Bologna, Setting the Stage*. Speech at the GRE Board Meeting, May 2008, Maastricht.

Ritzen, J. M. M. (2008c). *The Financial Context for Innovating Universities to Prepare for Global Leadership*. Presentation for Global HR Forum 2008, November 2008, Seoul.

Ritzen, J. M. M. and Mattens, W. (2008). *University governance in the Netherlands: Outlook and overview in light international historical perspective*. Presentation at the Annual Conference of the University of amsterdam, May 2008, Amsterdam.

Ritzen, J. M. M., Sadowski, B.M., Duysters, G.M. (2007). *A productive science & technology policy: the example of Nigeria*. Maastricht: Maastricht University.

Rousseau, J.-J. (1762). *Du contrat social, ou, Principes du droit politique [Of the Social Contract, Principles of Political Right]*. Amsterdam: Marc-Michel Rey.

Rowland, S. (2000). *the Enquiring University Teacher*. Buckingham (UK): Society for Research into Higher Education, Open University Press.

Rud, I. (2009). *Academic Mobility and its Effect on the International Labour Market*. Paper presented at the European Labour Market for Graduates Conference, October 2009, Maastricht.

Rudy, W. (1984). *The universities of Europe, 1100-1914: a history*. Cranbury, New Jersey: Associated University Presses.

Rüegg. W. (Ed.) (2003). *A History of the University in Europe; Universities in Early Modern Europe (1500-1800)*, Vol. Ⅱ. Cambridge: Cambridge University Press.

Rüegg, W. (Ed.) (2004). *A History of the University in Europe; Universities in the Nineteenth and Early Twentieth Centuries (1800-1945)*, Vol. Ⅲ;. Cambridge: Cambridge University Press.

Rüegg, W., and Ridder-Symoens, H. de (Eds.) (2003). *A History of the University in Europe; Universities in the Middle Ages*, Vol. Ⅰ. Cambridge: Cambridge University Press.

Saisana, M. and D'Hombres, B. (2008). *Higher Education Rankings: Robustness Issues and Critical Assessment-How much confidence can we have in Higher Education Rankings?* European commission Document EUR 23487 EN 2008. Luxembourg: Office for Official Publications of the European Communities.

Salmi, J. and Hauptman, A. M. (2006). *Innovations in Tertiary Education Financing: A Comparative Evaluation of Allocation Mechanisms*. Washington, D.C.: World Bank.

Sampoerna foundation (2006). *Increasing the Impact and Effectiveness of Foundation and Donor Funding*. Presentation at the 2006 International Investment Forum for Private Higher Education. Retrieved on March 4, 2010 from the World Wide Web: www.ifc.org/ifcext/che.nsf/Content/Ed_Forum_2006_Agenda.

Santiago, P., Tremblay, K., Basri, E., Arnal, E. (2008). *Tertiary Education for the Knowledge Society-OECD Thematic Review of tertiary Education: Synthesis Report*. Vol. 1-3. Paris: OECD Publishing.

Schleicher, A. (2006). *The economics of knowledge: Why education is key for Europe's success*. The Lisbon Council Policy Brief, J-06-3350.

Schmidt, H. G., Cohen-Schotanus J. and Arends, L. R. (2009). Impact of problem-based, active learning on graduation rates for 10 generations of Dutch medical students. *Medical Education*, 43, pp.211-218.

Schneider, H. and Claessens, S. (2007). *The Recognition of Diplomas and the Free Movement of Professionals in the European Union: Fifty Years of Experiences*. Maastricht: Maastricht University.

Schumpeter, J. A. (1942). *Capitalism, Socialism and Democracy*. Reprinted in 1975. New York: Harper.

Schwab, K. and Porter, M. E. (2008). *The Global Competitiveness Report 2008-2009*. Geneva: World Economic Forum.

Schwab, K. (2010). *The Global Competitiveness Reoprt 2009-2010*. Geneva: World Economic Forum.

ScienceGuide (2008). *Excellence Rankings expands*. Retrieved on July 11, 2008 from the Wolrd Wide Web: www.scienceguide.nl.

Sen, A. (2009). *The Idea of Justice*. Cambridge, MA: Harvard University Press.

Servan-Schreiber, J.-J. (1967). *Le Déffi Américain [The American Chllenge]*. Paris: Denoel.

Slosson, E. E. (1910). *Great American Universities*. Reprinted in 1977. New York: Arnold Press.

Smith, M. S. (2008). *Financial Support for Higher Education Reform-Teaching and Learning: Quality, Transparency, Efficiency and Productivity*. Presentation at the Global Human Resource Forum, November 2008, Seoul.

Solow, R. M. (1992). Growth with Equity Through Investment in Human Capital. *Minnesota-George Seltzer Distinguished Lecture Series Papers*,

No. 2.

Solow, R. M. (1956). *A Contribution to the Theory of Economic Growth. Quarterly Journal of Economics*, 70, pp.65-94.

Spengler, O. (1920). *Der Untergang des Abendlanders [The Decline of the West].* Munich: C.H. Becksche.

Spongerberg, H. (2010). *EU to Test New University Ranking in 2010.* Euobserver, January 6, 2010. Retrieved on February 27, 2010 from the World Wide Web: Euobserver.com.

Staples, B. (2008). Editorial Observer-A Broader Definition of Merit: The Trouble With College Entry Exams. *New York Times of October 2, 2008, New York Edition*, p.A32

Sternberg, R. J. (1997). *Successful Intelligence.* New York: Plume.

Stewart, D., Denecke, D. and Pearson, H. (2006). *Graduate Education 2020: Forces Influencing Our Future. Washington, D.C.*: Council of Graduate Studies.

Tang, K., Vohora, A. and Freeman, R. (2004). *How to Build and Invest in Successful University Spinouts.* London: Euromoney institutional Investor Books.

The Carnegie Foundation for the Advancement of Teaching (2009). *The Carnegie Classification of Institutions of Higher Education.* Stanford: The Carnegie Foundation for the Advancement of Teaching.

The Nobel Foundation (2009). *Nobel Prizes By Year.* Retrieved on September 26, 2008 from the World Wide Web: http://nobelprize.org.

The Project on Student Debt (2007). *Quick Facts About Students Debt.* U. S. Department of Education: National Centre for Education Statistics, National Postsecondary Student Aid Study, 1993 and 2004 undergraduates, Data Anylysis System. Retrieved on October 6, 2008 from the World Wide Web: http://projectonstudentdebt.org.

The Times Higher Education Supplement and QS Ltd (2005). *World University Rankings 2004.* Retrieved on January 31, 2009 from the World Wide Web: www.timeshighereducation.co.uk.

The Times Higher Education Supplement and QS Ltd (2007). *World University Rankings 2007*. Retrieved on May 17, 2009 from the World Wide Web: www.timeshighereducation.co.uk.

The Times Higher Education Supplement and QS Ltd (2008). *World University Rankings 2008*. Retrieved on February 17, 2010 from the World Wide Web: www.timeshighereducation.co.uk.

The Times Higher Education Supplement and QS Ltd (2009). *The World Top 200 Universities*. Retrieved on February 2, 2010 from the World Wide Web: www.timeshighereducation.co.uk.

The World Bank (2002). *Constructing Knowledge Societies: New Challenges for Tertiary Education*. Washington, D.C.: The World Bank

The World Bank (2007). *Doing Business in 2008*. Washington, D.C.: The World Bank.

The World Bank (2008). *Doing Business in 2009*. Basingstoke (UK): Palgrave Macmillan.

The World Bank (2009). *World Development Indicators*. Retrieved on March 27, 2009 from the World Wide Web: www.worldbank.org.

The World Bank (2010) Global Economic Prospects 2010-Crisis, Finance and Growth. Washington, D.C.: The World Bank.

Thissen, L. and Ederveen, S. (2006). *Higher Education: Times for Coordination on a European Level?* The Hague: CPB Netherlands Bureau for Economic Policy Analysis.

Tinbergen, Jan (1977). Income Distribution: Analysis and Policies. *De Economist*, 125, NO. 2/June, pp.161-173.

Tinto, V. (1994). *Leaving College: Rethinking the Causes and Cures of Student Attrition*. Chicago: University of Chicago Press.

UNESCO Institute for Statistics (2009). *Statistical Glossary*. Retrieved on February 16, 2009 from the World Wide Web: stats.uis.unesco.org.

UNESCO Institute for Statistics (2010). *Custom Tables: Education*. Retrieved on January 8, 2010 from the World Wide Web: stats.uis.unesco.org.

UNESCO (1948). *Universal Declaration of Human Rights*. Passed in Paris,

France. United Nations Department of Public Information.

United Nations Population Division (2008a). *World Population Prospects: The 2006 Revision*. Retrieved on September 19, 2008 from the World Wide Web: http://esa.un.org/unpp.

United Nations Population Division (2008b). *World Urbanization Prospect: The 2005 Revision*. Retrieved on September 19, 2008 from the World Wide Web: http://esa.un.org/unpp.

Vought, F. Van (Ed.) (2008). *Mapping Diversity: Developing a European Classfication of Higher Education Institutions*. Enschede: Centre for Higher Education Policy Studies.

Veld, R. in 't and Zwetsloot, F. (2009). *Connecting Science & Society*. Den Haag/Shanghai: Science Alliance Connecting Science & Society.

Verspagen, B. (2006). University research, Intellectual Property Rights and European Innovation Systems. *Journal of Economic Surveys*, 20, pp.607-632.

Vik, A. (2006). *Higher Education and GATS: Regulatory Consequences and Stakeholders' Responses*. Enschede, Netherlands: CHEPS.

Vincent-Lancrin, S. (2008). What is the impact of demography on higher education systems? A forward looking approach for OECD countries. In: OECD (Ed.), *Higher education to 2030*, Vol. Ⅰ, pp.41-103. Paris: Centre for Educational Research and Innovation, OECD.

Volberda, H. (2009). *Investeren in menselijk kapitaal en vernieuwend leiderschap is minstens zo belangrijk als budget voor research & development [Investing in human capital and innovative leadership is as important as research and development budget]*. Presentation at Techtop Meeting, July 2009, Maastricht.

Vught, F. van (Ed.) (2009). *Mapping the higher education landscape: Towards a European classification of higher education*. Dordrecht: Springer.

Vught, F. van, Bartelse. J, Bohmert, D., Burquel, N., Divis, J., Huisman, J. and Wende, M. van der (2005). *Institutional Profiles-towards a typology of higher education institutions in Europe*. Brussels: European Commission-DG for Education and Culture.

Waard, M. de (2006). Lissabon is nog heel ver weg [Lisbon is still far away]. *NRC Handelsblad*, April 1-2, 2006, p.49.

Willingham, W. W. (1985). *Success in College: The Role of Personal Qualities and Academic Ability*. New York: College Board Publications.

Winckler, G. (2008). Comprehensive Universities in Continental Europe: Falling Behind. In Weber, L. E. and Duderstadt, J. (Eds.), *The Globalization of Higher Education*, pp.65-67. Lassay (FR): Editions Economica.

Witte, J. K. (2006). *Change of Degrees and Degrees of Change-Comparing Adaptations of European Higher Education Systems in the Context of the Bologna Process*. Enschede: CHEPS/ University of Twente.

Wolff, K. D. (Ed.) (1997). *Autonomy and External Control. The University in Search of the Golden Mean*. Munich: IUDICIUM Press.

옮기고 나서

우리나라가 수십 년 만에 엄청나게 발전했음을 의심하거나 부정할 수는 없다. 우리의 대학도 엄청나게 성장하였다. 21세기에 접어들면서, '현대적 학문'의 본고장인 미국이나 유럽에서 멀리 떨어진 곳에서, 우리말과는 전혀 다른 영어를 고생시키면서, 세계대학평가의 상위권에 모습을 드러내기 시작하였다. 얼마 전까지만 해도 감히(!) 우리의 경쟁 상대라고 생각할 수 없었던 외국 대학들을 앞서기도 하였다. 유학은 '가는' 것인 줄만 알았는데, 유학을 '오기' 시작하였다.

여기까지 오는 과정에서, 앞으로 '더 좋아지기' 위한 준비를 하면서, 우리는 미국과 유럽의 명문 대학을 살펴보고 가늠해 보았다. 우리와 저들 사이에 문제의식과 해결 과제, 해결 방법 등에서 어느 한쪽이 앞선 경우도 있었고, 비슷한 경우도 많았다. 사회문화적 맥락의 차이로 인해서 문제의식이나 해결 방안이 전혀 다른 경우도 많았다. 특히 기본적으로 같은 문제이나 시차가 있는 경우가 많았다. 즉, 어느 한쪽에서는 과거에 지나간 우려나 사태가 다른 쪽에서는 앞으로 닥칠 걱정거리이거나 그 반대인 경우였다.

예를 들어 괴팅겐대학이 법인화는 먼저 했지만, 서울대학교가 정보화는 먼저 했다는 식이다. 파리대학이 역사적으로나 규모 면에서 우리보다 많은 유학생을 데리고 있지만, 영문 홈페이지는 우리가 먼저 만들었다.

다른 나라, 다른 기관의 사례를 정확하게 '속사정'까지 알기란 쉽지 않은 노릇이었다. 정확한 현재 상태와 문제, 문제의 원인과 해결 방안, 해결 방안 제안의 근거와 타당성, 해결 방안 실천의 요건과 전략 등 아무리 인터넷이 발달했다고 해도, 누군가가 '정리'해서 올려주어야 했던 것이다.

유학을 했다거나 출장을 다녀온 정도로 충분히 알기가 어렵기는 하지만, 그래도 미국에는 다녀온 사람도 많았고 사례 연구나 정리된 자료가 제법 있었지만, '구대륙'인 유럽에 대해서는 사정이 달랐다. 제대로 된 자료가 부족하니, 궁금하기도 하고 답답하기도 하고, 무엇보다도 불안하였다.

그러던 중에, 재작년 이맘때쯤, 마스트리흐트대학의 리츤 총장이 서울대학교에서 특강을 하고 가면서 제본도 하지 않은 원고 뭉치를 남기고 갔다. 유럽의 대학이 제몫을 못하고 있다는 걱정을 하며 우리 대학의 발전 경험에 비추어 자신의 분석 방법과 제안이 타당한지 읽어 보아 달라는 것이었다. 마스트리흐트대학이 혁신을 통해서 급속히 발전한 대학이었고, 리츤 총장이 유럽의 교육계에서는 이미 매우 저명한 인사였기에 더욱 관심을 갖고 읽기 시작하였다.

원고를 넘기면서, 유럽 대학의 문제와 과제가 '남의 일'이 아니라는 생각이 들었다. 학교 소개 책자에 노벨상과 필드메달 수상자의 '명단'을 싣고, 비행기로 25시간이나 걸려서 도착한 한국 학생에게도 등록금을 받지 않으며, 다른 나라에서 똑똑한 젊은이들이 몰려들던 유럽의 대학이 '위기'에 처해 있다는 것이었다. 이 책은 이 위기에서 벗어나, 대학의 재정과 조직, 교육 방법과 내용, 특히 자국인 학생의 세계화와 유학생 관리 등에서 혁신을 해야 함을 역설하고 있다.

지난 2월에 마스트리흐트대학 총장직에서 물러나서 본격적으로 유럽의 대학 문제를 다루는 NGO를 설립한 리츤 박사는 네덜란드의 니미겐대학과 에라스무스대학, 미국의 캘리포니아 버클리대학에서 교수직에 있다가 네덜란드의 교육부 장관(1989~1998), 세계은행 인력개발네트워크 부총재(1998~2003)를 거쳐서 마스트리흐트대학의 총장

(2003~2011)을 역임하면서 네덜란드와 EU의 교육 정책을 다루어 왔다. 그런 만큼 논의의 넓이와 깊이, 자료의 종류와 양, 자료를 다루는 방식이 우리에게 시사하는 바가 컸다.

읽어 나가면서 혼자만 보기는 아깝다는 생각이 들었다. 얼마 후에 책이 나오자 주변의 몇몇 교수들에게 보내주었다. 책을 받은 교수들이 농담처럼 번역을 해 달라고 하였다. 번역을 하면 더 많이 읽을 수 있을 것 같았다. 다행히 서울대학교출판문화원에서도 긍정적이었다. 처음에는 교육 분야의 박사 과정 학생 정도이면 번역할 수 있으리라고 생각하였다. 그런데 대학의 체제와 운영 전반에 대한 맥락을 잘 모르는 상태에서는 번역이 불가능하였다. 결국에는 한 줄 한 줄 직접 번역하였다. 역자의 유학 경험과 보직 경험을 동원해서 대학의 교육과 연구, 행정 부분은 그런대로 번역해 나갈 수 있었다. 문제는 사회경제적인 내용이었다. 전문적인 용어나 설명의 번역에 확신이 서지 않는 부분에 대해서는 고맙게도 해당 분야를 전공한 아래층 동료 교수가 많은 도움을 주었다.

이 책의 원제목은 'A CHANCE FOR EUROPEAN UNIVERSITIES: Or, Avoiding the Looming Universities Crisis in Europe'이다. 그대로 옮기면 '유럽의 대학을 위한 기회: 혹은 유럽에서 대학에 다가오는 위기를 피해 가기' 정도가 될 터인데, 한국에서 출간하는 책의 제목으로는 관행에서 벗어나는 듯하여, 원저자와 장시간 토론한 끝에 '유럽의 대학: 어디로 갈 것인가'로 바꾸었다. 장·절의 제목도 같은 방식으로 손질하였다. 그 외에는 단어 하나, 문장 하나도 빠짐없이 (생각이 다른 경우에도) 있는 그대로 옮기고자 노력하였다.

교수가 쓴 글은 아무래도 논문의 틀을 벗어나기 어렵다. 이 책에도 '그냥 책'처럼 써도 될, 어쩌면 그렇게 써야 할, 부분이 '논문'처럼 다소 생경한 용어로 설명된 부분이 있었다. 대학에 관한 전문적인 관심과 소양이 있는 독자가 대부분이겠지만, 그래도 좀 지나치다 싶은 부분은 어느 정도 '일상의 언어'로 바꾸어 보았다.

유럽 전체를 다루면서 등장하는 수많은 연구자 이름과 기관명, 제도의 명칭 등을 옮기는 것도 쉽지 않은 과제였다. 알파벳으로 씌어 있으되 나라마다 발음이 달랐다. 대부분의 경우에 직접, 간접으로 확인을 하기는 했으나 조심스러워서 일단 한글로 적고 처음 한 번은 알파벳을 병기하였다. 내용 주와 각주에는, 이미 본문의 내용에 나온 경우가 많고, 참고문헌과 직접 연결되기 때문에 원표기를 살렸다.

내 강의실에서, 내 논문에서, 내 생각만 말해 오다가, '남의 책'을 옮긴다는 것은 색다른 경험이었다.

다른 역자들도 마찬가지겠지만 이 책을 번역했다고 해서 원저자의 관점과 주장에 전부 동의하는 것은 아니다. 따라서 유럽의 대학이 이 책에서 제안한 방향으로 나아가야 한다고 동의하는 것도 아니다. 우리의 대학이 이 책에서 제안한 방향으로 나아가야 한다고 주장하는 것은 더더욱 아니다. 번역은 원저자의 글을 글에 담긴 생각과 주장을 있는 그대로 다른 언어로 옮기는 것일 뿐이다. 그 다음은 독자의 몫이다.

대학의 발전, 나아가 우리 사회의 발전에 관심을 갖고 '다른 산의 돌'을 살펴보려는 이들에게 조금이라도 도움이 되었으면 한다. 서울대학교출판문화원의 여러 분과 번역 과정에서 여러 가지 애를 많이 써 준 백정이, 연구실을 지키며 온갖 잡무를 도맡아 처리해 준 박기순에게 미안하다는 말보다는 고맙다는 말을 전한다.

2011년 가을, 파리에서

윤희원